U0113765

新视角读『三十六史』

新视角读三国志

宋玉山 著

中国文史出版社

图书在版编目（CIP）数据

新视角读三国志 / 宋玉山著．—北京：中国文史出版社，2023.3

（新视角读“二十六史”）

ISBN 978-7-5205-4048-3

Ⅰ.①新… Ⅱ.①宋… Ⅲ.①《三国志》—研究 Ⅳ.①K236.042

中国国家版本馆 CIP 数据核字（2023）第 058569 号

责任编辑：金　硕

策　　划：金　硕　曲童利

出版发行：中国文史出版社

社　　址：北京市海淀区西八里庄路 69 号　　邮编：100142

电　　话：010 – 81136606/6602/6603/6642（发行部）

传　　真：010 – 81136655

印　　装：北京温林源印刷有限公司

经　　销：全国新华书店

开　　本：787mm × 1092mm　1/16

印　　张：18

字　　数：260 千字

版　　次：2024 年 1 月北京第 1 版

印　　次：2024 年 1 月第 1 次印刷

定　　价：62.00 元

总序　历史是最好的老师

魏礼群

习近平总书记多次强调指出，“历史是最好的老师，它忠实记录下每一个国家走过的足迹，也给每一个国家未来的发展提供启示。”“领导干部要多读一点历史，从历史中汲取更多精神营养。”

历史是人民创造的。历史经验是社会发展规律的体现和反映，是人类长期生活的总结和升华，是现代人民用来对照的一面明镜。欲知大道，必先知史。学习历史，可以观成败、鉴是非、知兴替、明规律，可以以史资政、修身励志、汲取力量、创造人生。

我党历来重视历史。我党历代领导人都善于把历史经验运用到中国革命、建设和改革的实践当中，都强调领导干部要多学习一些历史知识。在新的历史时期，要实现中华民族伟大复兴的中国梦，更需要我们用好历史这个最好的老师，遵循规律、明确方向、坚定道路、凝聚共识，去书写新的历史，创造新的辉煌。

尊重历史也是中华民族的优良传统。中国历史源远流长，旷古悠久。从黄帝时代开始，中华民族有着五千年的文明史，经历了若干个朝代。一般来说，每个朝代都有为前一个朝代撰修史书的传统，经过官方撰修或认可的史书，称为正史。

清朝乾隆皇帝将《史记》《汉书》《后汉书》《三国志》《晋书》《宋书》《南齐书》《梁书》《陈书》《魏书》《北齐书》《周书》《隋

书》《南史》《北史》《旧唐书》《新唐书》《旧五代史》《新五代史》《宋史》《辽史》《金史》《元史》《明史》等二十四部史书，钦定为“二十四史”。民国时期，大总统徐世昌又把《新元史》列入正史，形成了“二十五史”。但“二十四史”和“二十五史”都只写到明代，如果再加上记载清朝历史的史书，就应该是“二十六史”。

正史是由官方修撰或认可，尤其是由后面的朝代完成的，史料比较全，真实性比较高，史实价值比较大，因而是历史研究中的主要参考依据。由于这些正史数量繁多，语言晦涩，除了专业人员外，很少有人能够通读下来。

“新视角读‘二十六史’丛书”，对这些数量繁多的史书，做了精心挑选和简化概括，并有作者读史后的认识和体会，创作形成了一篇篇简明扼要的故事，以新的形式呈现给读者。这些故事，既独立成章，又相互联系、脉络清晰，能使人们大致了解历史进程、重大事件和主要人物。该书语言简练，通俗易懂，适合大部分人群，中学生阅读也没有问题。特别是该书站在现代社会的角度，以新的视角分析看待历史，有许多新观点、新见解，能够给人以启发和借鉴。因此，我认为，撰写“新视角读‘二十六史’丛书”，是一项很有意义的工作。

我感觉，“新视角读‘二十六史’丛书”的基本特点，是“忠于原著，丰富史料；以史为鉴，启迪人生”。

所谓“忠于原著，丰富史料”，是指作者撰写的每一篇历史故事，都是根据原著的记载写成的，都有史料依据，没有进行虚构。为了增强可读性，在语言细节方面做了适当的文字加工，但主要内容都是原著所提供的。同时，在忠于原著的基础上，为了使一些历史事件和历史人物更加丰满，也适当增加了一些其他史料，增添的史料也是有依据的。该书一个显著特点，就是史料丰富、知识点多、信息量大，能够让人开阔视野，增长知识。

所谓“以史为鉴，启迪人生”，是指作者创作历史故事的目的，是为了借鉴历史经验，服务于现代社会。所以，作者站在历史唯物主义和辩证唯物主义的立场上，辩证地、一分为二地看待历史现象，并且在故事的过程中，或者在故事的结尾，往往有着哲理性的评论和观点，给人以有益的启迪。我们学历史的目的，不仅是要了解历史知识，更重要的是要通过汲取历史经验和教训，对我们的工作和生活有所启发和借鉴。该书较好地做到了这一点，这是该书另一个显著的特点。

作者曾经是我得力的部下，我对他十分熟悉和了解。作者勤奋好学，长期从事政策研究和文字工作，理论素养和文字功底较好；先后在乡、县、市、省、国家五个层级工作过，有着丰富的阅历和实践经验；做事严谨，为人厚道，工作勤勉。尤为难能可贵的是，他把退休作为第二生命的开始，退而不休，锲而不舍，继续为社会做贡献，其志可贵，精神可嘉！

希望该书能够使人借鉴历史经验，起到以史为鉴、激励人生的作用。

是为序。

（魏礼群，曾任国务院研究室主任、国家行政学院党委书记、中国行政体制改革研究会会长，现任中国国际经济交流中心常务副理事长兼学术委员会主任。）

前　言

三国，是一个战火纷飞的时代，也是一个英雄辈出的时代。三国的历史，错综复杂，扑朔迷离，有许多经验教训可以总结和借鉴。

人们对三国时代比较熟悉，许多三国故事和三国人物家喻户晓，这主要归功于小说《三国演义》。然而，《三国演义》是文学作品，不是史书，它可以根据塑造人物形象的需要，任意进行虚构、夸大和渲染，甚至可以无中生有。比如，大名鼎鼎的貂蝉，历史上就查无此人。

记载三国历史的史书是《三国志》。《三国志》的作者陈寿，就是三国时期的人，他治学严谨，他所记载的史实，可信度是比较高的。当时记载三国历史的史书很多，只有《三国志》流传下来，并且影响深远，被列为正史，足见其具有重要的史学价值。

笔者依据《三国志》的记载，创作撰写了八十一篇三国故事。这些故事，既独立成章，又相互贯通，使读者能够大致了解三国时期的历史脉络、重大事件和重要人物。

笔者在撰写过程中，坚持“忠于原著，丰富史料；以史为鉴，启迪人生”的原则，对原著记载的事件不做虚构，对史籍记载不同的加以说明，只在细节和语言方面适当做些艺术加工，以增强可读性。同时，适当阐述自己的观点和看法，以利于借鉴历史经验，希望对读者有些益处。

由于笔者水平有限，书中难免有错误、缺陷和不足之处，敬请广大读者给予批评指正，笔者将不胜感激。

目录

《三国志》与《三国演义》

三国，是一个战火纷飞的时代，也是一段精彩纷呈的历史，记载三国史实的正史，是陈寿写的《三国志》。

然而，很多人是通过名著《三国演义》了解三国的。《三国志》与《三国演义》，是不同的文种，前者是史籍，真实但欠精彩；后者是小说，精彩却不够真实。

从220年开始，曹丕废除东汉政权，建立了魏国；第二年，刘备称帝，建立了蜀国；八年后，孙权称帝，建立了吴国，至此，三国正式形成。263年，魏灭蜀；265年，司马炎篡魏，建立晋朝，是为晋武帝；280年，晋武帝灭吴，统一三国。一般来讲，人们把220年到280年这六十年的时间，称为三国时期。

其实，从184年黄巾起义不久，东汉政权就名存实亡了。特别是董卓乱政以来，皇帝毫无权威，形同囚徒，群雄四起，军阀割据，天下大乱，经过208年赤壁大战，三足鼎立的局面就基本形成了。不论是《三国志》，还是《三国演义》，都是从黄巾起义开始写起的。所以，不少学者把三国开启的时间，定在黄巾起义，或者董卓乱政的时候，这样，三国时期就有近一百年的时间。

《三国志》记载了自汉末到晋初近百年的历史，记述了中国由统一到分裂、再由分裂到统一的整个过程。《三国志》被清朝乾隆皇帝钦定为“二十四史”之一，并且与《史记》《汉书》《后汉书》一起，被称为“前四史”。“前四史”属于私人修史，作者都是著名史学家，治学严谨，注重史实，所以，在“二十四史”中，对“前四史”的评价是最高的。需要注意的是，《三国志》虽然排在《后汉书》后面，但成书时间却要早一百三十多年。

《三国志》的作者，是蜀国和西晋时期著名史学家陈寿。陈寿，是巴西郡安汉县（今四川南充）人。他自幼刻苦好学，曾拜蜀国著名史学家谯周为师，研读《尚书》《春秋》等经史著作，精通《史记》《汉书》，这为他撰写《三国志》奠定了坚实基础。

陈寿成年以后，应州里聘请，入仕做官。陈寿为人正直，不会逢迎，因而长期担任秘书郎一类的小官。蜀国后期，宦官黄皓受宠专权，许多人都去巴结他，陈寿不愿依附，所以，他仕途坎坷，多次被贬。蜀国被灭后，陈寿以亡国之臣的身份入魏，但仍然官职不高，一生官位不显。

陈寿志不在做官，仕途不顺，他就潜心修史。当时，魏、吴两国已有史书，官修的有《魏书》《吴书》，还有一些私人修撰的，如《魏略》等。陈寿以这些史书为基础，加上自己收集的史料，开始撰写魏国、吴国的历史。蜀国没有史书，好在陈寿就是蜀国人，许多事件都亲身经历，许多人物都很熟悉，因而撰写蜀史并不困难。这样，陈寿经过十几年的辛勤耕耘，大约在晋初时期，完成了《三国志》这部宏伟巨著。陈寿活了六十五岁病逝。

《三国志》共有六十五卷，其中魏书三十卷，蜀书十五卷，吴书二十卷，近四十万字。起初，《魏书》《蜀书》《吴书》单独流传，到北宋时期，三本书才合为一体。

《三国志》一经面世，就广为流传，得到人们好评。晋初史学家夏侯湛，当时也在撰写《魏书》，见到陈寿写的《三国志》以后，自叹不如，便把自己的手稿烧掉了。后来，撰写汉末三国的史书非常多，如《献帝春秋》《九州春秋》《英雄记》《魏书》《魏略》《吴书》等，但在历史长河中，大多数都散佚了，只有《三国志》流传了下来，这足以说明《三国志》的史学价值。

陈寿治学严谨，加上是当代人撰史，有许多事件和人物十分敏感，他不得不取材谨慎，对史实进行认真考订，这固然有益于史料真实，但也造成了叙事简略的缺憾。所以，在陈寿去世若干年以后，南朝宋著名史学家裴松之，奉旨为《三国志》补注。裴松之参阅了一百四十多部史籍，为《三国志》补充了大量史料，从此，《三国志》就附上了裴松之的补注，一起流传后世。裴松之的补注，字数竟与《三国志》正文差不多，甚至有人说是正文的三倍，这极大地丰富了《三国志》的史料内容，但补注中有些史料，其真实性受到了人们的质疑。

《三国志》为魏、蜀、吴三国各自修史，然后再合为一书，成为“二十四史”中别具一格的史书。《三国志》在史料的选用取舍上十分谨严，经过再三审慎才予采用。清代著名学者赵翼，列举了大量例证，说明陈寿在史料选用上坚持了求实的态度。《三国志》以魏为正统，叙事生动，语言简洁，评论中肯。《三国志》虽然也有一些缺陷和不足，但同《史记》《汉书》《后汉书》一样，是一部伟大的史学著作和文学著作，在中国史学界占有重要地位。

《三国志》另一个重要贡献，是为后代关于三国的文学作品，特别是《三国演义》的创作，提供了历史框架、基本依据和第一手素材。

《三国志》自问世以来，受到人们的喜爱，三国故事开始流传，到宋元时期，三国故事被搬上舞台，仅元杂剧就有近三十种。到了元末明初，罗贯中在《三国志》的基础上，搜集民间传说和戏曲故事，创作写成了《三国志通俗演义》，又称《三国志演义》。清朝康熙年间，毛纶、毛宗岗父子做了一些修改，整理回目，修正文辞，改换诗文，形成了现在流行的《三国演义》。

罗贯中，是元末明初小说家，祖籍有争议。《三国演义》是中国第一部章回体小说，也是历史演义小说的开山之作，对后世产生了重大影响。有些人可能不知道《三国志》，但几乎没有人不知道《三国演义》的。

《三国志》与《三国演义》的根本区别，是文种不同，有着不同的社会作用。《三国志》是史籍，追求历史真实，是不能虚构的；《三国演义》是文学作品，根据塑造人物形象的需要，是可以虚构的，既可以张冠李戴，也可以无中生有。所以，《三国演义》比起《三国志》来，故事情节曲折生动，人物形象栩栩如生，有很强的艺术感染力和吸引力，因而深受人们喜爱。但是，需要注意的是，千万不要把文学作品中的人和事，都当作是真的。

诚然，作为历史小说，《三国演义》的历史框架、主要事件、重要人物基本上是真实的，甚至有些细节描写，也有史书记载。比如，曹操擒住吕布后，绑得太紧，吕布要求放松一些，曹操说："缚虎不得不紧。"吕布请求刘备说情，刘备反而劝曹操，要接受丁原、董卓的教训，曹操这才把吕布杀了。再比如，刘备临终前，嘱咐诸葛亮说，马谡言过其实，不堪大用。诸葛亮不以为然，结果失了街亭，铸成大错，只好挥泪斩了马谡。这些情节，在《三国志》中都有记载，《三国演义》几乎是照搬过来的。所以，《三国演义》有"三分事实，七分虚构"的说法。

文学作品的主要特点，是塑造鲜明的人物形象。《三国演义》塑造的人物形象，大多数都有血有肉，呼之欲出。要让人物形象活起来，就不得不进行虚构。

关羽，是《三国演义》着重塑造的忠义形象。关羽温酒斩华雄、义释曹操、千里走单骑、过五关斩六将等故事，家喻户晓，使关老爷的形象十分高大。可惜，这些都是虚构的。甚至"桃园三结义"，也没有史书记载。

诸葛亮，在《三国演义》中是智慧的化身。诸葛亮神机妙算，呼风唤雨，几乎无所不能，他舌战群儒、三气周瑜、借东风等故事，都脍炙人口，广为流传，可惜在历史上并不存在。在《三国志》中，诸葛亮没有那么神，刘备对他也不是言听计从。

曹操，是《三国演义》着力刻画的奸雄形象。为了表现曹操的奸雄，《三国演义》把一盆盆的污水，都泼到他头上，甚至让曹操说出"宁教我负天下人，休教天下人负我"那样反人类的话来。所以，曹操在民间的形象，永远是个白脸奸臣。

另外，四大美女之一的貂蝉，也是一个虚构的人物，历史上根本没有此人。刘备摔孩子、庞统献连环计、蒋干盗书、诸葛亮骂死王朗、空城计、曹植作七步诗等，也都是虚构的，并非历史真实。

《三国演义》是文学作品，不能要求它写的都是真实的。事实上，正是《三国演义》做了大量虚构，才使它产生了强烈的艺术感染力，成为经久不衰的中国四大名著之一。

如果想了解历史事实，那就去读《三国志》吧。

东汉末年天下大乱

《三国演义》开篇第一句，就是“话说天下大势，分久必合，合久必分。”这基本上是符合中国封建社会发展规律的。

综观中国历史，自夏商和西周之后，就进入了四分五裂的春秋战国时期，在经历了五百多年的战乱后，秦始皇好不容易统一了中原，建立了大一统的秦朝帝国，没想到，只过了短短的十几年，又陷入了秦末大动乱。公元前 202 年，布衣出身的刘邦，战胜群雄，平息战火，建立了西汉，中国社会终于有了二百多年相对稳定的时期。

公元 8 年，王莽篡汉，天下烽烟再起。刘邦的九世孙、书生出身的刘秀，南征北战，平定天下，于公元 25 年建立了东汉政权，社会这才又逐渐安定下来。

东汉前期的八十年，在光武帝、汉明帝、汉章帝、汉和帝几位贤明皇帝治理下，政治清明，社会稳定，经济繁荣，科技文化发展，像引入佛教、创建道教、发明造纸术和地动仪、收复西域和灭掉北匈奴等一些重大事件，都发生在这一时期，所以，这一时期，被后人誉为“风化最美、儒学最盛”。

汉安帝之后的八十年，是东汉王朝的中期。这一时期的显著特点，是皇帝幼小或无能，外戚和宦官轮番把持朝政，东汉王朝逐渐走向衰落。汉安帝死后，十九名宦官联合发动政变，拥立十一岁的汉顺帝登基。连谁当皇帝这样的大事，都由宦官说了算，东汉王朝焉能不败？

168 年，年仅十二岁的汉灵帝登基。汉灵帝是东汉第十二个皇帝，也是实质上的最后一位皇帝，因为他之后的两个小皇帝，都是挂名的。汉灵帝年幼，窦太后临朝摄政，窦太后的父亲窦武任大将军。外戚集团与宦官集团产生了矛盾，窦武密谋诛灭宦官。不料，十七名宦官歃血为盟，突然发动政变，打着皇帝的旗号，杀死了窦武，软禁了窦太后，把持了朝廷大权。堂堂的大将军，竟然斗不过小太监，宦官厉害吧！

宦官政变的时候，汉灵帝只有十多岁，还情有可原，可他长大之后，却仍然宠信和倚重宦官，甚至把宦官称为父母，那就昏庸至极了。宦官“十常侍”把持朝政，汉灵帝一门心思玩乐。他亲自驾驶驴车，在宫内到处乱跑，以此取乐。

有一次，有个宦官给狗穿上官服，戴上官帽，牵到朝堂上，以取悦皇帝。果然，汉灵帝一见，笑得前仰后合，赞道：“好一个狗官。”这个时期，朝廷腐败，社会黑暗，经济衰退，民不聊生。

184 年，终于爆发了全国规模的农民大起义，起义者头裹黄巾，故史称黄巾起义。黄巾起义是中国历史上第一场有组织、有准备、有政治纲领的农民起义，他们公开提出了响亮的政治口号，即“苍天已死，黄天当立，岁在甲子，天下大吉”，立志要推翻那个腐朽没落的东汉王朝，建立太平世界。起义军声势浩大，攻城略地，官府不敌，州郡失守，官吏逃亡，天下动摇。

面对遍地蜂起的农民起义，汉灵帝慌了手脚，急忙派兵镇压。据《三国志》记载，三国时期的许多重要人物，如曹操、刘备、孙坚、董卓、公孙瓒等人，都在镇压黄巾起义中大显身手。他们或者捞取政治资本，或者占据地盘，或者扩大实力，为以后的称雄称霸奠定了基础。

为了镇压黄巾起义，汉灵帝还采取了一个重大措施，就是扩大地方政府的权力，并允许地方自建武装，这是东汉王朝政策上的一个重大转变。

刘秀建立东汉以后，实行以柔治国、文治天下，把军权全都收归中央，同时承袭汉武帝创建的刺史州部制度，并略作调整，这就有效保障了中央集权。如今为了对付黄巾起义，汉灵帝顾不上那么多了，他把州刺史改为州牧，扩大了州牧的权力，使州变成了一级政权。这样，各州管辖若干个郡，比现在一个省的地盘都大，手里又有军队，自然会出现地方拥兵自重的局面。汉灵帝是在饮鸩止渴啊！

黄巾起义爆发之后，各地的黄巾军没有迅速集结，形成统一的力量，而是分散在各地，各自为战，特别是起义不久，起义领袖张角不幸病逝，他的两个弟弟张梁和张宝，也很快阵亡，群龙无首的黄巾军，很快被朝廷军队各个击破。经过九个月的战斗，黄巾起义的主力被击溃了，但并未结束，各地的农民起义仍然此起彼伏，前后持续了二十多年。黄巾起义沉重打击了东汉王朝，动摇了天下，黄巾起义之后，东汉王朝就进入末期，很快就名存实亡了。

借讨伐黄巾军之际，各州地方政权拼命扩充军队，增加实力，一些豪强也乘机占领地盘，形成了军阀割据。刘表，时任荆州牧，管辖七郡，据地数千里，带甲十几万，割据荆州一带。刘焉，时任益州牧，割据巴蜀、汉中一带。陶谦，时任徐州牧，割据徐州一带。另外，公孙度割据辽东，公孙瓒割据幽州，马腾、韩遂割据凉州，张绣割据南阳一带。后来，经过兼并战争，又形成了曹操、袁绍、袁术、孙权、刘备等几大军事集团，东汉的大好江山，陷入四分五裂之中。

189 年，时年三十三岁的汉灵帝死了。他十三岁的长子刘辩继位，何太后临朝摄政，何太后同父异母的哥哥何进为大将军。

何进与宦官集团有着尖锐的矛盾，何进的亲信袁绍、袁术、王允等人，建议他诛杀宦官，可是何太后不同意。袁绍献计，让何进征召外地军队进京，逼迫何太后同意。于是，何进就命他的亲信董卓，带兵进驻京城城郊，造出声势，恐吓何太后，逼她同意诛杀宦官。

袁绍真是出了个馊主意，乱世出英雄，自然也出枭雄，董卓就是著名的枭雄。让董卓进京，无异于引狼入室，给东汉王朝和百姓带来了沉重的灾难。

董卓入京乱上加乱

董卓入京，是东汉末年的一件大事。董卓被公认为是枭雄，他既野心勃勃，又残暴不仁，进京后把持朝政，废立皇帝，擅杀大臣，屠戮百姓，肆意妄为，使东汉王朝更加混乱不堪。因此，有不少学者，把董卓入京废帝，作为三国时代的开端。

《三国志》记载，董卓，是陇西郡临洮人。他从小好武尚侠，力大无比，从军后屡立战功，先后担任广武县令、蜀郡北部都尉、西域戊己校尉、并州刺史、河东郡太守、中郎将、前将军等职务。董卓参加镇压黄巾起义，因兵败被治罪，大将军何进庇护了他，从此成为何进的亲信。

何进，是南阳宛县人，屠户出身。何进有一个同父异母的妹妹，因长得漂亮，被选入宫中，先为贵人，后当皇后。何进因此飞黄腾达，先后升迁为虎贲中郎将、颍川太守、将作大匠、河南尹。黄巾起义爆发后，汉灵帝任命他为大将军，率羽林军保卫京师。

何进的妹妹何皇后，起初很受汉灵帝宠爱，生了长子刘辩。后来，汉灵帝又宠爱王美人，王美人生了次子刘协。何皇后妒性大发，鸩杀了王美人，惹得汉灵帝大怒，要废黜何皇后。宦官张让、段珪等人，为了攀附何皇后势力，苦苦求情，何皇后才得以幸免。因此，何皇后对宦官感激涕零。

汉灵帝怜悯刘协幼年丧母，便将刘协交给母亲董太后抚养，后来又想废长立幼，让刘协当皇帝。汉灵帝在临死的前一年，专门设立了西园军，相当于皇帝的近卫军。西园军下设八个校尉，其中袁绍任中军校尉，曹操任典军校尉，西园军由汉灵帝最宠信的宦官蹇硕统领。

汉灵帝在临终之时，嘱咐蹇硕帮助刘协。蹇硕设下阴谋，打算在宫中杀掉何进，立刘协为帝。不料，蹇硕的部下潘隐与何进关系很好，泄露了机密，使何进躲过一劫。

何进本来就与宦官有矛盾，如今见宦官又想谋害他，更加怒火中烧。由于宦官长期专权，朝中大臣都痛恨宦官，袁绍等人向何进建议，借机将宦官全部诛灭。可是，临朝摄政的何太后，因受过宦官恩惠，只同意诛杀蹇硕，而不同意把宦官全部杀掉。其实，宦官当中也有好人，全部杀掉确实是不妥的。

在这种情况下，袁绍出了个馊主意，建议调外兵入京，逼迫太后同意此事。当时就有人反对，主簿陈琳说："外兵入京，强者为雄，容易生乱。"陈琳，就是后来写讨曹檄文、骂了曹操祖宗三代的那个人。曹操看了檄文，顿时出了一身冷汗，头疼病立马好了，可见陈琳文笔之犀利。

何进却认为，袁绍的建议是个好办法，于是，命董卓和丁原，分别带兵入京，驻扎在城郊，还让丁原火烧孟津，火光照得城里通红，形成大兵压境之势。

见此情景，何太后焦急，宦官更焦急，他们知道，已经到了生死存亡关头，干脆拼个鱼死网破吧！宦官张让、段珪等人，假借何太后旨意，把何进骗进宫去，一刀砍了。何进的部下听说大将军被杀，怒不可遏，袁绍、袁术等率领军队，闯进宫去，见不长胡子的就杀，杀了两千多人，血流成河。袁术还在宫中放了一把火，火光冲天。

董卓见城中火起，知道有变，火速领兵进城，路上遇到被宦官挟持的少帝，于是，救了少帝，迎驾回宫。剩下的几个宦官走投无路，投河自尽。

董卓率部入京，只见皇宫内外，尸横遍地，断壁残垣，一片狼藉，京城之中，人心惶惶。董卓依靠王允等人，处理善后，安抚人心，稳定秩序。何进被杀，他的部队没了首领，全都归附了董卓。董卓又策反了吕布，杀掉丁原，吞并了丁原的队伍。董卓实力大增，控制了朝廷，野心膨胀起来。

当时，少帝刘辩只有十三岁，他的弟弟刘协才九岁，朝廷大权都落到董卓手里。董卓是一介武夫，他为了震慑群臣，树立个人权威，入京后办的第一件事，就是废了皇帝刘辩，改立刘协当皇帝。刘协是东汉最后一个皇帝，被称为汉献帝。汉献帝九岁登基，当了一辈子挂名皇帝。不久，董卓悍然杀掉了少帝刘辩和何太后。

在废立皇帝问题上，袁绍等人与董卓产生了矛盾，袁绍愤而退朝出走。董卓想要治罪，朝中大臣周毖、伍琼等人，劝董卓说："袁氏四世三公，声望很高，不如赦免其罪，任他为郡守，免得他与您为敌。"董卓觉得有理，就任命袁绍为勃海郡（又称渤海郡）太守。后来，袁术、曹操等人，因看不惯董卓的为人，也都弃他而去。

周毖、伍琼是当时的名士，为人正直，他们向董卓推荐了张邈、韩馥、刘岱、孔伷、张咨等人，去担任地方郡守。不料，这些人到任以后，纷纷声讨董卓。董卓大怒，认为周毖、伍琼与他们串通一气，便下令杀了周毖和伍琼。董卓用酷刑威慑百官，看不顺眼的就杀掉，朝中人人自危，惶恐不安。

董卓对待皇帝和大臣尚且如此，对待百姓就更加残暴了。有一次，他的军队到阳城县，正赶上百姓搞祭祀活动，士兵围了上去，砍下了所有男子的头颅，把头颅系在车辕上，又抢掠了财物和妇女，然后，唱着歌回到洛阳，说是攻打贼寇所缴获的。进了城门以后，他们把头颅焚烧掉，把妇女分给士兵，任意糟蹋。

董卓的倒行逆施，引起公愤，各地郡守联合起来，组成联军，推举袁绍为盟主，进攻洛阳，讨伐董卓。董卓的根基和势力，主要在西部地区，于是，他便决定把都城由洛阳迁到长安去。百官和民众不愿意去，董卓就大开杀戒，用军队强行驱赶。民众扶老携幼，号哭连天，从洛阳到长安的道路上，尸体连成一片。

在迁都之时，董卓下令，挖掘洛阳周围皇帝和百官的陵墓，把里边的珍宝洗劫一空，然后，放火焚烧洛阳城，二百里内再无人烟。可怜堂堂的京师洛阳，变成了人间炼狱！

《三国演义》的前几回，描写了这段纷乱的历史，基本上符合《三国志》的记载，不过，曹操并未参与宫中诛杀宦官的行动。

董卓如此暴虐作乱，各地郡守纷纷起兵，讨伐董卓。那么，联军讨伐董卓，结果如何呢？

联军伐董各怀鬼胎

联军讨伐董卓，也是东汉末年的一件大事。联军表面上打着匡扶汉室的大旗，实际上却是各怀鬼胎，心并不齐，都想保存实力。所以，讨董没有成功，反而使局势更加混乱，军阀割据进一步升级。

《三国志》记载，董卓的残暴不仁，激起了东郡太守桥瑁的极大愤慨，于是，桥瑁伪造了京师三公的书信，说董卓罪大恶极，皇帝危难，要求各地兴兵，讨伐董卓，扶助天子。桥瑁将书信传谕各州郡，各州郡没有怀疑，纷纷起兵响应，这便有了联军讨伐董卓的事件。

桥瑁作为一个地方官，敢于伪造京师三公的书信，以此号令天下，这固然是出于忠义，但同时也说明，东汉朝廷已经没有威望了，谁都可以打着它的旗号行事。《三国演义》把伪造书信这件事，安在了曹操头上，说曹操矫诏，诸镇响应，这是不符合史籍记载的。

各州郡对董卓的行为普遍不满，因而收到桥瑁诈称的书信后，纷纷举兵。《三国演义》说有十八路诸侯，其实没有那么多。《三国志》记载，只有十路人马，分别是后将军袁术、冀州牧韩馥、豫州刺史孔伷、兖州刺史刘岱、河内太守王匡、渤海太守袁绍、陈留太守张邈、东郡太守桥瑁、山阳太守袁遗、济北相鲍信。另外，曹操率几千兵马参加，被袁绍临时封为奋武将军。后来，孙坚率领一支军队，从南方赶来，也参加了伐董战斗。

《三国志》没有记载幽州的公孙瓒是否参加了联军，其他史籍也无记载。当时，刘备是公孙瓒的部下，公孙瓒没有参加，刘备自然也没有参加。所以，在《三国演义》中，“温酒斩华雄”“三英战吕布”等精彩故事，在历史上是不存在的。华雄倒确有其人，他是董卓的部下，但《三国志》明确记载说，华雄是被孙坚杀的，与关羽没有任何关系。

从当时情况看，十路人马也不算少了。联军有十几万人，公推袁绍为盟主，声势浩大。而董卓的凉州兵，大部分在西部地区，在洛阳一带的兵力，应该不是很多，否则，董卓就没有必要迁都长安了。所以，只要联军齐心协力，打败董卓应该是不成问题的。可惜，联军并不心齐，各有各的打算。

首先，盟主袁绍就左右为难，迟疑不决。联军打的旗号，是讨伐奸臣，援救天子。可是，这个天子，是董卓立的，袁绍坚决反对，为此还跟董卓闹翻了，如今却去援救天子，这就等于承认了他的皇帝地位，袁绍心里很别扭，脸面上也挂不住。袁绍是不承认这个天子的，更不愿意去拥戴他，因而并没有积极性。袁绍经过再三考虑，突发奇想，他想再另立一个皇帝。

袁绍选中的皇帝目标，是幽州牧刘虞。刘虞，是刘秀长子刘彊的后代，曾任幽州刺史、甘陵国相、宗正等职。他为人谦和，颇有名望，与袁绍关系很好。袁绍心想，如果立刘虞为帝，自己就有了拥立大功，比去洛阳援救那个小娃娃，可强多了。

袁绍征求各路首领的意见，说皇帝年小，又捏在董卓手里，是死是活都不清楚，即便活着，也形同虚设。国不可一日无君，刘虞是宗室长者，又有贤名，应该立他为帝。

曹操一听，坚决反对，他的主张，是灭董卓、迎天子、恢复国家统一，而不是另立皇帝。但曹操势力弱小，袁绍根本没把他当回事。

冀州牧韩馥等人认为，袁绍说得有理，极力赞同，还有一些人不置可否。于是，袁绍下了决心，派出使者，去幽州迎接刘虞。不料，刘虞死活不干，还把使者大骂了一通，袁绍拿热脸贴了冷屁股。

袁绍皇帝没换成，副作用却不小。各路人马知道了袁绍的真实想法，都觉得这个盟主靠不住，因此离心离德，谁都不想出战，都想保存实力，再加上董卓很快就火烧洛阳、迁都长安了，所以，联军实际上没有和董卓打过几次仗，更没有打过硬仗恶仗，甚至董卓撤离洛阳时，联军也不追赶，只有曹操，虽然兵少将寡，却有几分英雄气，率军追击，结果寡不敌众，失败而归，还差点丢了性命。

真正与董卓军队对阵并取得胜利的，是孙坚。孙坚当时任长沙太守，率兵从南路讨伐董卓。孙坚英勇，大败董卓军队，斩杀了董卓大将华雄，然后率军直捣洛阳，离洛阳只有九十里路了。

董卓大为恐慌，急忙派出心腹李傕为使者，去与孙坚讲和。董卓许以高官厚禄，并让孙坚列出子弟名单，都可任为刺史或郡守，董卓还请求与孙坚联姻。面对这优厚的条件，孙坚丝毫不为之所动，大义凛然地说："董贼悖逆天理，横行无道，颠覆王室，不灭董贼，我死不瞑目，怎么能联姻讲和呢！"

董卓惧怕孙坚，于是火烧洛阳，迁都西去了。孙坚率部进入洛阳，扑灭余火，填平被董卓挖开的陵墓，修缮被毁坏的帝王陵园。此时的洛阳，已是一座废墟，孙坚只好率军返回了。

董卓退入长安以后，联军内部发生分裂，开始了窝里斗。那个最先发动联军的桥瑁，与兖州刺史刘岱产生了矛盾，被刘岱杀了。同时，袁绍设下计谋，夺取了韩馥的冀州。袁术、曹操等人，也趁机攻占地盘。昨日的联军盟友，今天变成了军阀混战。

董卓迁入长安后，没有丝毫收敛，反而变本加厉，继续实行恐怖统治。董卓丧心病狂，自然没有好下场。然而，十几万联军没有消灭董卓，一个名叫王允的文弱大臣，却设计把他诛杀了。

不过，王允并没有使用美人计，吕布也没有戏貂蝉，因为在历史上，根本没有貂蝉这个人。

历史上并无貂蝉

貂蝉，是中国古代四大美女之一，是一个家喻户晓的人物。在《三国演义》中，貂蝉周旋于董卓、吕布两个男人之间，从容淡定，巧施计谋，终于使他们反目成仇，吕布杀死了董卓。貂蝉俨然成了除暴安良的英雄，人们对她既敬佩又同情。可是，貂蝉的行为，是虚构的，史籍中根本没有这回事，也没有貂蝉这个人。

《三国志》记载，董卓迁都长安后，见十几万联军都不能奈何他，更加骄横狂妄，不可一世。他自封太师，号称尚父。尚父的意思，是让人们都要像对待父亲那样尊敬他。董卓出行，乘坐青盖金华车，爪画两轓，与天子差不多。文武百官见到董卓，全都要在他的车下跪拜行礼，而董卓高高在上，稳坐不动，并不还礼。

董卓封弟弟为左将军，侄子掌管京师军队，董氏宗族亲戚，全在朝中担任要职，完全控制了朝廷。董卓还让三台尚书以下官员，到他府上奏事办公，董府成了第二朝廷。

董卓为了自身安全，在长安附近的郿县修筑坞堡，坞堡的城墙与长安城墙一样高大，堡内储藏大量兵器和够吃三十年的粮食，因坞堡固若金汤，被称为“万岁坞”。董卓常常得意地说：“事成，可以雄踞天下；不成，在这里足以养老。”

董卓觉得万无一失，便肆意妄为，他知道人心不服，就用酷刑立威。大臣张温，曾任太尉，属于三公之一，董卓觉得他对自己不够恭敬，下令用鞭活活打死。董卓鼓动民间仇人互相诬告，然后滥施酷刑，含冤惨死的数以千计。百官和民众，人人自危，长安城处于白色恐怖之中。

董卓骄奢淫逸，纵情饮宴，他喜欢一边喝酒，一边杀人取乐。杀人时，先剜去眼睛，割掉舌头，砍断手足，然后，再扔到大锅里煮。宴席上的人，全都吓得脸色惨白，浑身颤抖，拿不住筷子，只有董卓，神色自若，谈笑风生。董卓就是一个魔鬼，《三国演义》对他的描写，与史籍记载差不多。

然而，董卓不知道，靠酷刑，是不能镇服人心的，反而会激起人们的憎恶和愤慨。司徒王允和尚书仆射士孙瑞等人，密谋刺杀董卓。王允和董卓，曾经都属于何进的亲信，何进被杀、董卓入京后，王允积极协助董卓善后，董卓对王允很信任，提拔他当了司徒，相当于丞相。王允为人正直，不愿与魔鬼为伍，便想为国除害。但王允是个文人，对付不了董卓，于是，王允就想到了武功高强的吕布。

吕布，是五原郡九原县人，勇猛善战，膂力过人，弓马娴熟，号称飞将。但他见利忘义，反复无常，先是丁原的部下，后杀了丁原，投靠了董卓，并与董卓结为父子。不过，董卓性格暴戾，时间一长，两人便产生了嫌隙。有一次，因为一点小事，董卓投戟要杀他，吕布心生怨恨。吕布好色，与董卓的一个侍女通奸，生怕被董卓发现，内心惴惴不安。

王允与吕布算是同乡，又都是董卓信任的人，平时关系不错。不过，王允看不起吕布，如今为了刺董大计，也只好放下架子，主动与吕布套近乎。王允属于三公之一的高官，吕布也愿意与他交往，时间不长，两人便成了无话不谈的好朋友。吕布把董卓投戟和他与侍女私通的事情，都告诉了王允，王允趁机鼓动吕布刺杀董卓。

192年，董卓乘车前往皇宫，王允、吕布、士孙瑞、李肃等人趁机发难，成功刺杀了董卓。董卓死后，士兵们高呼万岁，百姓们载歌载舞，有人在董卓肚脐上点火，把尸体烧为灰烬。董卓确实不得人心！

从以上《三国志》记载来看，根本没有貂蝉什么事，也没有貂蝉这个人，貂蝉这个名字，在其他史籍中也无记载。王允设计杀董卓的过程，其实不复杂，也不生动，但《三国演义》虚构了貂蝉这个人物，就使得故事十分精彩了，所以被广泛流传，这就是文学作品的魅力。不过，貂蝉这个人物形象，并不是《三国演义》首创的。

貂蝉，最早出现在元代《三国志平话》当中，说她本姓任，是吕布的原配妻子，貂蝉是她的小名。元杂剧又进一步说，貂蝉叫任红昌，是任昂之女。《三国志平话》和元杂剧，都是文学作品，所以貂蝉这个人物，自然也是虚构的。

貂蝉虽然是虚构的，但王允设计杀董卓，却是历史事实。董卓罪大恶极，死有余辜。不过，杀了董卓，并不能挽救东汉王朝覆灭的命运，反而使局势更加复杂混乱。

董卓死了，但他的部队并未受损。董卓的部将李傕、郭汜、张济等人，听从贾诩的建议，打着为董卓报仇的旗号，率领凶悍的凉州兵杀向长安。吕布战败逃走，王允被杀，汉献帝又落到李傕、郭汜一伙人手里。

李傕、郭汜等人，也是凶残暴虐，比董卓有过之而无不及。为了争夺权力，李傕把汉献帝挟持到他的军营中，郭汜则把百官囚禁在他那里，一把火把皇宫烧个精光。这样，不仅国家四分五裂，连朝廷也四分五裂了。李傕和郭汜矛盾激化，双方大打出手，在长安城混战了几个月，死了几万人。城中百姓，年轻力壮的逃走，身体虚弱的被人吃掉，长安也成了人间炼狱。

汉献帝被人挟持，逃出长安，在外流浪，居无定所，吃尽万般苦头，颠沛流离一年多之后，才又回到洛阳。此时的洛阳，已是一片废墟，汉献帝连像样的住处都没有。后来，曹操把汉献帝接到许县，才总算安定下来。此时，东汉朝廷已经彻底失去了作用，天下无主，军阀割据，相互攻打兼并，战火纷飞，百姓陷入痛苦的深渊。

汉献帝贵为天子，却形同囚徒。他眼睁睁地看着天下大乱，他的臣子们杀得你死我活，他的臣民们受苦受难，他却一点办法都没有，甚至于他的皇后，当着他的面被人抓走杀死，他能做的，也只有痛哭流涕。

可怜亡国之君，就是这样的下场！

曹操是否姓夏侯

曹操，在《三国演义》里是个奸雄形象，在戏剧舞台上是个白脸奸臣，由于受文学艺术的影响，曹操在民间的名声不太好。

其实，历史上的曹操，并不是这个样子，至少是个英雄，并且是个大英雄。有些人骂曹操，总爱说他是阉人之后，确实，曹操的爷爷是个宦官，而宦官是不会有后代的。那么，曹操真正的先祖，究竟姓什么呢？

《三国志》记载，曹操，字孟德，沛国谯县（今安徽亳州）人，是西汉相国曹参的后代。曹操的爷爷曹腾，是个宦官，曾任中常侍大长秋，被封为费亭侯。曹腾收了个养子，叫曹嵩。曹嵩承袭爵位，官至太尉，生下儿子曹操。

《三国志》说曹操是曹参之后，明显是往他脸上贴金，因为曹操与曹氏根本没有血缘关系。曹腾虽然姓曹，但也没有史籍记载他与曹参有何瓜葛。《三国志》的作者陈寿，也知道这样说是自欺欺人，于是，紧接着写了一句“莫能审其生出本末”，意思是说，搞不清楚曹操的由来。

裴松之补注中引用了《曹瞒传》的记载，说曹操还有一个名字，叫吉利，小名叫阿瞒。曹操的父亲曹嵩，实际上是夏侯氏之子，是夏侯惇的叔父，曹操与夏侯惇，是堂兄弟的关系。

《曹瞒传》，是三国时期吴国人写的，记载了曹操的生平事迹，其中有许多逸闻趣事。不过，《曹瞒传》不是严谨的史书，有小说的特点，而且有贬曹倾向，其真实性难以确定。

由于《曹瞒传》的记载，现在比较流行的说法，是说曹操原本姓夏侯。所以，曹家与夏侯家的关系十分密切，夏侯兄弟对曹操忠心耿耿，为创立曹魏政权立下了汗马功劳。但是，也有不少学者持反对意见，认为曹家与夏侯家世代联姻，是不符合情理的。另外，在前些年，有的科研机构通过基因技术，否定了曹操与夏侯氏有血缘关系。那么，曹嵩到底是从哪里来的？难道真像陈琳在檄文中说的那样，是曹腾在路边捡来的讨饭孩子吗？

关于曹操的由来，连当代人陈寿都搞不清楚，过了两千年时间，现在的人们，恐怕就更难搞清楚了。不过，这个问题搞不清楚，并不影响曹操成为英雄或者奸雄。

《三国志》记载，曹操从小机敏，有心机，喜欢结交朋友，行侠仗义。当时的名士桥玄，很看好曹操，说："天下就要大乱，能拯救乱世的人，大概就是您了。"

《三国志》并没有记载关于英雄、奸雄之类的话，对此，不同的史书，有不同的记载，主要有三种说法：一是"清平之奸贼，乱世之英雄"；二是"乱世之英雄，治世之奸贼"；三是"治世之能臣，乱世之奸雄"。另外，《三国志》也没有记载曹操喜好飞鹰走狗、游荡无度、戏弄叔父那些事，那些事也是《曹瞒传》说的。

曹操二十岁的时候，被推举为孝廉，踏入仕途。他先当郎官，不久升迁为洛阳北部尉，负责洛阳北部的社会治安。洛阳是都城，天子脚下，权贵甚多，不少权贵藐视法令，我行我素。曹操年轻气盛，立志做个能臣。他一到任，就把官府衙门修缮一新，并下达了宵禁的命令，还在大门口挂上十多根五色大棒，张贴布告说："有犯禁者，不避豪强，皆棒杀之"。

曹操禁令发出不久，就碰上一个硬茬。当时，汉灵帝最宠信的宦官是蹇硕，蹇硕的叔叔，依仗侄子的权势，不把禁令放在眼里，公然违禁夜行，被兵丁抓住，送给曹操处理。这对曹操来说，是一个严峻的考验。曹操血气方刚，毫不含糊，喝令将蹇硕叔叔乱棒打死。这一下，曹操打出了名声，打出了权威，治安情况明显好转。曹操棒杀蹇硕叔叔之事，是裴松之在补注中引用的《曹瞒传》记载。

曹操正想大显身手，不料，他被改任顿丘县令。后来，他又被召入朝，担任了议郎。议郎是个闲官，无职无权，曹操当能臣的理想难以实现。

184年，黄巾起义爆发，天下震动，朝廷急需人才。曹操因为棒杀蹇硕叔叔，已经打出了名气，经人举荐，担任了骑都尉，带兵参加镇压黄巾起义，英雄终于有了用武之地。曹操作战勇敢，又有智谋，屡立战功，战后论功行赏，曹操升迁为济南相，他又可以去做个能臣了。

济南地盘很大，下辖十多个县，地理位置重要。东汉末期，朝廷腐败，宦官当权，贪官污吏很多，地方风气很差。曹操对此深恶痛绝，到任后励精图治，手段强硬。他上奏朝廷，一次就罢免了八个县官，官场震动，风气好转；他重申法律，严格执法，吓得不法分子纷纷逃到外地；他关心民生，下令禁止祸害百姓的祭祀活动，老百姓拍手称快。曹操在任济南相期间政绩卓著，口碑很好。后来，曹操顺利降服了山东一带的黄巾起义军，组成了自己的青州兵，这与他在这个时期树立的威信，有着很大的关系。

正当曹操大显能臣之才的时候，朝廷却改任他为东郡太守，曹操很生气，称病不接受任命，回老家去了。这个时候，天下普遍不满意朝廷的黑暗统治，冀州刺史王芬、南阳人许攸等人，暗地里联络四方豪杰，打算废掉汉灵帝，另立合肥侯当皇帝。许攸与曹操是朋友，动员曹操参加。曹操虽然对朝廷不满，但却不想当个乱臣，于是断然拒绝。曹操还说："废立之事，是天下最不祥的。"果然，王芬失败被杀，许攸跑到河北投奔袁绍，在官渡之战中又投靠了曹操。

后来，朝廷征召曹操入朝，担任了典军校尉。不久，汉灵帝病死，汉少帝继位，何太后临朝摄政。大将军何进与宦官产生矛盾，何进被杀，宦官被灭，董卓带兵入京，京城陷入一片混乱。

在这乱世之中，曹操的能臣之路，还能走得通吗？他又如何处理与董卓的关系呢？

曹操没有献刀

曹操献刀，是人们熟悉的三国故事。说的是曹操身藏宝刀，要去刺杀董卓，不料引起董卓警觉，曹操急中生智，假装献刀，暂时化解了眼前危机，随后一溜烟逃走了。这十分符合曹操机警狡诈的性格，可是，这个故事是虚构的，史籍中根本没有这回事。

《三国志》记载，董卓一入京城，就把持了朝廷大权，他首先废了少帝，改立了汉献帝。这是一件大事，董卓是想树立个人权威，但却暴露了他的狼子野心，遭到很多人反对。袁绍就与他公开翻脸，愤而出走，还有许多人与董卓离心离德，袁术等人也相继离开了朝廷。所以，董卓这一手，既不得人心，也得不偿失。

《三国志》没有记载，曹操对董卓废立皇帝是什么态度，但曹操曾经说过："废立之事，是天下最不祥的。"连昏庸无道的汉灵帝，曹操都不同意废掉，何况少帝只是一个十多岁的孩子，并无过错，所以，曹操肯定是不同意的，而且对董卓心生憎恶，这从他离开董卓、组织义兵的行动上，就能明显看得出来。不过，曹操为人机警，大概当时并没有公开表示反对。

当时，在对待皇帝的态度上，最能反映一个人的忠义、眼光和政治才干。董卓为了自己的野心，一意孤行，悍然废立皇帝，加剧了天下震荡，他才是真正的奸雄。袁绍和袁术，一个想另立皇帝，一个干脆自立为帝，都属于目光短浅的平庸之辈。

只有曹操，一生没干过废立之事，即便大权在握，即便汉献帝恨他，甚至想杀他，曹操都始终没有废他。孙权曾经劝曹操当皇帝，曹操却说："这小子是想把我架在火上烤啊！"曹操的做法，是利用皇帝，反正皇帝在自己手里控制着，谁当都一样，何必废立呢？相比之下，曹操是高明的，他是一位具有远见卓识的政治家。

董卓也看出曹操有才干，便想拉拢他，为己所用。董卓上表推荐曹操为骁骑校尉，想与他共商大事。曹操厌恶董卓，自然不肯依附，于是，悄悄溜出洛阳城，改名换姓，沿小路向东而去。

董卓知道后，觉得这小子不识抬举，恼羞成怒，向各地发出通缉令，捉拿曹操。令人费解的是，当时朝中大臣逃跑的不少，董卓都没有通缉追捕，甚至袁绍愤而出走后，还封给他一个勃海太守的官职，为何单单不放过曹操呢？大概董卓也看出来了，曹操不是平庸之辈，既然不能为己所用，那留下他必有后患，不如及早除掉。

从《三国志》上述记载来看，曹操逃离洛阳的缘由和过程，其实很简单，根本没有献刀这回事，其他史籍也无记载。《三国演义》为了刻画曹操的性格，增强情节的生动性，特意虚构了曹操献刀这个故事。

《三国演义》说，董卓废立皇帝后，司徒王允宴请众臣，席间掩面大哭，说："董卓欺主弄权，社稷旦夕难保。可怜高祖得到天下，传至今日，竟丧于董卓之手。"众臣都跟着哭了起来。唯有曹操，拊掌大笑，说："你们这样，能哭死董卓吗？听说司徒有一口宝刀，愿借来刺杀董卓。"众臣都敬佩曹操忠烈。

其实，在洛阳的时候，王允还没有产生杀董卓的念头。王允和董卓，都是何进的亲信，董卓入京后，王允积极帮助董卓处理善后，董卓提拔他当了司徒。迁都长安后，董卓的暴行引起公愤，王允才设计杀了他。

曹操身藏宝刀，来到董府。董卓与曹操闲聊一阵后，便倒身而卧，转面向内。曹操见机会难得，急掣刀在手，就要行刺。不料，董卓在衣镜中看见曹操拔刀，急回头惊问："你想干什么？"恰在这时，吕布来到门口。

曹操见事情败露，命悬一线，急中生智，跪倒在地，说："操有宝刀一口，献于恩相。"然后，匆忙告辞出去，骑马逃之夭夭。等到董卓和吕布反应过来，曹操早已不知去向，于是，董卓下令缉拿。故事编得有声有色，十分精彩，曹操狡诈善变的形象，也跃然纸上。

曹操刺杀董卓，是虚构的，但在历史上，确有刺杀董卓的事件发生，而且不止一次。裴松之在补注中，引用了谢承《后汉书》的史料说，董卓作乱，百官震栗，唯有伍孚，心怀忠义，欲杀董卓。伍孚当时担任越骑校尉，董卓很器重他。

有一天，伍孚身藏利刃，来到董府，闲聊一阵后，告辞离去。董卓把他送到门口，还亲热地拍拍他的肩膀。伍孚冷不防拔出刀来，刺向董卓，董卓一躲，没有刺中。董卓的侍卫随即向前，将伍孚乱刀砍死。伍孚死前，怒目圆睁，大骂不止。另外，荀攸也参与过刺杀董卓的密谋，同样未能成功。

《三国演义》中，也有伍孚刺董卓的故事，基本与史书记载相符，并且作诗赞曰："汉末忠臣说伍孚，冲天豪气世间无。朝堂杀贼名犹在，万古堪称大丈夫。"

捉放曹的不是陈宫

捉放曹的故事，被人们广泛传颂，还被编成戏剧和影视。说的是曹操刺杀董卓未遂，在逃跑的路上，被中牟县令陈宫捉住。陈宫感念曹操忠义，释放了他，并弃官与他一同逃走，后见曹操心狠手辣，枉杀无辜，又弃曹而去。

曹操在中牟县被捉，又被释放，这是有史书记载的，但捉放曹的并不是陈宫，陈宫与这事没有关系。

《三国志》记载，曹操觉得董卓残暴不仁，不愿依附他，便悄悄溜出洛阳城，改名换姓，乔装打扮，沿着小路，向东疾行。曹操是想去陈留郡，因为陈留太守张邈，是他的好朋友。陈留郡在今河南省开封市一带。

曹操快要到达陈留的时候，路过中牟县，被一个亭长所怀疑，把他抓起来，押送到县上。亭长，是乡以下负责一片治安的低级官吏，刘邦就当过亭长。此时，曹操遇到了极大危险，因为偏偏县里有人认出了他，大概董卓的通缉令也到了，曹操性命堪忧。

想不到的是，那个认出他的人，反而向县令求情，说如今天下混乱，不宜拘捕豪杰。县令觉得有理，便把曹操放了。这事符合当时的情况，当时天下已乱，朝廷没有权威，董卓又不得人心，他的命令，下边不会认真执行的，何况曹操已经很有名气了，所以曹操躲过了一劫。至于那个说情的人和县令是谁，叫什么名字，《三国志》没有记载，但肯定不会是陈宫，因为陈宫从未在中牟县任过职。

陈宫，是今山东省聊城市莘县人。他足智多谋，性情刚直，疾恶如仇，喜欢结交名士，他本人也是名士。曹操在陈留起兵，参加了伐董联军，联军失败后，担任了东郡太守，这个时候，陈宫投靠了曹操，成为他早期的谋士，为他出谋划策。曹操在创业初期，兵少将寡，十分艰难，陈宫设计为他谋取了兖州，站稳了脚跟，立有大功。曹操对陈宫很信任，视为心腹。曹操第二次率兵攻打徐州时，让陈宫留守东郡。

没有想到的是，在曹操兵发徐州之后，留守后方的陈宫突然反叛，不仅陈宫反叛，连曹操的好朋友张邈，也与曹操反目了。陈宫与张邈合谋，迎接吕布占据了兖州。从此，陈宫投靠了吕布，成为吕布的主要谋士。

关于陈宫反叛曹操的原因，《三国志》没有说。有学者研究认为，这与曹操杀害兖州的名士有关。曹操历来手段强硬，他占据兖州、当了兖州牧以后，仍然采取强硬手段治理。当时兖州有很多名士，凡是名士，很多都自视清高，爱发议论，谁都看不起。

其中有个名士，叫边让。边让满腹学问，擅写文章，他写的《章华赋》名噪一时。但边让恃才傲物，当初，他连大将军何进都看不起，因为何进是屠户出身，而曹操是阉人之后，他就更不放在眼里了。曹操可不是吃素的，他连蹇硕叔叔都敢棒杀，何况几个书生呢？于是，曹操下令，诛杀了边让和几个名士。陈宫与边让等人，都是好朋友，觉得曹操残暴不仁，就背叛了曹操。笔者认为，按照陈宫的性格，这个可能性是很大的。

陈宫投靠吕布以后，与曹操为敌，打了好几年。吕布有勇无谋，刚愎自用，不听陈宫计谋，最终被曹操打败，吕布和陈宫都被活捉。

《三国志》记载，曹操见到陈宫后，想起过去的情谊，不禁动容，好言劝说陈宫投降。不料，陈宫梗着脖子，不肯屈服。曹操又拿陈宫的母亲和子女相威胁，说如果投降，老母和子女都可以活命。陈宫仍然不为所动，说："以孝治天下的人，不会杀害别人的父母；仁德之人，不会灭绝别人的后代。我母亲和孩子的死活，在你而不在我。我死意已决，甘愿受刑。"说完，就往外走，准备赴死，阻拦不住。曹操无奈，只好"泣而送之"，然后将陈宫厚葬。陈宫死后，曹操把他的母亲接来，供养终身，陈宫的家人也一直由曹操供养，曹操还为陈宫的女儿操办了婚事。曹操还是讲仁义的。

《三国演义》对陈宫的描写，前半截是虚构的，后半截基本符合史籍记载。除了陈宫捉放曹以外，《三国演义》中还有一个关羽在华容道义释曹操的故事，那就完全是虚构的了。

曹操在去陈留的路上，除了在中牟县遇险之外，还发生了一个吕伯奢全家被害的大案。这个案子，众说纷纭，真假难辨。

吕伯奢案众说纷纭

曹操的奸雄形象，在很大程度上，是因为他冤杀了吕伯奢全家，而且说了那句让天下人都憎恶的“名言”，就是“宁教我负天下人，休教天下人负我”。老百姓骂曹操，最痛恨的就是这件事，认为曹操真是坏到家了，是天底下第一号大奸人。那么，吕伯奢案是真实的吗？

对这么大的事，《三国志》只字未提，没有任何记载，既没有杀人案，更没有那句“名言”，甚至连吕伯奢的名字都没有。

裴松之在补注中，记载的却不少，他引用了三部书籍，有三种说法，而且说法各自不同。大概裴松之也搞不清楚，哪种说法是真的，干脆把三种说法都记载下来，让读者自己去辨别吧。

第一种说法，是《魏书》记载，说曹操在去陈留的路上，经过成皋，成皋有个故人，叫吕伯奢，曹操便到他家中歇息。吕伯奢不在家，吕伯奢的儿子见财起了歹心，与宾客一起抢劫曹操的马匹和财物，曹操奋起反抗，击杀数人。

《魏书》，是魏国大臣王沈主编的官修史书。在魏帝曹髦时期，王沈与荀事颉、阮籍等人，共同编撰了《魏书》，由于是官修史书，多为当权者隐讳，人们普遍认为，它不如《三国志》真实。按《魏书》的说法，曹操在吕伯奢家杀人是事实，但属于自卫，而且没有杀吕伯奢本人。

第二种说法，是孙盛《杂记》记载，说曹操住在吕伯奢家以后，夜里听见有声响，疑心吕家要谋害他，遂夜杀之。杀完以后，才发现是误会了，但已铸成大错，无可奈何，只好凄怆地说：“宁我负人，毋人负我。”

孙盛，是东晋著名史学家，被人称为“词直而理正”。按孙盛的说法，曹操是疑心过重，误杀了吕伯奢一家。曹操在误杀之后，虽然说了宁可让我对不起别人，也别让别人对不起我的那句话，但是，那是“凄怆”着说的，表明内心也很凄惨，勉强算作自我安慰。特别是“宁我负人，毋人负我”是特指，与“宁教我负天下人，休教天下人负我”，在范围和性质上，有着根本的区别。

第三种说法，是《世说新语》记载，说曹操到了吕伯奢家之后，吕伯奢不在家，他的五个儿子热情招待他。曹操因为是逃犯，疑心很重，反而怀疑他们图谋不轨，于是，趁夜深人静，手持宝剑，连杀八人而去。

《世说新语》，是南朝宋的临川王刘义庆，组织一批文人编写的文言志人小说集，记述了东汉后期到晋宋年间一些名士的言行和逸事，对后世影响很大。按《世说新语》的说法，曹操仅仅因为怀疑，就蓄意在夜里连杀八人，然后扬长而去，表现出其凶残的性格。不过，曹操并没有杀吕伯奢本人，也没有说那句“名言”。

从以上书籍记载来看，曹操杀吕伯奢一家，有“自卫”“误杀”“蓄意杀人”三种说法。以笔者看来，曹操杀人的事实，应该是有的，否则，魏国的官方史书不会记载，最关键的，是杀人的动机。“自卫”一说，可能是为当权者隐讳；“蓄意杀人”一说，不符合情理，而且《世说新语》是小说，难以为据；最大的可能，则是“误杀”。所以，笔者认为，孙盛的记载，应该比较符合历史事实。但历史真相究竟是什么，还需要深入研究和探索。

《三国演义》根据这些史料，经过加工演义，创作出一段精彩的故事，塑造了曹操的奸雄形象。

《三国演义》说，曹操在中牟县脱险之后，与陈宫一同逃走东行，走了三天，到达成皋，天色已晚。曹操鞭指树林深处，说此地有个叫吕伯奢的，是他父亲的结义兄弟，便到他家借宿一晚。其实，成皋在中牟县的西边，曹操从洛阳去陈留，只能是先经过成皋，再路过中牟县。也就是说，从中牟县到陈留，不可能路过成皋。如果按史籍记载，曹操应该是先杀吕伯奢一家，后有中牟县遇险。

吕伯奢已经知道曹操是逃犯了，但仍然热情招待，他安排家人杀猪，自己骑驴外出，买好酒去了。曹操与陈宫在家里等待已久，忽闻庄后有磨刀之声，起了疑心，便潜入草堂窃听，听人说道："缚而杀之，如何？"曹操大惊，决定先下手为强，便与陈宫拔剑直入，不问男女，皆杀之，一连杀了八人。搜至厨房，却见缚着一口大肥猪，这才知道误杀了好人，但已铸成大错，无法挽回，曹操与陈宫只好急忙骑马出庄，逃遁而去。

逃了不到二里，迎面撞见吕伯奢买酒回来。吕伯奢惊问曹操为何要走，并说已经安排家人杀猪款待，力劝曹操回去。曹操自然不敢回去，一边敷衍，一边策马前行，走出几步，曹操忽然拔剑返回，对着吕伯奢身后大叫："来者何人？"吕伯奢回头看时，被曹操挥剑斩于驴下。

陈宫大惊，忙问为何？曹操说："伯奢回家，见杀死多人，岂肯罢休？若率众来追，必遭其祸。"陈宫说："刚才杀他家人，是误杀，可对吕伯奢，是知而枉杀，大不义也。"这时，曹操便说了那句"名言"："宁教我负天下人，休教天下人负我！"

应当说，《三国演义》加工创作的这段故事，十分精彩，曹操奸诈凶狠的性格，也被刻画得栩栩如生。但是，它却不符合历史事实的全貌，也不合情理。笔者认为，曹操是政治家，深知得人心者得天下的道理，无论如何，他都不会说出"宁教我负天下人，休教天下人负我"那样的话而得罪天下之人，遭到天下人的唾骂。连毛宗岗在批注《三国演义》时，也觉得曹操这话说得唐突，评价道："曹操从前竟似一个好人，到此忽然说出奸雄心事。"

曹操杀了吕伯奢一家后，继续东行，他要前往陈留，投奔好朋友张邈，然后，组织义兵，讨伐董卓。那么，曹操在陈留的事情，办得怎么样呢？

曹操陈留举义兵

曹操历经艰险，终于到达陈留，在陈留太守张邈的帮助下，曹操组织义兵，想要讨伐董卓。

曹操陈留起兵，是他创业的开始，他兴义兵的目的，是为了讨伐乱臣贼子，拥护东汉朝廷，实现社会稳定，而不是去谋取自己的天下。所以，这个时候的曹操，不仅不是乱世之奸雄，反而是立志做荡平乱世的英雄。

《三国志》记载，陈留太守张邈，是今山东省聊城市阳谷县人，他年轻时，以行侠仗义闻名，救助别人不惜倾家荡产，很多士人都依附他。张邈与曹操、袁绍都是好朋友，如今见曹操前来，十分高兴，得知曹操志向，很是赞同，大力支持。陈留郡属兖州管辖，地盘很大，有十几个县，而且比较富裕。陈留郡的富豪，纷纷解囊资助，曹操也散尽家产，招兵买马，组建义军。

曹氏家族和夏侯家族，听说曹操起兵，也倾力相助。夏侯惇、夏侯渊、曹仁、曹洪等人，带领一大帮本家子弟前来参加，成为曹操的得力战将。曹仁，是曹操的堂弟，年轻时喜欢骑马射猎，乘天下混乱之机，已经拉起了一支千余人的队伍，活动在淮河、泗水之间，此时率部加入了曹操的队伍。这样，时间不长，曹操的义军，就聚集了五千多人。

曹操刚刚组建起队伍，恰逢东郡太守桥瑁，假称京师三公的书信，要求各地兴兵讨伐董卓，曹操和张邈，自然踊跃参加。190 年，有十几个州郡的地方长官，率兵组成联军，公推袁绍为盟主，发出檄文，共伐董卓。曹操不是地方长官，兵力又少，袁绍临时封他为奋武将军。

联军有十几万人，声势浩大，又打着正义的大旗，师出有名，曹操因此热情很高，抱的希望很大。他希望联军能够团结一心，一举灭掉乱臣贼子，恢复国家统一，安定天下。所以，当袁绍打算另立刘虞当皇帝的时候，曹操坚决反对。可惜，曹操势单力孤，无法左右大局。

联军虽然人多势众，人心却不齐，各打各的算盘。不仅人心不齐，军队也没有集中在一块儿。袁绍的军队驻扎在河内郡，袁术驻扎在南阳郡，孔伷驻扎在颍川郡，韩馥驻扎在邺城，张邈、曹操、刘岱、桥瑁、袁遗等人，屯兵在酸枣。军队分散，难以协调一致，无法集中力量，特别是联军人人心怀鬼胎，都想保存实力，谁也不想出战。后来，孙坚从南路赶来，大败董卓军队，斩杀了董卓大将华雄，这是多好的机会啊！可是，联军谁也不去配合作战，袁术反而停止了孙坚的军粮供应。

后来，董卓畏惧孙坚，火烧洛阳，带兵西撤，这又是一个消灭他的好机会。可是，联军仍然无人率军追击。曹操再也忍不住了，说："董卓如果退入关中，凭借险要地形，以后就很难消灭他了。如今，董卓火烧都城，挖掘陵墓，人神共愤，正是上天要灭他的好机会。只要我们乘机出兵，合力追击，一战就可安定天下。"曹操说得十分在理，然而，大伙面面相觑，谁都不予响应。

曹操大怒，明知道自己兵少将寡，仍然义无反顾，独自率兵追击。众人并不为之感动，只有张邈，看在与曹操的情谊上，派了一部分兵马跟随前去。曹操率军追到荥阳汴水的时候，遇上董卓部将徐荣，双方开展激战。曹操虽然只有几千人的兵力，却苦苦奋战了一整天，大挫董军锐气，最后，终因寡不敌众，兵败而归。曹操也中了一箭，差点丧命，若不是堂弟曹洪舍命相救，曹操就为国捐躯了。

董卓没有受到联军阻拦追击，用军队驱赶着洛阳百姓，缓慢而顺利地退入长安。曹操回到酸枣县以后，虽然感到最好的战机已经丧失，但仍然抱有希望，他献计说："请袁绍率河内郡的军队进逼孟津，袁术率南阳之兵攻取武关，酸枣的诸位将军攻占成皋，封锁轘辕关和太谷关。董卓残暴无道，已经丧失人心，我们以正义讨伐叛逆，天下很快就可以平定。”

曹操的这个计策，是切实可行的，如果联军趁董卓立足未稳，一鼓作气打过去，董卓的末日就要到了。可是，根本没有人理睬曹操，十几万联军，天天会聚饮酒，谁都不考虑进兵之事。当时的各路领兵将领，都不是平庸之辈，他们并不是不知道曹操的计策很好，而是根本不想攻打董卓。

联军不想攻打董卓，根本原因是，他们心里都很清楚，东汉王朝已经病入膏肓，无可挽救了，即便把董卓灭了，东汉政权也扶不起来，因为地方势力已经坐大，天下分裂不可避免。所以，目前的头等大事，是保存自己的实力，并伺机发展力量，以便于今后抢占地盘。袁绍就曾经向曹操坦露过心迹，说：“如果事情不成，我可以南据黄河，北阻燕代，然后夺取天下。”盟主尚且如此，何况其他人呢？

曹操作为一名政治家，对眼前的局势不会不清楚，但他想当能臣之心不死，还想做最后的努力，希望大家同心协力扶持朝廷，稳定天下。由此可见，曹操与其他人比起来，对东汉朝廷要忠心得多，所以，这个时候的曹操，不仅不是奸雄，反而是令人敬佩的忠臣义士。

联军由于人人各怀私心，所以很快就起了内讧。兖州刺史刘岱，杀掉了东郡太守桥瑁，改任王肱为东郡太守。袁绍设计胁迫韩馥，夺取了冀州并逼死了他，然后又与公孙瓒开战。袁术占据了南阳、扬州一带，与孙坚联合，谋取荆州。各路军队互相攻打，抢占地盘，一时间，烽烟四起，战火纷飞，军阀混战的大戏正式上演。

曹操见天下大乱，自己的能臣之路走不通了，只好长叹一声，带领他为数不多的部队，开创自己的事业去了。

曹操收编青州军的奥秘

曹操的能臣之梦破灭了，在乱世之中，他只能去做个英雄或者奸雄。军阀混战之初，曹操的实力比较弱小，兵不过数千，将只有夏侯、曹氏兄弟几人。然而，曹操是一位杰出的政治家、军事家，他凭着高超的谋略和手段，在群雄中迅速崛起。

曹操崛起的关键一步，是降服了号称百万的黄巾军，编成了三十万精锐的青州兵，之后，便逐鹿中原，横扫群雄。可是，曹操收编黄巾军的过程，却显得十分神秘。

《三国志》记载，在天下混乱的时候，不仅军阀相互攻打，黄巾军余部也十分活跃。联军内讧以后，黄巾军的于毒、白绕等部，趁机攻打东郡。新任东郡太守王肱，抵挡不住黄巾军进攻，大败而逃，曹操乘机率部进入东郡。

曹操攻打董卓力不从心，但对付乌合之众的黄巾军，还是绰绰有余的。曹操依靠骁勇善战的夏侯兄弟和曹氏兄弟，时间不长，就打败了黄巾军，占领了东郡。袁绍与曹操是好朋友，做了个顺水人情，表奏朝廷，任命曹操为东郡太守。

东郡，在今山东与河南交界一带，郡治在濮阳，属兖州管辖。陈宫就是东郡人，此时投靠了曹操，成为曹操早期的谋士。东郡虽然地盘不大，但曹操总算有了一块安身立命之地。

不久，青州的黄巾军也发展壮大起来，由于军阀混战，民不聊生，饥寒交迫，许多百姓都是举家造反，男女老幼一齐参加，总数达百万之众。

青州，是古九州之一，也是东汉十三州之一，范围在今天山东省的东部和北部广大地区，因东方属木，木为青色，故称青州。青州黄巾军因为活不下去了，才聚众造反，所以打仗不惧生死，十分凶悍。他们人多势众，流动作战，每到一地，就洗劫一空。后来，青州黄巾军进入了兖州境内。

兖州的最高长官，是刺史刘岱。当时朝政混乱，有的地方改称牧，有的地方仍叫刺史。刘岱是青州东莱人，汉室宗亲，当官多年，是汉末群雄之一。刘岱听说黄巾军来犯，心中大怒，就要出战。

济北相鲍信劝道："反贼有百万之众，都是凶狠之徒，不可与之交锋。我看反贼没有军用物资，跟随的家属甚多，只靠抢掠供应，时间一长，势必分崩离析。"刘岱不听，坚持领兵出战，果然大败，刘岱也阵亡了。刘岱一死，兖州无主，军民人心惶惶。

当时曹操在东郡，陈宫建议他趁机谋取兖州。曹操不想强取，陈宫就自告奋勇前去游说。陈宫首先找到鲍信，说："曹东郡乃世之奇才，若迎以牧州，必能保境安民。"曹操曾当过济南相，政绩卓著，鲍信对他十分佩服，自然一拍即合。陈宫在兖州有许多朋友，大家都纷纷赞同。于是，鲍信带领兖州官吏，到东郡迎接曹操。曹操留夏侯惇镇守东郡，自己去做了兖州牧。陈宫为曹操谋取兖州，立下了大功。

曹操掌管兖州，实际上是接了一个烂摊子，前任长官战死了，他面临的处境也十分凶险，当务之急，是要剿灭黄巾军。黄巾军人多势众，不是那么好消灭的。曹操与黄巾军打了几仗，险胜，鲍信也战死了，尸体都没有找到，曹操只好刻了一个木头人，进行安葬哭祭。

当时，曹操兵少，黄巾军势大，又作战凶猛，占有优势，所以，人人心中害怕，惶恐不安。可没有想到的是，曹操却轻而易举地降服了黄巾百万之众，并选其精锐，组成了青州兵。更令人称奇的是，这些青州兵，此后始终对曹操忠心耿耿，任其驱使。《武帝纪》记载，曹操先击破黄巾军，追奔至济北，然后受降。

对曹操降服黄巾军，《三国志》只有短短二十六个字的记载：黄巾"乞降。冬，受降卒三十余万，男女百余万口，收其精锐者，号为青州兵"。

裴松之引用《魏书》记载说，曹操披坚执锐，身先士卒，设下奇伏，昼夜会战，打败了黄巾军。《魏书》是魏国的官修史书，明显是给曹操贴金。刘岱、鲍信也是身先士卒，却是兵败被杀。至于曹操设了什么“奇伏”，《魏书》含糊其词，并没有说清楚。按曹操当时的兵力，靠武力根本征服不了黄巾军，不被黄巾军吃掉，就不错了。

通过阅读史料和研究，笔者认为，曹操顺利收编青州军，可能主要有以下三个原因。

曹操有良好的群众威信。曹操在任济南相期间，尽显能臣之才，郡内大治，百姓拥护，在青州一带名声很好，在那个朝廷黑暗、贪官污吏横行的时代，确实属于凤毛麟角。老百姓认为曹操是个好官，自然愿意归附，这是曹操收服青州黄巾军的基础。

曹操利用了宗教。黄巾起义的一个显著特点，是利用“太平道”的宗教形式。曹操在任济南相时，曾经下令禁止了一些害民的祭祀活动，这恰巧与“太平道”的观点相一致。因此，黄巾军视曹操为同道，愿意拥护他当头头。《魏书》透露过这方面的情况，说黄巾军曾主动给曹操写过一封信，信中说：“昔在济南，毁坏神坛，其道乃与中黄太乙同。汉行已尽，黄家当立。天之大运，非君才力所能存也。”曹操看信后，大怒，“呵骂之”。曹操见反贼称他为同道，当然要怒骂，但心里应该是高兴的，这是曹操能够收服黄巾军的关键所在。

曹操采取了正确的策略。曹操把三十万青壮年，编为青州军，把其他妇女老幼，进行了妥善安置，让他们去种田。由于连年战争，无主的土地很多，曹操就收归政府，然后分给他们去耕种，并提供耕牛和农具，后来，逐渐形成了屯田制度。黄巾军长期流动作战，风餐露宿，还带着老幼，觉得不是长久之计，也愿意安定下来。曹操为他们解决了温饱和后顾之忧，他们便对曹操感恩戴德，视曹操为恩人和救星。所以，青州兵从此跟随曹操南征北战，立下了汗马功劳。

青州兵确实比较独特，这些淳朴的山东汉子，只效忠曹操一人，只听从曹操一个人的命令，连曹丕都不买账。曹操去世后，跟随了他二十多年的青州兵，便“鸣鼓擅去”，一哄而散，回家种田去了。曹操的人格魅力，够大的吧！

笔者认为，曹操收服青州黄巾军，可能进行了秘密谈判，许下了丰厚的条件。黄巾军在没有战败而且具有优势的情况下，归顺了曹操，并不是投降，而是合作。由于与反贼谈判，不能被当时的社会所接受，所以极其秘密，也不会留下任何资料，因而史籍没有记载。当然，这只是个人观点，不一定正确。

曹操手里有了精锐的青州兵，他这个兖州牧，腰杆子一下子就硬朗起来，他要好好治理这个根据地，以此为基础，向外扩充势力。兖州，也是古九州之一，大体范围在今山东西部和河南东部，管辖八个郡国、八十多个县，治所在今巨野县。兖州面积很大，而且地理位置重要，四通八达，向哪个方向发展都很便利。所以，占据兖州之地，是可以大有作为的。

曹操具有很强的政治才干，他知道，要想成就大事，必须先有人才。当年在联军的时候，袁绍对曹操说，如果讨伐董卓不成功，他就去占领河北，然后再图天下，并问曹操想到哪里发展？曹操回答说：“我要任用天下人才，并用道义统率他们，在什么地方都可以成功。”曹操懂得靠人才得天下的道理，比袁绍高明得多。

曹操在东郡和兖州立足以后，做的首要事情，就是唯才是举，广揽天下英杰。帮助曹操打天下的重要谋士荀彧、荀攸、程昱、毛玠、贾诩、郭嘉和著名战将乐进、于禁、徐晃、李典、许褚、典韦等人，都是在这一时期跟随曹操的。他们有的是曹操请来的，有的是主动投靠的，有的是被俘后归降的。曹操手里有了精兵，又有一大批谋士武将，何愁大业不成！

这个时候，军阀混战愈演愈烈。袁绍占领冀州后，准备吞并幽州；袁术占据了南阳，并与孙坚合作，攻击荆州。袁术与袁绍虽说是兄弟，却一直不和。袁术有称帝野心，他担心袁绍势力发展过大，于己不利，就支持幽州的公孙瓒，又联络据守徐州的陶谦，形成了统一战线。而袁绍则联络荆州的刘表和兖州的曹操，形成了另一个阵营。刘备此时在公孙瓒手下当一县令，还没有什么名气。

徐州在兖州的东边，与兖州接壤，双方是敌对势力。《三国演义》说，曹操是为了报杀父之仇，才攻打徐州的。其实，不管徐州方面杀不杀他父亲，双方都会开战。

那么，曹操父亲被杀，是陶谦有意为之，还是部下所为，陶谦有没有责任呢？

陶谦先向曹操挑衅

在《三国演义》中，陶谦被塑造成一个忠厚长者的形象，他本想结好曹操，不料发生意外，遭到曹操疯狂报复。然而，史籍记载却不相同。陶谦既有野心，又有能力，他与曹操属于敌对阵营，是他首先向曹操发起了挑战，而且曹操父亲被害，他也脱不了干系。

《三国志》记载，陶谦，是丹阳郡人，汉末群雄之一。陶谦从小好学，被推举为茂才，入仕后在州郡任职，当过卢县令和幽州刺史，后被征召入朝，任议郎，曾随军西征，讨伐韩遂，立有战功。

裴松之引用《吴书》记载说，陶谦少年丧父，无人管束，以性格放浪闻名。十四岁的时候，陶谦骑着竹马，以布作为战旗，与其他孩子模仿打仗玩耍。这个情景，恰巧被甘公遇见。甘公当过苍梧太守，是个名人，他见陶谦与众不同，就把女儿嫁给了他。甘公夫人不同意，甘公却说："这孩子十分奇特，将来必成大器。"

陶谦长大以后，胸有大志，性格刚直，不懂谦让。他担任司空张温的参军，却打心眼里看不起他。有一次，陶谦在宴会上公开羞辱张温，张温大怒，随即把陶谦贬到边关。后来，在众人劝说下，张温消了火气，把陶谦召了回来。陶谦回来时，张温置备酒宴，为他接风，并亲自在门口迎接，陶谦却并不领情，昂首而入。

188 年，徐州、青州的黄巾军势力再起，攻打郡县，声势颇大。朝廷任命陶谦为徐州刺史，镇压黄巾军。陶谦到任后，重用当地豪强，招募和训练军队，很快打败了黄巾军，把他们赶出境外。当时，北面青州、西面兖州的黄巾军都很活跃，连兖州刺史刘岱都被杀了，而徐州却相对太平无事，青州、兖州、豫州的一些士人和流民，纷纷涌入徐州。可见，陶谦的能力还是很强的。

徐州，也是东汉十三州之一，范围大致在今江苏省北部和山东省南部，与青州、兖州接壤，辖五个郡国、六十多个县，治所在今郯城县一带。徐州经济发达，交通便利，是个用武之地。陶谦精心治理徐州，他实行屯田制度，使农业生产得到恢复和发展，“粳稻丰积”。不过，《三国志》说，他背离正道，远君子，近小人，刑法政事极不协调，良善之人很多受到迫害。

当联军举兵讨伐董卓的时候，陶谦不顾大义，拥兵自重，并不参与。193 年，陶谦派遣使者入京，献上厚礼，表示效忠朝廷。于是，朝廷任命陶谦为徐州牧，封为溧阳侯，还特别授予他安东将军的称号，意思是说，东方之地，就由陶谦来安定了。

陶谦掌管徐州的时候，曹操还仅仅是一个小小的东郡太守，在北方地区，陶谦的势力，只有占据冀州的袁绍，能够与之抗衡。所以，陶谦把袁绍当作最大的敌人，便与袁术、公孙瓒结为统一战线。陶谦的野心是很明显的，《三国志》说，当下邳人阙宣自称天子的时候，陶谦竟与这个伪皇帝合作，可见，陶谦并不忠于汉室。

193 年春天，陶谦刚刚当上安东将军，就迫不及待地举兵攻打兖州，想要安定东方。陶谦是想乘曹操新入主兖州、立足未稳之际，向外扩展势力。陶谦联合自称天子的阙宣，共同出兵，一举攻占了兖州境内泰山郡的华县、费县，接着，又攻打任城。所以，按史籍记载，陶谦与曹操的矛盾纠纷由来已久，双方早就已经开始互相攻击了。

陶谦没有想到，此时的曹操，已经今非昔比。他虽然刚刚代理了兖州牧，却迅速收编了青州黄巾军，手里有了三十多万精兵。曹操听说陶谦来犯，立即率兵迎敌。青州兵刚刚归附曹操，急于表现，作战如狼似虎，陶谦抵挡不住，一连丢失十几座城池。陶谦无奈，只好退守老巢郯城，坚守不出。

由于曹操刚接手兖州，需要处理的事情很多，而且军粮短缺，不能久战，特别是曹操心里很清楚，在当时的情况下，是难以吞并徐州的，所以，在给了陶谦一个教训后，曹操就主动撤兵返回了。这是曹操第一次打徐州，实际上是自卫反击。

就在这年的秋天，曹操的父亲曹嵩，在去兖州的路上，被徐州方面杀害了。对此，《三国志》记载，是“为陶谦所害”。范晔的《后汉书》在《应劭传》中记载：“前太尉曹嵩及子德从琅琊入泰山，劭遣兵迎之，未到，而徐州牧陶谦素怨嵩子操数击之，乃使轻骑追嵩、德，并杀之于郡界。劭畏操诛，弃郡奔冀州牧袁绍。”

《后汉书》说得很清楚，陶谦怨恨曹操攻打他，便派出轻骑兵，追上曹嵩和曹德，把他们全杀了。应劭作为泰山郡太守，没有保护好曹嵩父子，害怕曹操怪罪，便投奔了袁绍，这是符合情理的。

不过，《后汉书》又在《陶谦传》中说：“初，曹操父嵩避难琅琊，时谦别将守阴平，士卒利嵩财宝，遂袭杀之。”两处记载不一致。

裴松之在补注中，也引用了两种不同的说法。《世说新语》说，曹操命泰山郡太守应劭，护送他父亲去兖州，应劭的兵未到，陶谦秘密派出的数千骑兵却到了，先杀曹德于门中，曹嵩急忙躲到厕所里，也被搜出来杀了，同时，曹嵩的家人和随从全部被杀。

《吴书》却有不同的说法，说曹嵩路过徐州时，陶谦派都尉张闿带二百士兵护送，张闿因贪图曹嵩财物而将其杀害。《吴书》的说法明显不合情理，当时曹陶两家正在打仗，陶谦怎么会派兵护送曹操父亲呢，杀曹嵩倒有可能。不过，即便陶谦不杀曹嵩，曹陶两家也是要兵戎相见的。

第二年夏天，曹操做好了一切准备，打着为父报仇的旗号，第二次攻打徐州。这一次，曹操是打算吞并徐州的，大军几乎倾巢出动。袁绍是曹操的盟友，也派出朱灵等将领，率军前去相助。有意思的是，战斗结束以后，其他将领都回到袁绍那里，朱灵却说：“我见过的人多了，没有一个像曹公这样的。这么贤明的君主被我遇上了，怎么还能离开呢？”于是，朱灵率领手下士兵归顺了曹操，从此跟随曹操，屡立战功，最后官至后将军，被封为高唐亭侯。

曹操率领凶悍的青州兵，攻城拔寨，势如破竹，所向无敌，很快占领了直到东海郡的大片土地。但是，青州兵军纪不严，杀戮过重，受到人们谴责。《三国志》说，曹军所经过的地方，大多数都遭到了屠戮。《后汉书》说，“凡杀男女数十万人，鸡犬无余，泗水为之不流”。有的史书，甚至说曹操“屠城”。曹操被指责为奸雄，这是他的罪状之一。

陶谦见势不妙，急忙向他的盟友求救。陶谦与袁术、公孙瓒是一伙的，不过，这个时候，袁术已被袁绍、刘表、曹操联合起来打败，逃到了扬州一带。陶谦只好向公孙瓒求救，公孙瓒派青州刺史田楷去救徐州，刘备当时任平原县令，也随田楷一同前去。

刘备在镇压黄巾起义时从军，因功被任命为安喜县尉，在鞭打督邮后弃官逃走，投靠了公孙瓒。刘备与公孙瓒都是卢植的学生，两人交情深厚。公孙瓒让刘备代理平原县令，后兼任平原相。刘备与田楷一起抵御袁绍，这次又一块儿去了徐州。

田楷、刘备虽然去救徐州，但兵力不多，陶谦反而给刘备增加了四千士兵。陶谦眼见大势已去，日暮途穷，内心恐惧，打算逃回老家丹阳去。就在这时，曹操却突然撤兵回去了，陶谦侥幸躲过了一劫。但徐州已被曹操打得乱七八糟，陶谦心力交瘁，不久就病死了，终年六十三岁。陶谦临终前，把徐州托付给了刘备，从此，刘备开始壮大起来。

曹操在节节胜利，眼看徐州就要被收入囊中的时候，为什么突然撤军了呢？原来，是他的后院起了火，他不得不回去平叛。曹操虽然智谋过人，但这次叛乱，却是他没有想到的。

后院起火当头一棒

曹操成功收编黄巾军，这事干得漂亮，使他能够迅速崛起；曹操两伐徐州，也十分顺利，眼见就要大功告成。不料，就在他的事业顺风顺水的时候，兖州突然发生叛乱，给了他当头一棒，他不得不赶紧回去灭火。

《三国志》记载，兖州叛乱的始作俑者，是曹操最信任的谋士陈宫，还有他最好的朋友张邈。陈宫为曹操谋取兖州立过大功，这次突然反叛，确实出乎意料。有学者认为，陈宫的反叛，是因为曹操杀了他的好朋友边让等人；也有学者认为，曹操在徐州的暴行，引起陈宫反感，认为曹操不仁，所以背叛了他。那么，张邈又为何要与曹操反目成仇呢？

张邈很早就与曹操、袁绍是朋友，曹操陈留起兵，多亏张邈鼎力相助，两人关系十分密切。在联军时候，袁绍当了盟主，有些高傲，受到张邈责备。袁绍怀恨在心，让曹操杀掉张邈。曹操不听，反而责怪袁绍，说："张邈是我们的亲友，即便有不对的地方，也应该容忍他，怎么能自相残害呢？"张邈知道以后，对曹操十分感激。曹操第一次攻打徐州时，因胜负难料，嘱咐家人说："万一我回不来，你们就去依附张邈。"曹操得胜回来后，见到张邈，两人相对而泣。按理说，这样的关系，是相当铁的，怎么也反目了呢？

《三国志》说，曹操率大军讨伐徐州，兖州空虚，陈宫便与张邈的弟弟张超等人，密谋背叛曹操，迎接吕布入主兖州。陈宫与张邈兄弟的关系，也十分密切，陈宫在说服了张超以后，又去劝张邈，说："如今天下分裂，豪杰四起，您拥有方圆千里的土地和民众，又处在四战之地，足可以成就大业。吕布是位英雄，所向无敌，如果把他迎来，一同管理兖州，何愁大业不成？”

张邈与吕布的关系，也非同一般。吕布杀了董卓以后，被董卓的部将李傕、郭汜打败，逃出长安。他先向南投靠袁术，却不被接纳，又向北投靠了袁绍。吕布帮袁绍打败了黄巾军张燕的部队，居功自傲，引起袁绍不满。吕布想要离开袁绍，袁绍怕他日后成为祸患，便派壮士深夜去刺杀吕布，但没有成功，袁绍继续派兵追杀他。

吕布逃到陈留，见了张邈，两人手拉手立下了誓言。袁绍听说后，非常愤恨。张邈势力不大，不能与袁绍抗衡，吕布只好与他告别，去投靠河内太守张扬。张扬曾是丁原的部下，与吕布交情深厚。

张邈因为吕布之事得罪了袁绍，当时曹操与袁绍关系很铁，担心对自己不利，听了陈宫的劝说，再加上弟弟张超坚持，于是便同意背叛曹操。可见，在自身利益面前，没有永远的朋友。

陈宫与张邈密谋，迎接吕布为兖州牧。兖州的各个郡县，全都响应吕布，只有荀彧、程昱等人坚守的鄄城、东阿、范县，还在曹操手里。曹操闻讯大惊，顾不上徐州，急忙撤军回救。

吕布未攻下鄄城，向西屯驻在濮阳。曹操对众人说：“吕布得到兖州，不去占据东平，切断道路，利用险要地形截击我，却屯兵濮阳，我料定他不会有什么作为。”于是，曹操引兵攻打濮阳。吕布不愧是名将，凶悍的青州兵也不是他的对手，溃败而逃。濮阳一战，曹操损失严重，他自己也受了伤，差点丧命。他的得力战将夏侯惇，被射瞎了左眼。曹操并不气馁，慰劳军队，制造攻城器械，继续作战，与吕布相持了三个多月。这时，蝗灾暴发，饥民遍野，军粮都吃完了，曹操只好退兵而去。

兖州叛乱，是曹操受挫折较大、平定过程也较为艰难的一次，不仅地盘几乎丢光，粮食也没有了。这时，袁绍派人来劝，让曹操投靠他，曹操动了心，准备答应。谋士程昱坚决反对，极力劝阻，曹操这才咬着牙坚持下来。

曹操虽然丢失了大部分地盘，手里却仍有几十万精锐的青州军，足可以与吕布等人抗衡。曹操设奇谋、出奇兵，多次与吕布等人作战。这个时期，曹操、吕布、刘备、袁术之间，一会儿联合，一会儿又相互攻打，变化无常，搞得人们晕头转向。刘备在徐州，先是收留战败的吕布，后遭吕布攻击，无奈又依附于他，最后，刘备投降了曹操。

经过两年多的鏖战，曹操技高一筹，最终获得胜利，不仅收复了兖州，而且占领了徐州大部分地区，吕布等人被打得四处流窜，已构不成威胁了。最后，张邈被部下所杀，张超自杀，陈宫随吕布投奔刘备。

《三国志》记载说，吕布被五花大绑，押送到曹操面前。吕布说："捆得太紧了，请松一点。"曹操说："绑虎不能不紧呀！"吕布对曹操说："明公所担心的，不过是吕布，如今我已降服，天下没有可担心的了。明公率领步兵，让我率领骑兵，天下不难平定。"

曹操听了，脸上露出犹豫的神色。坐在一旁的刘备却说："明公难道没有看见，吕布是怎样对待丁原和董卓的吗？"曹操微微点头。吕布骂刘备说："这个家伙最不可信。"最后，曹操终于下决心杀死了吕布。陈宫宁死不降，也被杀害。《三国演义》描写这一情节时，几乎把《三国志》的记载照抄过来了。

《三国志》还记载了两个有意思的事情。一个名叫魏种的人，很受曹操信任。兖州发生叛乱的时候，许多人都叛变了，曹操说："只有魏种，决不会背叛我。"不料，魏种竟然也叛变了。曹操恼羞成怒，发誓说，不管魏种逃到哪里，绝不会放过他。建安四年（199 年），袁曹交战时，魏种被捉住了，人们都以为，他必死无疑，曹操却下令为他松绑，说："这是个人才啊！"后来，曹操仍然重用他，任命他为河内郡太守，把黄河以北的事情交给他处理。

还有一个叫毕谌的人，兖州叛乱时，毕谌正在随曹操出征徐州，张邈便劫持了他的母亲和妻子儿女。曹操心有歉意，对毕谌说："你的老母亲在他们那里，你可以离我而去。"毕谌叩头，表示坚决不回去，曹操被感动得流下了眼泪。然而，毕谌告辞出去以后，却径直逃回了兖州。等到打败了吕布，毕谌也被活捉，人们都为他担心。曹操却说："能为母亲尽孝的人，也会忠于君主的，这样的人，正是我所寻求的。"于是，曹操任命毕谌为鲁国相。曹操有容人之量，胸怀还是挺广的。

曹操成功渡过了兖州叛乱危机，很关键的一条，是得益于他的坚韧不拔。

奉天子以令不臣

曹操在兖州、徐州大战的时候，贵为天子的汉献帝，却饱受摧残，到处流浪。曹操在打仗时顾不上他，如今有了巩固的根据地，便想到了皇帝。

在乱世之中，对待皇帝的态度，各有不同。董卓、李傕之流，对皇帝是任意废立和欺凌，袁绍是想另立一个皇帝，袁术则干脆自己当皇帝，而曹操呢，却是迎奉皇帝，相比之下，曹操对待汉朝皇帝，要好得多，他的做法，也高明得多。

《三国志》记载，董卓被杀后，他的部将李傕、郭汜打着为他报仇的旗号，攻入长安，控制了汉献帝，汉献帝如同囚徒一般。后来，李傕与郭汜发生火并，长安城几乎成为废墟。

汉献帝在杨奉、董承等人的护卫下，逃出长安，四处流浪，在安邑住了一年以后，又辗转东行，回到洛阳。此时的洛阳，早已被董卓烧毁，汉献帝连像样的住所都没有，只好住在太监的宅子里。生活也很成问题，没有粮食，朝廷官员都要自己去挖野菜吃，有的甚至被活活饿死。堂堂天子，竟然沦落到这步田地。

这个时候，袁绍已经占据了冀州，成为北方最大的军阀。袁绍手下，也不乏有识之士，他们认为，汉献帝是块金字招牌，应该迎接到袁绍的大本营邺城来。著名谋士如沮授和田丰等人，都向袁绍提出过建议，而且公开说，要“挟天子而令诸侯，畜士马以讨不庭”。

按照袁绍的实力和影响力，做这个事情易如反掌。可是，袁绍心里别扭，拿不定主意，因为这个皇帝，袁绍一直是反对和不承认的，如果把他接来，岂不是公开承认他的皇帝地位了吗，那他的脸面往哪里放？所以，袁绍一直犹豫不决。

袁绍一犹豫，就把机会让给了曹操。曹操的谋士毛玠建议“奉天子以令不臣”；荀彧也建议“奉主上以从民望”。“奉主上”比起“挟天子”来，好听多了，也有本质的区别。曹操立即采纳，不顾战事尚未完全结束，就派曹洪率兵向西迎接汉献帝，但受到董承和袁术部将的阻拦，曹洪不能前进。荀彧、毛玠始终都是忠于汉室的，他们迎奉天子也是真心的，后来因此受到曹操迫害。曹操当时可能也是真心的，只不过后来发生了变化。

汉献帝在洛阳，是受韩暹、董承、杨奉等人控制的。韩暹、董承在城内，杨奉领兵在外。董承不满韩暹专权，就秘密联系曹操，召他入京，这给了曹操一个绝好的机会。

196 年，曹操堂而皇之地进入洛阳，拜见汉献帝，奉上丰厚的礼物。汉献帝自登基以来，还没见过有哪个大臣对他这样好过，心中十分高兴，留他住了几个月。不过，曹操是外臣，不能干预朝政，他带的兵马又不多，在洛阳难以有所作为。

曹操知道，要想尊奉天子，打皇帝这块招牌，就必须把汉献帝弄到他的地盘去。可是，杨奉、韩暹肯定是不同意的，如果调部队前来，难免会打起来，影响不好，那就由奉天子变成劫天子了。曹操需要想一个两全之策。

这时，有个叫董昭的人，给曹操献了一个“瞒天过海”之计，曹操认为很好，依计而行。曹操对在外领兵的杨奉说，洛阳没有粮食吃了，要就食于鲁阳。鲁阳不属于曹操的地盘，而在杨奉的辖区内，所以杨奉没有怀疑。可是，鲁阳离曹操管的许县也不远，曹操护送着汉献帝和董承等人，在鲁阳一拐弯，就直奔许县去了。等到杨奉发现，想要拦截，已经来不及了。

杨奉受了欺骗，气急败坏，领兵来打，这就理亏了，因为他不是打曹操，而是来打天子了，何况他根本不是曹操的对手。曹操打着皇帝的旗号，出动大军，一举将杨奉军队击垮，占领了他的地盘，杨奉、韩暹只好投奔袁术去了。这样，洛阳一带也在曹操控制之下了，从此，东汉政权就建都于许县了。

曹操把汉献帝接到许县后，精心侍奉，恭敬有礼。他把自己的房屋腾出来，给皇帝住；拣最好的器具，给皇帝用；荒废已久的祭祀宗庙等制度，也重新建立起来。此后，汉献帝不用再颠沛流离，不用担惊受怕，更不用担忧没吃没喝了。

曹操做得相当好，他专门上了一道《上杂物疏》，说皇帝用的那些器具，不是我的，而是先帝赐给祖上的，本来就是皇室之物，现在理应归还。这话说得好听极了，给足了皇帝面子，汉献帝心里很舒服。曹操还是很细心、很会做人的。

汉献帝十分感动，对曹操大加赞赏，任命曹操为大将军，封为武平侯。东汉时期的大将军，可是不得了，位于三公之上，处于一人之下、万人之上的尊贵地位。曹操当上了大将军，又让皇帝任命袁绍为太尉，并封为邺侯。太尉是全国的最高军事长官，属于三公之一，应该也不错了，曹操是想安抚一下自己的老朋友。

不料，袁绍马上就跳了起来，拒不接受，因为太尉没有大将军的地位高。袁绍还气哼哼地对别人说："曹操那小子，要不是我救他，早死了好几回了，现在居然爬到我头上去了。"曹操听了，心里又好气又好笑，于是奏请皇帝，把大将军的头衔让给了袁绍。曹操知道，袁绍势力大，现在还不能和他翻脸，何况在乱世之中，朝廷封的官，只是个虚名，没有什么实际用处。曹操比袁绍聪明得多。

果然，曹操把大将军的虚名让给袁绍以后，袁绍高兴起来。曹操此举的主要目的，是稳住袁绍，便于他清除其他一些割据势力。当时，在兖州以南，还有张绣、袁术等地方军阀，曹操需要一一消灭他们。

曹操的下一个目标，是对付盘踞在南阳一带的张绣。

三征张绣意外迭出

曹操把汉献帝接到身边，最大的好处是，他可以“奉天子以令不臣”。当时，曹操并没有取代天子的想法，他只是想当乱世英雄，打着皇帝的旗号，借正义的名义，去翦灭群雄，统一天下，恢复国家统一。

曹操在迎奉天子的第二年，就率军出征，去消灭割据南阳的军阀张绣。曹操三次征伐张绣，意外迭出，富有戏剧性。

《三国志》记载，张绣，是今甘肃省靖远人，是军阀张济的侄子。张济是董卓的部下，随同李傕、郭汜攻打长安，后来驻军在弘农郡。196 年，因军中缺粮，张济带兵到荆州一带劫掠，中流矢而死。张绣接管了叔叔的部队，屯兵宛城，割据南阳一带。

197 年，曹操第一次南征张绣。曹操大军兵强马壮，又奉皇帝的命令，师出有名，所以出奇地顺利。曹军刚刚到达南阳地界，张绣就乖乖投降了，曹操兵不血刃进了宛城。

如此顺利，连曹操都感到意外，有些飘飘然起来。进了宛城之后，曹操接连做了三件错事，结果引发了祸端。第一件，曹操见张绣的婶子，也就是张济的妻子漂亮，就强行霸占过来，这让张绣感到屈辱和愤慨。第二件，曹操拉拢张绣的亲信部将胡车儿，这引起了张绣的怀疑和不安。第三件，曹操发现张绣有了不满情绪之后，便起了杀心，却不慎走漏了消息。张绣终于忍无可忍，决心攻击曹操。

张绣军中有个著名谋士，名叫贾诩。贾诩可以称得上是三国时期最为老谋深算之人，他平时不动声色，实际上满腹计谋。当年董卓死后，李傕他们就是采用了贾诩的计策，攻入长安，祸乱朝廷的。

贾诩是今甘肃武威人，与张济算是同乡，关系密切。张济死后，张绣把贾诩请来，对他执后辈礼，异常敬重。这次张绣投降，就是贾诩的主意。如今，贾诩见曹操做的确实不像话，又见张绣气红了眼睛，便为张绣设了一计。

按照贾诩的计策，张绣找到曹操，说部队要移动一下，又说军车少，士兵们需要把铠甲穿在身上，武器拿在手中。曹操已经被轻松得来的胜利冲昏了头脑，没有怀疑。结果，张绣部队在路过曹操军营的时候，突然杀了进去，曹军毫无防备，被打得落花流水，全军溃散，只有于禁所部不乱，有序撤回。

这一仗，让曹操痛彻心扉，不仅士兵伤亡惨重，连他中意的长子曹昂、亲近的贴身卫士典韦，以及侄子曹安民等人，都死于乱军之中。曹丕当时也在军中，只有十岁，侥幸逃脱了。曹操自己也中了一箭，若不是典韦舍命相救，曹操就玩完了。就这样，曹操第一次征伐张绣，因为他的过失，由开始时出乎意料的顺利，瞬间变为出乎意料的惨败。

曹操本是一个谨慎之人，只是因为胜利来得太容易了，使他忘乎所以。事后，曹操认真总结了教训，主动检讨和承担责任。在同年冬天，曹操第二次征伐张绣，由于部署得当，获得胜利。张绣抵挡不住，损兵折将，南逃到穰城一带。在贾诩的周旋下，张绣与刘表结成同盟，曹操就班师了。

198 年，曹操第三次南征张绣，打算一举攻克穰城，灭了张绣。谋士荀攸等人不同意，说张绣与刘表结盟，是同床异梦，时间长了，必会自乱，而现在出兵，刘表一定会救援的。另外，北方局势有些不太稳定，不宜出兵远征。但曹操统一天下的心情迫切，没有听从。

曹操大军抵达穰城，将其团团围住，奋力攻打。张绣早有准备，凭坚据守，檑木石块纷纷滚下，曹军死伤一片。曹军连攻数日，不能奏效。张绣向刘表求救，刘表果然派来援军。曹操心中焦虑，这时，忽然听到袁绍计划袭击许县的消息，曹操担心后方安全，不得已下令撤军了。

张绣见曹操撤兵，十分高兴，马上就要去追。贾诩说，不能追，追则必败。张绣不愿意放过这个好机会，派兵追击，果然吃了败仗。

追兵失败而归后，贾诩又说，现在可以追了，追则必胜。张绣半信半疑，派兵再去追击，果然获得大胜。

张绣很是不解，问贾诩原因。贾诩不慌不忙地说："这很简单。曹操忽然撤兵，必定是后方出了问题。为了阻拦追兵，他一定会让精兵断后；打退了追兵，他就会把精兵调到前边去。所以，第一次追击必败，第二次追击必胜。"张绣听了，佩服得五体投地。

曹操连续三次南征张绣，都无功而返，一个很重要的原因，是张绣有一位足智多谋的贾诩。可见，凡事不仅要拼实力，还需要靠智慧。

曹操拿张绣没有办法，却没想到，199年，张绣再一次主动投降了。这又是贾诩的主意，原来，袁绍见曹操势力逐渐强大，想遏制他发展，就派使者去招降张绣。贾诩不仅料事如神，也料人如神，他料定袁绍干不成大事，能成大业的一定是曹操。贾诩担心张绣答应了袁绍，便自作主张把袁绍使者赶走了。

张绣对投降曹操心中不安，说："我们杀了曹操的儿子，他能善罢甘休吗?"贾诩说："干大事者，是不会计较个人恩怨的。我料定曹操，一定会拿我们做个榜样，来显示他的宽怀大度。"

果然，张绣一到，曹操就赶紧迎上前去，拉着他的手，十分亲热。曹操专门设宴招待，立即任命张绣为扬武将军，封为列侯。为了表示诚意，曹操让儿子曹均，娶了张绣的女儿，杀子仇人成了儿女亲家。从此，张绣成为曹操麾下一员勇武的战将，贾诩则成为曹操的心腹谋士，他们为曹操立下了很多功劳。

曹操真的把张绣当成了显示宽怀大度的样板，不断提高他的职务和食邑。当时天下户口剧减，其他将领食邑没有超过一千户的，唯独张绣达到两千户。

207年，张绣投降曹操八年后，在随曹操征讨乌桓途中去世，被追谥为定侯。有史书说，曹丕对兄长之死怀恨在心，怒斥张绣，张绣便自杀了。其实，曹昂不死，哪里轮得上曹丕当皇帝，曹丕高兴还来不及呢，哪里会怒斥？所以，许多学者对这个说法并不认可。

袁术称帝自取灭亡

曹操立志恢复国家统一，他对军阀割据不能容忍，与僭越称帝者更是势不两立。在汉末群雄当中，做事最愚的，莫过于袁术了。袁术缺智少谋，却野心勃勃；他的地盘和实力不大，却自不量力。袁术抢先僭越称帝，结果成为众矢之的，落得一个可悲的下场。

《三国志》记载，袁术，字公路，汝南郡汝阳县（今河南商水）人，是司空袁逢的儿子、袁绍的弟弟。裴松之引用《魏书》说，袁术是袁绍同父异母的弟弟，但袁术是嫡子，袁绍是庶出，而且过继给了伯父袁成，所以，在家族中的地位，袁术比袁绍高。

由于这个原因，袁术看不起袁绍，兄弟俩一直面和心不和，有时甚至公开反目。不过，袁绍的素质，要比袁术高一些，人缘关系也好得多，因而在政界的威望，要高于袁术。袁术没有自知之明，见许多豪杰都去依附袁绍，心生嫉妒，破口大骂，说你们不来跟随我，反而追随我们袁家那个奴婢生的，真是瞎了眼！袁术甚至给公孙瓒写信，说袁绍根本不是他们袁家的种。袁术的做法，不仅激怒了袁绍，也得罪了一大批豪杰士人。

袁术长大以后，由于家族显赫，他被举为孝廉，步入仕途，并在朝廷任职。袁术历任宫内宫外职务，先后任郎中、折冲校尉、虎贲中郎将。袁术是大将军何进的亲信，何进被宦官杀害后，袁术等人带兵闯入皇宫，诛杀宦官，并在宫中放火。

董卓入京后，任命袁术为后将军。因废立皇帝，袁绍与董卓闹翻出走，袁术怕祸及自身，也逃走了。袁术逃奔到南阳郡，正值长沙太守孙坚杀了南阳太守张咨，袁术趁机占领了南阳郡，在那里招兵买马，扩充势力。

190 年，袁术参加联军，讨伐董卓。盟主袁绍想另立刘虞当皇帝，给袁术写信征求意见。袁术接到信后，鼻子“哼”了一声，冷笑说：“小老婆生的，就是没出息。”袁术是想自己当皇帝，怎么肯立别人？袁术认为，刘氏皇帝气数已尽，袁氏四世三公，门生故吏遍地，应该取而代之，而他是袁家的嫡子，最有资格当皇帝。当然，这个想法是不能说出来的，袁术用冠冕堂皇的话拒绝了袁绍。

联军分裂后，袁绍夺取了冀州，准备再攻取幽州、并州和青州，袁绍野心挺大的。袁术见袁绍的势力不断扩大，十分嫉妒和气愤，认为小老婆生的，哪能当皇帝？袁术回到南阳后，为了扩充实力，横征暴敛，没有节制，百姓深受其苦。为了遏制袁绍的势力，袁术与公孙瓒、陶谦形成了统一战线，袁绍则与曹操、刘表结成同盟。兄弟俩明争暗斗，互相拆台。

193 年，袁术收降了黄巾黑山军余部，又得到匈奴于夫罗部相助，势力增强，便想乘曹操立足未稳之机，攻打兖州，除掉袁绍的盟友。袁术率军进入陈留郡，驻扎在封丘县，并派部将刘详进军匡亭。

不料，曹操已经今非昔比，手里有了三十万青州兵。曹操领兵迎敌，先后在匡亭、封丘、太寿等地大败袁术。在凶猛彪悍的青州军面前，袁术军队不堪一击，一路溃逃。这时，刘表又在袁术背后出兵，截断了他的粮道。袁术便退入九江郡，杀掉扬州刺史陈温，占领了扬州，割据淮南一带。

袁术的地盘和实力虽然不很大，野心却不小，总想过一把皇帝瘾。195 年，保护汉献帝的杨奉部在曹阳涧一带被凉州军打败，汉献帝出逃。袁术觉得是个好机会，就召集手下人商议。袁术说：“如今刘氏微弱，天下大乱。我家四代都任公卿宰辅，百姓归心。因此，我想应天意、顺民心，诸君认为怎么样？”很遗憾，手下人没有一个响应的，主簿阎象反而站起来，公开表示反对。事后，袁术又征求一些人的意见，也没有人赞同，搞得袁术心里很郁闷。

197 年，袁术的野心再也按捺不住了，不顾众人反对，在寿春（今安徽寿县）悍然称帝，建号仲氏，设置公卿，祠南北郊。

袁术公开称帝，立刻就成了众矢之的，引得众叛亲离。正在平定江东的孙策，宣布与袁术绝交。袁术手下的广陵太守吴景、将军孙贲等人，纷纷脱离袁术。已经“奉天子以令不臣”的曹操，更是与他不共戴天，亲自率军讨伐，在蕲阳大破袁军，斩杀了袁术大将桥蕤、李丰、梁纲、乐就等人，袁术抵挡不住，只好再次逃奔到淮南。

袁术称帝后，总想体验一下当皇帝的感觉。他吃喝玩乐，荒淫奢侈，后宫数百人，全都穿着绫罗绸缎，吃着山珍海味，而士兵却饥寒交迫，民间甚至出现人吃人的惨状，一时间，江淮地区几乎人迹断绝。

袁术苟延残喘了两年，再也撑不下去了。他想投奔以前的部下雷薄、陈兰，却被毫不客气地拒绝了。袁术在走投无路之时，才想起兄长袁绍，便给袁绍写信，请求收留，并把帝号送给他。袁绍同意接纳袁术，袁术动身去青州的袁谭那里，结果在途中病死。

裴松之在补注中，引用《吴书》记载说，袁术死时，处境很惨。他多日没有粮食吃了，厨房只有麦屑。厨师把麦屑煮好端来，由于麦屑粗糙，袁术怎么也咽不下去。在临终前，袁术想喝一口蜂蜜水，也无法得到。袁术惨叫一声，说：“想不到我袁术会落到这个地步！”说完，倒伏床下，吐血一斗而死。

袁术落到这个地步，完全是他咎由自取。《尚书·太甲》中有句名言，说：“天作孽，犹可违；自作孽，不可逭。”袁术的经历告诉人们：做事要顺应时势，切不可贪心不足，自命不凡，自不量力，否则就会自取灭亡。

袁术死了，他那同样怀有野心但尚未称帝的哥哥袁绍，情况又怎么样呢？

曹操和袁绍是发小

曹操自陈留起兵以后，不到十年时间，就收服黄巾，灭掉陶谦、吕布、张绣、袁术等割据势力，占领了兖州、徐州、豫州等广大地区，并且取得“奉天子以令不臣”的优势地位。此时，在北方地区，最大的军阀，就剩下曹袁两家了。

曹操和袁绍，过去是盟友，现在就要成为敌人了。可是，这两个敌人，却从小就是好朋友，关系十分密切，这不能不令人遗憾和感慨！

《三国志》记载，袁绍，字本初，其高祖父叫袁安，当过司徒，自袁安以下，四代人中有五人居三公高位，势倾天下。袁绍外貌英俊而威严，能够降低身份，尊重士人，很多士人都愿意归附他。袁绍从小就和曹操交往过密。

曹操虽说是宦官之后，名声不太好听，但家族权势，并不比袁家逊色。他的祖父曹腾，在宫中任宦官三十余年，侍奉过四任皇帝，几乎从没出过差错，深受皇帝宠信。曹腾当过大长秋，被封为费亭侯，权势很大，可以推荐三公。曹操的父亲曹嵩，当过司隶校尉、大司农、大鸿胪，最后官至太尉。《后汉书》说，曹嵩“货赂中官及输西园钱一亿万，故位至太尉”。不管是怎么当上的，反正属于三公之列。

曹操和袁绍两人的父亲、祖父，都在朝中当大官，所以，他俩从小就在一块儿玩耍，而且调皮捣蛋，经常惹是生非。《世说新语》记载，有一次，有户人家娶媳妇，曹操和袁绍去看热闹，想要搞个恶作剧。他俩躲在人家园子里，天黑以后，突然大叫：“有贼！”人们纷纷跑出屋来，曹操趁乱进入婚房，把新娘子偷走了。夜里看不清楚，袁绍不小心掉进灌木丛中，怎么挣扎也出不来。曹操又大叫一声："贼在这里!"人们纷纷跑过来，袁绍心中大急，一下子就蹦了出来。俩人丢下新娘，大笑而逃。《世说新语》说的不一定属实，但至少可以说明，曹操和袁绍，自小就是很好的玩伴。

长大以后，曹操和袁绍同在朝中为官，都是西园八校尉之一。这个时候，他们同为朝廷效力，志同道合，关系十分密切。他们都立志做个能臣，痛恨朝廷腐败，反对宦官专权，许多观点是一致的。董卓作乱的时候，他们又共同举兵，讨伐奸贼。联军分裂后，曹操在黄河以南发展，袁绍给了他很大支持，两人结成盟友。袁绍则把注意力放在北边，专心在黄河以北发展自己的势力。

袁绍被推举为联军盟主，不是因为他势力大，而是因为他声望高。袁绍当时只是一个小小的勃海郡太守，勃海属冀州管辖。冀州是东汉十三州之一，辖地大体在今河北中南部、河南北部和山东西部一带，有九个郡国、一百个县。冀州地势平坦，交通便利，民殷人盛，粮食充足，是个好地方。当年，刘秀就是在这里创业称帝、建立东汉政权的。因此，袁绍早早就盯上了冀州这块肥肉。

当时担任冀州牧的是韩馥。韩馥是袁氏门生，与袁绍关系很好，但他平庸无能，难成大器。袁绍对他略施小计，就轻松得到了冀州。袁绍先派人鼓动幽州的公孙瓒，让他去打冀州，韩馥不敌，心中恐慌。这时，袁绍又派人去游说韩馥，劝他把冀州让给袁绍。韩馥自知守不住冀州，就乖乖地送给了袁绍。袁绍不费吹灰之力，不仅得到了冀州大片土地，也得到了韩馥手下的谋士和兵众，势力一下子就大了起来。各个州郡起兵，也都借着袁绍的名义，许多豪杰前来归附。公孙瓒见自己为别人做了嫁衣，十分恼怒，从此与袁绍为敌，双方打了好几年。

袁绍占领冀州以后，和曹操一样，首先对付的也是黄巾军。此时，北方的黄巾军，主要是张燕领导的黑山军。张燕是常山郡真定县人，他勇猛敏捷，超过常人，被称为飞燕。他的部众号称百万，活动在常山、赵郡、中山、上党、河内以及青州等地，人多势众。但黑山军都是一些淳朴的农民，缺乏政治头脑，多是分散活动，流动作战，不能协调统一、集中力量。

193 年，袁绍经过周密部署，领兵大举进攻黑山军，先是包围了于毒部，奋战五天，斩杀一万多人，打出了声威，接着，乘胜进军，又连续击灭刘石、郭大贤、李大目等多支黄巾军部队，斩首数万级，然后，与张燕部在常山大战十余天。经过一连串的打击，黑山军损失惨重，部队溃散，已经构不成威胁了。这样，袁绍不仅平定了冀州，还趁机占领了并州、青州大部分地区。张燕率残部向北退去，与公孙瓒联合。

公孙瓒，是辽西郡令支县（今河北迁安）人，姿貌魁美，仪容秀逸，与刘备是同学。公孙瓒被举为孝廉而任郎官，当过辽东属国长史、涿县令、骑都尉、中郎将等官职。他是幽州牧刘虞的下属，与刘虞产生了矛盾，公孙瓒就杀掉刘虞，占据了幽州。公孙瓒也是野心勃勃，他想扩充势力，必然要与袁绍为敌，因此，双方交战多年，公孙瓒败多胜少，后来，退居易京（今河北雄县西北一带）坚守，与袁绍对峙。

199 年，袁绍大军包围了易京。张燕率黑山军来救，救兵还未到达，袁绍就通过挖地道的办法，攻破了城池。公孙瓒自知末日来临，杀死妻子儿女，然后引火自焚了。张燕只好领兵远遁，后来，张燕投降了曹操，被任为平北将军，封为安国亭侯。

经过近十年时间，袁绍平定了黄河以北，占有冀、幽、并、青四州之地，拥有几十万人马。袁绍任命长子袁谭为青州刺史，次子袁熙为幽州刺史，外甥高幹为并州刺史，把他最宠爱的小儿子袁尚留在冀州。袁绍获得北方大片土地之后，便把目光转向了南边。

此时，曹操已经平定了黄河以南广大地区，也把目光投向了北方。曹操与袁绍，这两个从小一块儿玩大的发小，如今为了各自的利益，就要兵戎相见了。

不过，曹操的背后，还有一个敌人，那就是驻扎在徐州一带的刘备。刘备虽然兵力不多，却是心腹之患，所以，曹操在与袁绍决战之前，决心先消灭刘备，解决这个后顾之忧。

忙里偷闲攻击刘备

袁绍消灭公孙瓒之后，立即挥师南下，准备夺取河南之地。曹操知道袁绍来者不善，迅速出兵防御。双方隔河相向，都在紧锣密鼓地备战，准备一决雌雄。

令人意想不到的是，就在这军情紧张繁忙之际，曹操却突然亲自率军东征，攻击刘备去了。这是为什么呢？

《三国志》记载，刘备从军以后，虽然与黄巾军作战有功，但郁郁不得志。由于他与公孙瓒是同学，交情深厚，就去投靠了公孙瓒。公孙瓒与陶谦、袁术是同一阵营，与袁绍、曹操、刘表为敌，所以，当曹操攻打陶谦的时候，公孙瓒就让刘备跟随青州刺史田楷，一同去救徐州。

徐州牧陶谦很器重刘备，表奏朝廷任刘备为豫州刺史，并给了他四千精兵。刘备加上原来的兵马，有万余人了，于是，刘备离开田楷，归顺了陶谦。陶谦在临终前，将徐州托付给刘备，刘备代理了徐州牧。

曹操攻打徐州期间，他的后院起火，陈宫、张邈等人反叛，迎接吕布入主兖州，曹操忙于平叛，顾不上徐州了。但是，徐州是个战略要地，不少人对它虎视眈眈，因此，刘备的徐州牧当得并不安稳。

袁术本与刘备属于同一阵营，但袁术野心勃勃，目光短浅，觊觎徐州已久。他见刘备在徐州根基不牢，势力不大，便率军来夺。刘备只好进行抵御，双方相持一个多月。后来，吕布被曹操打败，也来到徐州。刘备周旋于袁术、吕布之间，相当艰难。

曹操见袁术阵营开始窝里斗，心中窃喜，便向刘备伸出橄榄枝，表奏朝廷，任刘备为镇东将军，封为宜城亭侯。刘备自然对曹操心怀感激，所以，刘备被吕布打败以后，就归降了曹操，并帮助曹操消灭了吕布。曹操让刘备做了豫州牧，此后，人称刘备为“刘豫州”。

199 年，曹操灭掉吕布之后，带着刘备，一同回到许县，封刘备为左将军。《三国演义》说，刘备到许县后，发生了三件大事。一是汉献帝召见了刘备，并取宗族世谱检看，按辈分刘备是皇帝的叔叔，汉献帝便称之为皇叔，后来，人们皆称刘备为“刘皇叔”。二是发生了人们熟知的“煮酒论英雄”的故事。三是刘备参与了董承诛杀曹操的阴谋。后两件事，《三国志》和其他史书确有记载，但第一件事并无记载。

汉献帝没有召见刘备，更没有“皇叔”之说。在《三国志》记载中，没有人称刘备是“刘皇叔”，甚至刘备的臣子如诸葛亮等人，也只说刘备是“中山靖王之后”，而不称他“刘皇叔”。当时刘姓皇帝的后代不计其数，比汉献帝辈分高的老鼻子了，汉献帝能认得过来吗？

刘备由于参与了诛杀曹操的阴谋，心中恐慌，于是便想赶快离开许县。恰在这时，听说袁术想去投奔袁绍，刘备借机请命，要去拦截袁术。曹操同意了，刘备赶紧脱身而去。果然，时间不长，董承的阴谋就败露了，参与阴谋的几个人全被处死，而刘备在外，则成了漏网之鱼。

刘备到了徐州，杀掉曹操的徐州刺史车胄，公开反曹，许多郡县都背曹归刘，刘备很快聚集了数万兵马。刘备派关羽领兵守下邳，自己驻军在小沛，形成掎角之势，防备曹操攻打。刘备还派人联络袁绍，希望能够互相支援。曹操得知刘备也参与了刺杀他的阴谋，又见他公开反叛，自然心中大怒，遂派兵征讨。刘备早有准备，把曹军打得大败而归，曹操恨得咬牙切齿。

如今，曹操要与袁绍决战，他怕刘备在背后捅刀子，使他陷于不利的境地，于是，决定趁其不备，先去消灭刘备，解除后顾之忧。对曹操的这个决定，除了谋士郭嘉赞同，其他人都十分担心，说：“与您争天下的是袁绍，如果您去东征刘备，袁绍乘机打过来，怎么办？”曹操说：“刘备，是人中豪杰，不及早灭了他，必为后患，现在乘其不备，定能获胜。袁绍虽有大志，但决断迟疑，是不会有所行动的。”

果然，袁绍方面听说曹操东征，谋士田丰赶紧找到袁绍，劝他立即出兵，攻打曹操后方。袁绍以儿子有病为由，没有同意。田丰气得用手杖敲击地面说：“多好的机会啊！却因婴儿有病失去了，可惜呀！”

对于此事，有些学者有不同看法，他们认为：曹操善于用兵，后方绝不会空虚无防备；曹操东征，只带了部分精兵，留守的兵力还相当多；袁绍离曹操后方许县相当远，刘备也坚持不了多久。所以，袁绍没有答应出兵，说孩子有病，只是借口而已。

曹操东征，相当顺利。刘备知道曹袁两家正在对峙，没有想到曹操会来打他。曹操带的又是精兵，行动迅速，战斗力强，所以，没有经过激战，曹操就大获全胜。裴松之引用《魏书》说，刘备听说曹军到来，起初还不相信，亲自带了数十骑外出观望，远远看见曹操麾旌，才知道曹操亲自来了。刘备大惊失色，顾不上妻子儿女和其他人，“弃众而走”。

曹操轻而易举地打败了刘备，活捉了他的部将夏侯博，俘虏了刘备的妻子儿女。曹操军队随后将下邳团团包围，关羽寡不敌众，无奈投降了曹操。当然，关羽不是真心降曹，只是权宜之计罢了。

刘备逃到青州，去见袁谭。袁谭赶紧报告了袁绍，袁绍出城二百多里，远迎刘备，刘备就依附了袁绍。

曹操击败了刘备，解除了后顾之忧，接下来，他可以毫无顾忌地与袁绍放手一搏了。

官渡之战大败袁绍

官渡之战，与赤壁之战、夷陵之战一道，并称为三国时期著名的三大战役。这三大战役，都发生在历史转折关头，而且都是以少胜多，以弱胜强。在官渡之战中，曹操重创了袁绍主力，又经过几年战争，最终统一了北方。

《三国志》记载，曹操在平定黄河以南之后，迅速渡过黄河，攻占了河内郡，把势力扩张到黄河以北。与此同时，袁绍在灭掉公孙瓒之后，也立即挥师南下。这样，北方地区的这两大军事集团，无可避免地就要兵戎相见了，官渡之战由此爆发。

从曹操这个角度说，官渡之战大体经过了防御、相持、反攻三个阶段。

第一阶段，重点是防御。199年，袁绍率领十多万大军，准备进攻许都。当时，袁绍已占据冀、幽、青、并四州之地，兵强马壮，粮食充足，势力要比曹操大，诸将都认为难以抵挡。曹操却很自信，说："我知道袁绍的为人，他志大而智小，色厉而胆薄，妒忌刻薄而缺少威信，兵多而不会用，将领骄傲，政令不统一，所以，是不难打败他的。他广阔的土地和丰饶的粮食，正好作为献给我的礼物。"曹操与袁绍从小就是好朋友，对他的性格和弱点，都了如指掌。

面对袁绍军队的进攻，曹操调兵遣将，进行防御。他把大本营设在官渡（今河南中牟北），派刘延率军北上，驻扎在白马（今河南滑县境内），派于禁向西驻守延津，这两处都是重要的黄河渡口。同时，曹操派兵占据齐地，防止袁绍从东边进攻，又镇抚关中，拉拢凉州，保证侧翼安全。在摆开架势之后，曹操还忙里偷闲击败刘备，解除了后顾之忧。

200年二月，袁绍发出讨曹檄文，把曹操祖宗三代骂得狗血淋头，随即进军白马，企图攻占这个战略要地，保障大军渡河。曹操采取荀攸声东击西之计，没有北上去救白马，而是引兵向西，到达延津，声称要去袭击袁绍的后方。袁绍果然中计，分兵西去迎敌。曹操却虚晃一枪，命张辽、关羽为先锋，以急行军速度直扑白马。

刚降了曹操的关羽大展神威，远远看见袁绍大将颜良的麾盖，便策马冲入万众之中，斩杀了颜良，袁军溃败。曹操大喜，表封关羽为汉寿亭侯。不料，关羽知道刘备的下落以后，便逃走回到刘备身边去了。

曹操斩了袁绍大将，解了白马之围，显示了军威。但他知道，袁军势力强大，白马终不能守。于是，曹操主动领军南撤。为了防止袁军拿白马民众撒气，曹操在撤离的时候，还带着白马的民众，扶老携幼，一同撤退。《三国演义》只写了刘备撤退时带着老百姓，以显示其仁义，而对曹操这事，却只字不提。

曹操知道，袁绍必不肯善罢甘休，于是，在南撤途中，又在白马山设下埋伏。袁绍见白马兵败，十分恼怒，令大将文丑和刘备为先锋，率军追赶，不想正中埋伏，又是大败，文丑也死于乱军之中。《三国演义》把文丑被杀也记在关羽头上，这是不能确定的。

曹操的几场防御战，都获得了胜利，然而，他却放弃了白马、延津等地，不在黄河沿岸阻击袁军，而是令全军退守官渡一带。这个决策是高明的，因为白马、延津等地，远离许都，补给线很长，官渡则离许都很近，而袁绍大军渡河南下，战线就会拉长，薄弱环节就会暴露。曹操早在官渡一带，修好了防御工事，以逸待劳，阻击袁军。

第二阶段，是相持。袁绍见曹军兵少，而且步步后退，便不顾谋士反对，亲自率大军南下，准备一举攻占许都。200年八月，袁军攻占阳武城后，接着推进到官渡。袁军依靠沙丘修筑营垒，东西延伸几十里地，与曹军相对抗。曹军凭借营垒坚守，很少出战。袁军堆起土山，据高向曹营射箭，箭如雨下，曹军士兵躲在工事里，行走时用盾牌护身，构不成大的威胁。袁军又采用挖地道的方式，也被曹军破解，没有奏效。这样，双方相持了几个月时间。

当时，袁绍的兵力，有十几万人，而曹操用来抵御的兵力却不多。《三国志》说，曹军不足万人，其中伤者十之二三。裴松之则认为记载不准，许多学者也有不同的看法，特别是曹操那几十万精锐的青州兵，哪儿去了，一直是众说纷纭。

在相持阶段，是最困难的时期。曹军兵少，粮食也快用完了，有点坚持不下去了。曹操便给留守许都的荀彧写信，商议是否撤回许都。荀彧坚决反对，他认为，在这关键时刻，谁能坚持到底，谁就会取得胜利。贾诩也不同意撤军。于是，曹操咬着牙，继续坚持。确实，坚持就是胜利，时间不长，曹操就迎来了转机。

第三阶段，是反攻。曹操迎来的重大转机，是袁绍的重要谋士许攸投靠了曹操。许攸与袁绍、曹操都是朋友，他之所以背袁投曹，《三国志》说，是因为许攸贪财，袁绍不能满足他。有的史书说，许攸与其他谋士闹矛盾，袁绍又不听他的计策，所以投曹。许攸到了曹营后，泄露了袁绍的重大军情，并献上火烧乌巢之计。乌巢是袁绍的屯粮之地，距袁军大营四十里。曹操亲自率领五千精兵，奇袭乌巢，将袁绍军粮辎重烧为灰烬。

袁军没有了粮食，军心动摇，人心惶惶。这时，袁绍的大将张郃、高览又率部投降，导致袁军内部分裂，大军崩溃。曹操乘机反攻，袁军无力应战，兵败如山倒，被杀死七八万人。袁绍带领残兵败将，仓皇逃回河北。

曹操从缴获的袁绍文件中，发现了许都官员与袁绍联系的信件，但并未追究，而是一把火烧掉了。曹操能够宽容通敌者，却不能容忍恃功自傲、对他不敬的许攸，把他杀死了。

袁绍大败，气得发病吐血，于 202 年去世。袁绍的两个儿子袁谭、袁尚为争权夺利而火并，袁谭不敌袁尚，向曹操乞降。204 年，曹操大军攻占了袁绍老巢邺城，袁氏集团覆灭。后来，袁谭被杀，袁熙、袁尚逃奔乌桓去了。

曹操进入邺城，跑到袁绍坟前，痛哭流涕，进行祭奠。曹操还安慰袁绍的妻子，归还了袁家的宝物，赠送袁家人衣物，发给他们粮食。

不过，在利益面前，任何交情都是苍白的。曹操一面哭祭他的好朋友，一面继续追杀好朋友的儿子。下一步，曹操就要远征乌桓，追杀袁尚兄弟，准备斩草除根了。

远征乌桓统一北方

乌桓，也叫乌丸，是中国古代北方游牧民族之一。汉末的时候，辽西、辽东、右北平三郡乌桓结合，被称为三郡乌桓，首领叫蹋顿。

蹋顿骁勇善战，才略过人，与袁绍关系密切，曾协助袁绍击败公孙瓒。袁尚兄弟投奔乌桓之后，蹋顿打着为袁氏收复失地的旗号，多次袭击边境，劫走幽州百姓十万余户。为了彻底消灭袁氏残余势力，统一北方，曹操决定远征乌桓。

《三国志》记载，官渡之战以后，曹操又用几年的时间，先后平定了冀州、青州、并州、幽州等地，偌大的北方地区，全部都落到曹操手中，只有紧邻幽州的乌桓，不断出兵袭扰，成为曹操统一和巩固北方的大患。

207 年，曹操决定出兵乌桓，消灭蹋顿。众将纷纷反对，他们认为：袁尚兄弟已是逃亡之人，没有必要再去追杀；乌桓路途遥远，地形复杂，大军出动难有胜算；刘备此时已南下投靠刘表，担心他们联合起来，乘机袭击许都。众将的说法不无道理，但他们只是看到了局部，只有郭嘉一人赞同北伐。

郭嘉认为，曹操已经占据了北方，下一步的战略目标，是南下进军荆州。如果大军南下，袁尚兄弟势必借助乌桓的力量，在背后捣乱，所以应该尽早除掉，解除后顾之忧。而刘表不是能成大事之人，又对刘备不放心，是不会联合攻打许都的。郭嘉是从战略全局考虑的，所以智高一筹。

曹操率大军北伐，到达无终县（今河北玉田一带）。当时正值夏天雨季，沿海地区地势低洼，道路泥泞不能通行，敌人把守险要地段，曹军道路不熟，不能前进。曹操无计可施，心中焦虑，忽然想到，此地有个出名的义士，叫田畴，急忙派人去请他。

田畴，是无终县本地人，素有忠义之名，曾是幽州牧刘虞的属下。刘虞死后，田畴不愿归附公孙瓒，率领宗族成员和宾客几百人，进入徐无山中，找一块平地建房居住，开荒种田。百姓纷纷前来归附，几年时间达到五千多户。田畴把这些人治理得井然有序，大家和睦相处。袁绍多次请他出山做官，还授予他将军印，田畴不为所动，婉言谢绝。袁绍死后，袁尚又来请他，田畴始终不肯答应。

曹操早就听说过田畴大名，这次大军经过无终，马上派使者去请田畴。田畴欣然答应，立即让门客赶快收拾行装。门客不解，问："当初袁公仰慕您，派使者来了五次，您都不答应；现在曹公的使者只来了一次，您就迫不及待地前去归顺，这是为什么呢?"田畴笑着说："这不是您能够明白的。"

田畴到了曹营，立即献上一计，说："从无终到乌桓的这条道路，每到夏秋两季，就积水难行。我知道还有一条小路，可通往乌桓，那条路久已断绝，很少有人知道。我们可以悄悄掉转进军方向，从小路进兵，出其不意地发起进攻。"曹操大喜，依计而行。

曹操命人在路旁竖起一块木牌，上面写道："现在道路不通，暂且等到秋冬季节，再行进军。"然后，率军回撤。敌人的侦察骑兵见了，回去报告。蹋顿真的以为曹军撤离了，因而放松了戒备。曹操却让田畴当向导，领导大军，翻越徐无山（今河北玉田北），出卢龙塞（今河北喜峰口一带），隐蔽行军五百余里，直捣乌桓老巢柳城（今辽宁朝阳南）。

曹操的奇袭很有成效，大军距离柳城不到二百里时，乌桓人才发现，顿时慌了手脚，乱作一团。蹋顿和袁尚兄弟，仓促集结数万骑兵，向西迎敌。两军在白狼山迎头相撞，随即展开了惊心动魄的战斗。

白狼山之战，既是遭遇战，也是大决战，对双方来说，都是生死攸关。当时的形势，对曹军并不利。曹军经过长途跋涉，体力消耗很大，特别是重装主力步兵落在后面，前面的骑兵不如乌桓骑兵多。然而，曹军士兵人人心里都很明白，他们没有退路，如果战败，只能是死路一条，因而人人不惧生死，奋勇向前。而乌桓骑兵，见敌军骤至，仓促上阵，人人内心恐慌，战斗力大打折扣，这正是“狭路相逢勇者胜”。

曹操登上白狼山，见乌桓骑兵漫山遍野，人多势众，但军阵不整，阵形松散，于是当机立断，下令攻击。曹操把指挥作战的麾旗授予张辽，命他全权指挥。张辽不愧是魏国名将，有勇有谋，所向无敌。他打着曹操的麾旗，一马当先，勇闯敌阵，直扑蹋顿，一刀将蹋顿斩于马下。曹军将领徐晃、张郃、史涣、曹纯等人，都是勇冠三军，如狼似虎，士兵也是个个拼命，一时间，军心大振，杀声震天，势不可当。乌桓骑兵见首领被杀，群龙无首，纷纷溃散逃命。

白狼山大捷之后，曹军马不停蹄，乘胜进军，攻占了柳城，投降者达二十多万人。袁尚、袁熙兄弟落荒而逃，投奔辽东郡太守公孙康去了。

有人建议曹操，乘胜征伐公孙康，活捉袁尚兄弟。曹操却说：“公孙康一向畏惧袁尚兄弟，我如果去攻打，他们就会合力抵抗；我如果撤军，他们就会自相残杀。等着吧，公孙康会把袁尚兄弟的首级送来的。”果然，曹操从柳城撤兵不久，公孙康就杀了袁尚、袁熙，把他们的脑袋送给了曹操。

平定了三郡乌桓，曹操就完全统一了中国北方。曹操在得胜回师途中，登上碣石山，观望沧海，他的心情，就像大海一样难以平静，于是写下了著名的《观沧海》一诗。曹操将自己宏伟的抱负、宽广的胸襟，都融汇到诗歌里，借着大海的形象表现出来，表达了他统一国家的英雄情怀和远大志向。

曹操用了十几年时间，统一了中国北方。此时，他心潮澎湃，踌躇满志，随即向江南进军，企图恢复国家统一。可没有想到，赤壁大战的烈火，把他烧得焦头烂额，统一天下的梦想，也随之破灭。

赤壁大战惨败而归

赤壁之战，是一次决定中国命运的大决战。如果曹操获胜，就有希望尽快结束军阀割据，实现国家统一和社会安定。然而很不幸，曹操惨败而归，刘备、孙权势力壮大，最终形成国家分裂、三足鼎立的局面。

有些人看《三国演义》，往往为曹操失败而叫好，殊不知，曹操的失败，其实是人民的不幸。因为国家分裂、战火四起，受害最重的是普通百姓。有资料显示，东汉后期，人口增长到五千多万，但经过多年战乱，全国人口又遭到了极大损失。很多史籍，都用“十不存一”“千里无人烟”来形容当时的状况。可见，战乱把人民推向了灾难的深渊。

当时，曹操的势力已经很强大了，但为什么没有完成统一大业，而是遭到惨败呢？

《三国志》记载，208 年正月，曹操平定乌桓，回到邺城。曹操灭掉袁绍之后，就把邺城作为他的大本营。曹操在邺城修建玄武池，训练水军，他的下一个目标，是南下荆州，消灭刘表。

荆州，是东汉十三州之一，辖境包括今湖北、湖南大部和河南、广东、贵州的一部分，管辖南郡、南阳、江夏、长沙等七个郡，一百一十七个县，州治所设在襄阳。

当时割据荆州的，是刘表。刘表身高八尺多，体貌魁伟，很有才气，被称为朋党的“八俊”之一。刘表原为荆州刺史，后为荆州牧。他趁天下大乱之际，率兵向南攻占了零陵、桂阳等郡，向北控制了汉水下游地区，辖地数千里，拥兵十多万。

刘表本来与袁绍、曹操属于同一阵营，而与袁术、孙坚为敌，孙坚就是被刘表手下大将黄祖杀死的。袁绍死后，曹操势大，属下劝刘表归顺曹操，刘表也派使者去曹操那里探听情况，但是否降曹，刘表一直犹疑不定。

刘备在袁绍覆灭之前，寻机离开，投奔了刘表。刘表厚待刘备，但对他心存猜忌，让刘备驻军樊城。刘表喜欢小儿子刘琮，想让他接班，长子刘琦心怀不满，与刘备交往过密。

觊觎荆州的，不仅是曹操，还有孙权。孙权当时已占据江东，势力强盛，也想对外扩张，夺取天下。孙权的战略规划是，首先吞并荆州，然后攻占益州，占领长江以南广大地区，建立帝号，再图全国。当时刘备客居荆州，势力不大，孙权没有把他计算在内，所以要与曹操"二分天下"。

208 年春，孙权出兵，攻占了江夏郡，打开了西进荆州的通道。曹操唯恐荆州落入孙权之手，于是亲率大军，南征荆州。曹操刚出师不久，刘表就病死了，小儿子刘琮继位当了荆州牧。在众人的劝说下，刘琮决定归顺曹操。曹操大军刚到新野，离襄阳还有很远，刘琮就派出使者，拿着朝廷过去颁发的符节，去迎接曹操。曹操不费吹灰之力，轻松得到了荆州，这事也太顺利了！

刘琮降曹，竟然没有告诉刘备。刘备屯兵樊城，离襄阳很近，却不知道刘琮投降的消息，直到曹操大军快要到达的时候，才发现危险已迫在眉睫。刘备曾经参与了刺杀曹操的阴谋，又被曹操视为英雄，知道必不能容他，因而绝对是不能投降的。但刘备兵力不强，难以抵抗，只好带着樊城百姓，仓皇向南撤退。

曹操得知刘备南撤，猜测他要去江陵，因为江陵储有大批的军用物资。于是，曹操亲率五千精兵，丢下辎重，轻装前进，急速追赶，一天一夜跑了三百多里，在当阳县的长坂追上了刘备，双方进行激战。刘备大败，妻离子散。幸亏赵云英勇，不惧生死，救出了刘备的儿子刘禅和刘禅的母亲甘夫人。张飞带二十名骑兵断后，他据守河岸，瞋目横矛，喝声如雷，曹军不敢靠近，刘备等人才得以逃脱。《三国演义》对长坂坡之战有精彩的描写。

刘备率部突出重围，正当他走投无路的时候，来了一个救星，就是孙权的使者鲁肃。鲁肃劝刘备与孙权联合，共拒曹操。刘备当然求之不得，于是，刘备没有继续南下，而是掉头向东，跟着鲁肃，直奔夏口（今汉口）去了。到了夏口以后，刘备立即派诸葛亮去江东，商议联合抗曹大计。

此时，曹操犯了一个错误，他没有追击刘备，而是继续率军南下，迅速占领了江陵。曹操是为了获取江陵的军用物资，这固然重要，但消灭刘备，才应该是头等大事。曹操大概认为，刘备已是穷途末路，不足为虑了。

曹操占据江陵以后，忙着安抚荆州的官员和百姓。他任命刘琮为青州刺史，封为列侯，被封为侯爵的荆州官员有十五人。任命刘表的大将文聘为江夏太守，统领原先的兵马，还任用了一批荆州名士为官。同时安抚百姓，要给他们新的生活。曹操还以朝廷的名义，与西边的益州牧刘璋联系，刘璋也接受了朝廷命令，派遣士兵帮助曹操。

曹操在江陵待了两个多月，他做的这些事情，固然重要，但却忽视了东边的刘备和孙权，对可能会出现的孙刘联盟，更是缺乏足够的警惕，致使刘备与孙权有充足的时间，进行联络，加强备战。这是曹操犯的另一个错误。

紧接着，曹操犯下了更加致命的错误。他见收复荆州如此顺利，又得到刘表几万水军，便想顺江而下，一鼓作气，攻占江东，招降或消灭孙权。对此，程昱、贾诩等谋士并不同意，因为曹操此次南征，目标是荆州，而对于攻取江东之地，是没有做好充分准备的。然而，曹操已经被胜利冲昏了头脑，听不进劝告了。曹操给孙权写了一封恫吓信，然后，带领大军，乘坐战船，从江陵顺江而下，直扑江东。这样一来，曹操原本与刘表、刘备的战争，就变成与孙权的战争了。

孙权，当时继承父兄事业，占据江东。江东，是指今江苏、浙江、安徽长江以南地区，现在称江南，古时候叫江东。孙权当时虽然只有二十六岁，却是足智多谋，而且很有野心。曹操进兵荆州，表面上看与他无关，但却触犯了他“二分天下”的利益，所以孙权格外重视，专门派鲁肃去联系刘备。所谓孙刘联盟，实际上是孙权主导的，也是由孙权提出来的。

对于孙刘联盟，曹操大概没有想到，因为刘备与孙权没有丝毫的个人情谊，曹操与孙权，倒有姻亲关系。曹操的儿子，娶了孙权的侄女；孙权的弟弟，娶了曹操的侄女。所以，当刘备奔赴夏口后，曹操还幻想着，孙权能像公孙康那样，把刘备的脑袋送过来。曹操更加没有想到的是，孙权有称帝野心，所以，他的抗曹决心是非常坚定的。

早在200年的时候，鲁肃就为孙权献上了“占据长江中上游，建号帝王以图天下”的大计。所以，当众人纷纷建议投降的时候，鲁肃却对孙权说，我们这些人，都可以投降曹操，因为投降后照样能当大官，只有您不行，意思是说，孙权如果投降了，当皇帝就彻底没戏了。孙权心里早就有了主意，在主战、主降两派争论不休的时候，他已经不动声色地集结了三万精锐部队，准备与曹操开战了。

曹操率军顺江东下，孙权命周瑜领兵溯江西上，两军在赤壁相遇，随即展开激战。曹军虽然人多，但不懂水战，又在大江之上，兵力施展不开，结果被周瑜打败。曹操只得把战船靠到北岸乌林一侧，周瑜则把战船停靠南岸赤壁一侧，两军隔江对峙。

当时，曹操大军号称八十万，其实没有那么多。曹操从北方带来的步骑兵，有十五六万，加上投降的荆州兵七八万，总共二十多万。孙刘联军方面，孙权有三万，刘备、刘琦各一万，总计五万左右。单从兵力上讲，曹操仍然占有很大优势。但是，曹操带来的北方兵，不习水战，水土不服，致使疫病流行，战斗力下降。而荆州兵刚刚投降，人心不稳，斗志不高。所以，在战斗力方面，联军要比曹军强。曹操只看到了他兵多将广的优势，而没有看到弱点，这又是一个错误。

对峙一段时间以后，周瑜采用黄盖诈降之计，火烧曹军战船，火势迅速蔓延到曹军陆地上的营寨，形成一片火海。孙刘联军趁着火势，士气大振，奋勇追杀，曹军全面崩溃，死伤无数。曹操大败，只好带领残兵败将，退回北方去了，他统一天下的梦想，也在这场大火中化为乌有。黄盖放火的地方，是在长江北岸的乌林，而不是南岸的赤壁，所以说，火烧赤壁，实际上应该是火烧乌林。

曹操失败的根本原因，是他骄傲轻敌。与其说曹操被联军打败，倒不如说，是他一连串的错误所导致的。骄兵必败，从古今中外来看，都是一条铁律。

《三国演义》用了九回篇幅，浓墨重彩地描写了赤壁之战，是全书中最为精彩的部分之一，但也是虚构较多的部分。如诸葛亮舌战群儒、智激周瑜、三气周瑜、借东风，庞统献连环计，蒋干盗书，关羽义释曹操等，在史籍中都是不存在的。

曹操由英雄变奸雄

曹操是英雄，还是奸雄？历来众说纷纭，莫衷一是。笔者认为，人都是有两面性的，所以，曹操既是英雄，也是奸雄。当他为国家统一而奋战的时候，就是英雄；当他为个人利益弄权的时候，就是奸雄。

赤壁之战以前，曹操英雄的成分多一些；之后，他奸雄的成分多一些。或者说，赤壁之战以后，曹操就由以英雄为主变成以奸雄为主了。

《三国志》记载，赤壁之战的烈火，毁灭了曹操统一天下的梦想，他此后再也没有能够踏上江南的土地。曹操心里也明白，恢复国家统一的大业，在短时间内，恐怕是没有希望了。于是，曹操重点专注于治理北方，同时开始追求自己的权力、名誉、地位和利益，个人野心也膨胀起来。

208 年，曹操改革中央官制，废除三公，重新设立丞相。当初刘秀建立东汉政权，为了防止大臣专权，废掉丞相制度，设立了三公和尚书台。三公是司徒、太尉、司空，级别很高，但权力不大；尚书台协助皇帝处理朝政，是个决策机构和执行机构，权力很大，但级别不高。这样，朝廷大权都集中在皇帝手里。这样的体制，是不利于曹操专权的，所以，曹操恢复了丞相制度，自任为丞相，开府治事，统领百官，登上了权力顶峰。

211 年，曹操以汉献帝的名义，任命儿子曹丕为五官中郎将，并为丞相副手，设置下属官员。当时，曹操年近六旬，他开始为身后事考虑了。曹操需要培养自己的儿子，以便延续权力。

212 年，曹操让汉献帝以功高为由，给了他一项特殊的荣誉：准许他朝见天子时，可以缓步而行，而不用小步快走；准许他上朝时，可以佩带武器，穿着鞋子；在朝堂上，司仪官只报他的官衔，而不称呼名字，显示对他的尊敬。

213年，曹操让汉献帝册封他为魏公，加九锡，建魏公国，定国都于邺城。从此，魏国开始建立自己的社稷宗庙，并设置尚书、侍中、六卿等官职，很像一个国家了。曹操的野心，已经暴露无遗。

214年，汉献帝颁诏宣布，曹操的职位，在诸侯王之上，并把他的官印改为金印，系印丝绳用红色。

216年，曹操觉得称魏公仍不过瘾，又让汉献帝改封他为魏王，他可以奏事不称臣，受诏不拜。儿子们也都被封为列侯。

217年，曹操让汉献帝给了他最高的待遇，出门打着天子的旌旗，按照皇帝的规格警戒，乘坐皇帝的专车，使用皇帝的服饰、礼乐和仪式。这样，曹操虽无皇帝之名，却有皇帝之实了。

这个时候，几乎所有的人，都认为曹操要代汉自立了，可是，曹操始终没有迈出这一步。对这个问题，史学界有不同的意见，比较多的看法是，曹操想当周文王，把改朝换代的事情，交给儿子去办。果然，在曹操去世的当年，曹丕就废汉建魏了。

从史书记载来看，曹操在赤壁之战前后，简直判若两人。赤壁之战以前，曹操立志恢复国家统一，打着匡扶汉室的旗帜，意气风发，南征北战，统一了北方，很少追求个人的名誉地位；赤壁之战以后，曹操疯狂攫取自己的利益和政治资本，几乎每年都有新花样，一步步地得到了他所想要的东西。

曹操的野心和所作所为，自然引起了一些人的反对。曹操的阵营，与孙刘两家不太一样，情况比较复杂。曹操是“奉天子以令不臣”，打的是朝廷的旗号。在朝廷百官中，有的是忠于曹氏的，有的则是忠于汉室的，甚至在曹操自己的队伍里，也有以恢复汉室为己任的，如荀彧、毛玠等人。当曹操尊奉天子、讨伐不臣、匡扶汉室的时候，他们志向一致，能够同心协力；而当曹操野心暴露、危害汉室的时候，他们便离心离德了，荀彧就公开反对曹操称魏公。曹操为了巩固自己的统治，采取强硬手段，先后杀害了孔融、崔琰等名士，毛玠免官入狱，荀彧忧郁而死，曹操也因此背上了奸雄的骂名。

大臣尚且如此，贵为天子的汉献帝，肯定心中更为不满。汉献帝当时已经近三十岁了，他十分聪明，并非昏庸无能之辈，只是朝廷大厦已倾，他无能为力罢了。早在200年，汉献帝的岳父、车骑将军董承，就宣称接受天子密诏，与刘备、种辑、吴子兰、王子服等人，密谋诛杀曹操，结果没有成功，除刘备外，其他人均被曹操杀害。

214年，宫中又发生一件大案。汉献帝的皇后伏皇后，不满曹操专权，几年前给父亲伏完写过一封信，要求父亲诛杀曹操。伏完当时任屯骑校尉，因畏惧曹操，未敢行动。伏完病死后，这封信却暴露了，曹操大怒，诛杀了伏皇后和她的兄弟们。这成了曹操犯上作乱的罪状，使他的奸雄之名进一步坐实。

曹操在攫取个人利益的同时，也精心治理北方。他在政治上，打破世族门第观念，实行“唯才是举”，三次下发“求贤令”，选拔任用了一大批人才；在经济上，实行屯田制度，开垦荒地，兴修水利，使北方经济得到恢复和发展；在社会治理上，尚礼重法，惩办豪强，改革户籍，减轻百姓负担，提倡廉洁；在文化上，重视国家的文化建设，加强对图书的保护和收集，建立了魏国的国家藏书，加强对宗教和少数民族的管理。

曹操在治理北方的同时，也没有忘记统一天下的大业，一有机会，就率军出征。211年，曹操西征，用了两年时间，消灭马超、韩遂等割据势力，平定了凉州。215年，曹操迫降张鲁，得到汉中，但后来又被刘备夺去了。从213年到219年，曹操几次讨伐孙权，但都是半途而废，没有达到目的。当时，三足鼎立已经形成，孙刘两家常常联手对抗曹操，曹操没有能力恢复国家统一了。

综观曹操一生，不管他是英雄也好，奸雄也罢，总的来说，曹操是一位杰出的政治家、谋略家、军事家，同时也是文学家和书法家，他为中国北方的统一和稳定，做出了重要的贡献。

曹操白手起家，开创了宏伟的事业，这除了他自身的谋略和智慧以外，还依靠了一大批人才。那么，曹操的谋士武将，主要有哪些人呢？他们都各自做出了哪些贡献呢？

志同道不合的谋士

有个成语，叫作志同道合，意思是说，志向相同，目标一致。但有些人，志向是一样的，目标却不相同，曹操和荀彧就是这样。

荀彧，是曹操的第一谋士，屡献奇策，被曹操誉为“张良”。曹操与荀彧的志向，都是平定天下。然而，荀彧的目标，是要恢复刘姓汉室；而曹操后来的目标，却是想让天下姓曹。因而，两个亲密战友的最终结局，就不那么美好了。

《三国志》记载，荀彧，是颍川郡颍阴县（今河南许昌）人，是三国时期著名的政治家、战略家，是曹操的首席谋士和功臣。

荀彧年轻时，就表现出超乎常人的眼光和谋略，人称有“王佐之才”。董卓作乱的时候，荀彧对乡亲说：“颍川是个四战之地，常为兵家所争，应该赶快离开这里。”可是，乡亲留恋故土，不愿离开。荀彧只好带领宗族，去了冀州。果然，时间不长，颍川发生兵乱，留在家乡的人多数被杀。

面对天下大乱、百姓受难，荀彧痛心疾首，他立志要辅佐一位乱世英雄，平定天下，匡扶汉室。荀彧到冀州后，袁绍以上宾之礼对待他，并且委以重任。袁绍家族四世三公，声望很高，袁绍又敢于对抗乱臣董卓，荀彧对他抱有很大希望。但过了一段时间，特别是联军讨伐董卓失败以后，荀彧发现，袁绍徒有虚名，成不了大事，曹操虽然当时势力弱小，却倒像个乱世英雄，是个能成大事之人。于是，荀彧果断离开袁绍，投奔了曹操。曹操早就听说过荀彧的名声，见他归附，十分高兴，说：“您就是我的张良啊！”

这个时候，曹操与荀彧志同道合，都要平定天下，恢复国家统一。

曹操对荀彧十分信任，他率军攻打徐州的时候，让荀彧、陈宫、程昱留守后方。不料，陈宫与张邈合谋叛乱，引来吕布，兖州大部分郡县丢失。在这关键时刻，荀彧临危不惧，调度有方，与程昱、夏侯惇共同保住了鄄城、范县、东阿三座县城，使曹操回兵之后，尚有立足之地。随后，荀彧为曹操出谋划策，打败了吕布、陈宫、张邈，不仅恢复了兖州，而且占领了徐州、豫州部分土地，使曹操有了一块稳固的根据地。

196 年，荀彧站在全局的高度，为曹操制定了三大纲领，即尊奉天子以顺从民意，胸怀天下以降服豪强，弘扬正义以招揽英雄。当时，汉献帝受困于洛阳，饥寒交迫，荀彧和毛玠都极力主张迎奉天子。曹操也有此意，费了一番周折，终于把汉献帝接来，在许县建都，从而取得了“奉天子以令不臣”的优势地位，从此，曹操的事业越发兴旺。荀彧的三大纲领，是具有战略眼光和远见卓识的。当时尊奉天子，曹操是否真心不好说，但荀彧和毛玠，确实出于真情，体现了他们对汉室的忠心。

汉献帝定都许县后，曹操让荀彧担任了尚书令。东汉时期的尚书台，既是决策机构，又是执行机构，是中央的神经中枢，皇帝对外发号施令，都要经过尚书台。荀彧掌管了尚书台，就等于控制了整个朝廷。从此，曹操常常外出作战，而留荀彧镇守许都。曹操觉得离不开荀彧，说：“您不在我身边，谁能代替您为我出谋划策呢？”于是，荀彧推荐了荀攸、钟繇，后来又推荐了郭嘉等一批人才。

曹操在外打仗，遇有大事，还常常征询荀彧的意见。在与袁绍决战之前，许多人都担心打不过袁绍，孔融甚至公开散布必败论。荀彧客观地分析了袁绍的优势和劣势，得出结论说，袁军必败。这大大增强了曹军的信心，鼓舞了士气。曹操与袁绍在官渡对峙期间，异常艰难，曹操感到坚持不下去了，给荀彧写信，商议退兵。荀彧坚决反对，劝曹操务必咬牙坚持。曹操听从了，结果大败袁军，取得官渡之战的胜利。

曹操根据荀彧的功劳，表奏朝廷，封荀彧为万岁亭侯，荀彧再三推辞，才接受下来。曹操还把女儿嫁给了荀彧长子荀恽，两人成了儿女亲家。后来，又把荀彧的封邑，增加到两千户。荀彧为官清廉，生活俭朴，他把俸禄、赏赐和家中财物，全都分给宗族和朋友，或者救助穷人，家中没有余财。

荀彧原本认为曹操是匡扶汉室的英雄，从曹操当时的所作所为来看，也确实如此，所以荀彧竭力辅佐。但是，赤壁之战以后，曹操逐渐变成了奸雄，这让荀彧感到很失望。

裴松之在《三国志》补注中引用《献帝春秋》记载，说伏皇后给父亲伏完写信，要求诛杀曹操。伏完拿不定主意，把信给荀彧看。如此重大机密，伏完敢告诉荀彧，说明伏完知道荀彧忠于汉室，并非曹操死党。荀彧看信后，并不同意诛杀曹操，但也没有向曹操报告。几年后，伏完死了，伏完的内弟樊普，为了荣华富贵，向曹操告密。曹操知道了荀彧看信不报之事，对他心怀不满，两人产生了嫌隙。《献帝春秋》是记述汉献帝时期的史书，作者不详，久佚。

212年，曹操指使董昭等人，开始谋划封曹操为魏公之事。董昭秘密询问荀彧的意见，荀彧明知道这是曹操主使的，仍然明确表示反对，并说："曹公兴义兵，是为了匡扶朝廷，安定国家，本来怀着忠诚之心，保持谦让的品德，所以不应该这样做。"

曹操听说后，知道荀彧已经不能与他同道了，怎敢再让他镇守许都。当时，曹操正在讨伐孙权，于是，让荀彧前来慰劳军队，借机把他扣在军中。荀彧感到匡扶汉室的理想破灭了，万念俱灰，不久抑郁而死，终年五十岁。荀彧死后第二年，曹操进封魏公。

关于荀彧的死，裴松之引用《魏氏春秋》说，曹操送给荀彧一盒食物，荀彧打开一看，里边空无一物，这寓意是，荀彧不能再吃曹家饭了，于是荀彧便服毒自杀了。《魏氏春秋》是东晋史学家孙盛所著，记述了曹魏政权的史事，已佚失。

荀彧与曹操，志同道不合，结局凄凉，令人感叹！其实，荀彧大可不必如此，一个腐朽透顶、名存实亡的东汉朝廷，还匡扶它干什么？又怎么能够匡扶起来呢？曹操在乱世之中重整山河，自己开创一片天地，别说当魏公，就是当皇帝，又有何不可？

不过，荀彧坚守自己的理想，不为强权折腰，这种精神和气节，还是令人敬佩的。

荀攸用计很奇妙

荀彧的侄子荀攸，也是曹操的主要谋士，担任曹操的军师。荀攸外表愚厚，内心却极其精明，常出奇策妙计，如同陈平一般。荀攸先后为曹操谋划了十二条奇计，帮助曹操灭掉群雄，统一北方。然而，这些奇计的内容，却深藏不露，不为外人所知，没有流传下来。

《三国志》记载，荀攸虽然是荀彧的侄子，但他比叔叔还大六岁。荀攸从小就聪慧过人，有一次，荀攸的祖父荀昙死了，荀昙过去的属下张权跑来，主动要求为荀昙守墓，大家都被感动了。荀攸却对叔父荀衢说："我看这个人神色反常，一定是做了什么坏事，想以守墓隐藏自身。"于是，荀衢就对张权进行盘问，果然是他杀了人，逃亡在外，想借守墓躲藏起来。从此，大家都对荀攸另眼相看。那一年，荀攸才十三岁。

荀攸长大以后，被征召入朝当了侍郎。不久，董卓入京，祸乱朝纲，荀攸血气方刚，便与何颙等人密谋刺杀董卓，不料事情败露，荀攸、何颙被捕入狱。何颙内心恐慌，忧惧自杀，荀攸却毫不在乎，言语饮食就像平常一样，他料定董卓必不能长久。

果然，董卓很快就被王允、吕布杀掉了，荀攸出狱，成了英雄。荀攸觉得蜀地险峻，可以成就大事，就请求去做蜀郡太守，朝廷同意了。荀攸动身去蜀地，可因天下大乱，道路断绝，未能到达，荀攸只好暂时停留在荆州。

曹操久闻荀攸大名，196 年，他给荀攸写信，邀请他来许都。荀攸欣然答应，投奔了曹操。曹操与荀攸交谈后，十分兴奋，对荀彧、钟繇说："荀攸可不是一般的人呀，我能够和他一起谋划大事，何愁天下不平?”曹操留荀彧镇守许都，任命荀攸为军师，随军征战四方，叔侄俩都尽心尽职地为曹操效力。

荀攸担任军师后，随曹操征伐张绣。当时，张绣已与刘表联合，荀攸感到形势不利，对曹操说:“张绣势力虽然不是很大，但与刘表搞在一起，就不好对付了。我们如果急切出兵，刘表必来救援；我们如果缓兵，刘表与张绣可能会出现分裂，因为他们的联盟并不牢固。”曹操没有听从，果然，刘表发兵相助，曹军失利，无功而返。曹操很歉意地对荀攸说:“没听先生的话，才会这样。”

200 年，曹操与袁绍展开大决战。整个战役，主要是荀攸帮助曹操谋划的。在防御阶段，荀攸建议采用声东击西之计，让曹操率军西进延津，扬言要去攻击袁绍后方，袁绍果然中计，分兵向西。曹军却突然掉头往东，以急行军的速度赶到白马，斩杀了袁绍大将颜良，解了白马之围。在白马山伏击战中，曹军故意把大批物资散落在地上，引诱袁军来抢，然后突出奇兵，把袁军打得大败。袁绍大将文丑措手不及，也被斩杀。

在防御战获胜，消灭了袁军大量兵力之后，荀攸建议回撤，以拉长袁军的补给线，双方在官渡对峙。在此期间，荀攸献计，让勇将徐晃带一支队伍，悄悄埋伏在袁军背后，截击袁军的运粮车，烧毁了他的军用物资，给袁军的补给造成了很大困难。

在相持阶段最困难的时候，袁绍的谋士许攸跑到曹操这边，并献上了火烧乌巢之计。众人都怀疑有诈，乌巢在袁军的大后方，如果这是袁绍的诱敌之计，那么派出去的队伍将有去无回，众人的担心并不是多余的。此时，只有荀攸和贾诩两人，觉得这是天赐良机，力劝曹操听从。曹操也真够大胆的，他让曹洪和荀攸守营，自己亲自率军，深入敌后，火烧了乌巢。袁军断了粮食，不战自溃，曹操获得官渡之战大捷。

官渡之战不久，袁绍就病死了，他的儿子袁谭和袁尚，为争夺权力，互相攻打。荀攸设计，先与袁谭联合，打败了袁尚。后来袁谭反叛，也被消灭。期间，荀攸屡出奇计，为曹操获得了冀、幽、青、并四州，完全占据了袁绍的地盘。

曹操对荀攸十分满意，视他为谋主，说："军师荀攸，善于用兵，多次战胜敌人，都是靠他的谋划。"曹操还经常夸赞荀攸，说："荀攸外愚内智，外怯内勇，外弱内强，从不炫耀自己的智慧和功劳。他的内智，别人可以做到；他的外愚，别人是学不到的。"曹操特别告诫儿子曹丕，要以荀攸为榜样。曹丕对荀攸格外尊敬，有一次，荀攸生病，曹丕前去看望，竟在床下跪拜不起。

曹操经常对别人说，谋划大事，功劳最大的，是荀彧，其次就是荀攸了。不过荀攸与他叔叔不同，他并不反对曹操当魏公和魏王，相反，他是积极的支持者和拥护者。因此，魏国初建时，曹操任命荀攸为尚书令，那可是个头等重要的职务啊！

214 年，荀攸跟随曹操讨伐孙权，不幸在途中病故，终年五十八岁。曹操十分悲伤，痛哭流涕，而且以后每当提起荀攸来，曹操都流泪不止。

荀攸满腹计谋，却从不对外流露，他给曹操献的计策，别人都不知道。荀攸与钟繇是好朋友，两人无话不谈。钟繇知道，荀攸前后为曹操献了十二条奇计。荀攸死后，钟繇打算把这十二条奇计整理出来，形成兵书，可惜，没等到完成，钟繇就去世了。所以，迄今为止，世人都不知道这十二条奇计是什么，真是遗憾！

有学者对此提出质疑，因为荀攸死了十六年以后，钟繇才去世，他活了八十岁，这么长的时间，还整理不好十二计吗？就连裴松之，在补注中也提出疑问，说："攸死后十六年，繇乃卒，撰写奇策，有那么难吗？"

不管十二条奇计是真是假，荀攸胸有计谋，屡献奇策，为曹操的事业做出了重要贡献，这是真的！

程昱眼光很独特

程昱，也是曹操的重要谋士，多次为曹操出计献策。程昱最大的特点，是眼光独特，料事如神。但他生性刚戾，不善与人相处，得罪的人很多。所以，曹操对他并不言听计从。在几次重大事情上，程昱都看得很准，如果曹操听了他的话，也许历史将会重写。

《三国志》记载，程昱，是东郡东阿县人，身高八尺三寸，有漂亮的胡须。《魏书》说，程昱原名叫程立，因梦见自己双手捧日，曹操就在立字上面加上日字，改名为程昱了。

在天下大乱、黄巾军四起的时候，东阿县县丞王度响应黄巾军，在城中放火，县令逃走，满城百姓惊慌失措，纷纷向东逃亡。程昱见王度等人，得到城池却不固守，而是在城西五六里的地方屯驻，觉得是个机会，便与城中大户薛房等人商议，想劝民众返回城中，凭坚据守城池。民众害怕，不愿回城。程昱让人在东山上竖起大旗，冒充黄巾军。民众见了大惊，纷纷返回县城。于是，程昱组织民众守城，打退了王度等人的进攻，使东阿县城得以保全。

东阿县隶属兖州管辖，兖州刺史刘岱，听说程昱事迹后，觉得程昱是个人才，征召他做官。众人都来贺喜，程昱却料定刘岱难成大事，不肯接受。当时，刘岱与冀州的袁绍和幽州的公孙瓒，关系都很好，公孙瓒当时势力大，几次打败袁绍。袁绍和公孙瓒都来拉拢刘岱，刘岱与属下商议了好几天，难以做出决定，便把程昱请来，征询他的意见。

程昱很干脆地说："当然要结交袁绍了，因为冀州近，幽州远，哪有舍近求远的道理？特别是，公孙瓒不是袁绍的对手，别看他现在打了胜仗，以后终会被袁绍灭掉的。”刘岱听从了程昱的话，果然，时间不长，袁绍就占了上风。刘岱表奏朝廷，想让程昱担任骑都尉，程昱仍然找借口推辞了，众人都为他感到惋惜。

不久，刘岱被黄巾军所杀，曹操当了兖州牧。曹操也知道程昱的名声，派人去请，程昱却毫不犹豫，欣然答应。众人感到不解，问他为何前后行为相悖，程昱只是笑笑，并不回答。曹操与程昱交谈后，十分高兴，任命他代理寿张县令。

194 年，曹操第二次攻打徐州时，让荀彧、程昱等人留守兖州。不料陈宫反叛，迎来吕布，兖州大部分郡县丢失。当时，荀彧坚守鄄城。荀彧知道程昱在家乡威望很高，便派他去守东阿。

程昱路过范县时，听说范县县令靳允的母亲和妻儿，已被吕布抓去，吕布派使者去招降靳允。程昱感到事态严重，便只身前去见靳允，晓以大义，陈述利害。靳允一向敬佩程昱，便杀了吕布使者，一心守城。曹操回来后，得知此事，拉着程昱的手说：“没有您出力，我就无处可归了。”曹操上表任程昱为东平相。

曹操与吕布交战，数次失利，粮食也快吃完了，处境十分困难。袁绍劝曹操到冀州去，曹操准备答应。程昱听说后，立即去见曹操，不客气地说：“您考虑问题怎么这么不深远呢？袁绍占据燕赵之地，有吞并天下的野心，您能去做他的下属吗？如今兖州虽然残破，但还有三城存在，又有众多精兵，是可以成就霸业的，何必去依附他人呢？”曹操听了程昱的话，打消了投靠袁绍的念头，经过几年奋战，终于消灭吕布，收复了兖州，获得一大块根据地。

刘备投靠曹操后，程昱也看出刘备不是等闲之辈，日后必为大患，力劝曹操及早除掉刘备。曹操觉得此时杀刘备，名声不好，没有听从。刘备由于参与了董承的阴谋，担心事情泄露，便想尽快离开曹操。恰在这时，听说袁术想去投靠袁绍，刘备自告奋勇，要去截杀袁术。曹操答应了，还给了刘备一支兵马。

程昱知道后，急忙去见曹操，说：“您不肯杀刘备，但绝不能放他走。刘备素有大志，这次得了兵马，必有异心，是不会回来了。”郭嘉也是这个看法。曹操后悔了，急忙派人去追，哪里还追得上。果然，刘备到了徐州以后，立即杀掉车胄，公开反曹了。程昱说得没错，曹操如果把刘备软禁在自己身边，就不会有后来的蜀国了。曹操虽然看出刘备是英雄，但当时并没有真正重视他，曹操的眼光，不如程昱看得深远。

在官渡之战时，程昱率七百士兵守鄄城。曹操见他兵少，打算再给他增加两千士兵。程昱却说："袁绍骄横，他见我兵少，可能不会来进攻，如果增加了兵力，他必然来攻打，再增加两千士兵，也是守不住的。"果然，袁绍大军路过时，知道鄄城兵少，认为不值得打，就没去进攻。程昱确实料事如神。

208 年，曹操南征荆州，刘琮投降，刘备逃奔东吴。许多人议论说："孙权慑于我军军威，一定会像公孙康杀袁尚兄弟那样，把刘备的脑袋送来。"曹操也是这样想的。程昱却认为，孙权野心很大，不会轻易降曹，必然会借助刘备的英雄之名和关张的勇力，进行抗争。可惜，曹操不以为然，没有听从，结果导致了赤壁惨败，统一天下成了泡影。程昱见自己的谏言不被采纳，以致造成了严重后果，便交出兵权，辞去职务，闭门不出了。

人没有十全十美的，程昱料事如神，却性情刚直暴戾，与人关系不好。他向曹操谏言时，也是直来直去，话说得难听。程昱辞官后，许多人联合起来，诬告他谋反。好在曹操并不相信，不仅没有追究，反而给予程昱更加优厚的待遇和赏赐。

后来，曹操又让程昱参知军事。曹操当魏王后，程昱任卫尉，因与中尉邢贞闹矛盾，又被免官。曹丕称帝后，对程昱还不错，重新任命他为卫尉，并封为安乡侯。程昱活了八十岁，寿终正寝。

贾诩处世很精明

在三国诸多谋士中，最为精明和老谋深算的，恐怕要数贾诩了。贾诩就像一只红毛的老狐狸，平时不动声色，一旦出计，计无不中。特别是，他深谙自保之术，在乱世中多次易主，寻求安全之策，保住了自己和家人。

《三国志》记载，贾诩，是凉州姑臧（今甘肃武威）人。有史书说，他是西汉才子贾谊的后代。贾诩善于隐蔽自己，少年时并不出众，没有人赏识他，只有名士阎忠，说他有张良、陈平那样的奇才。

贾诩成年后，被举为孝廉，担任郎官，后因病离职。他在返回家乡的途中，不幸被叛乱的氐人抓住了，被抓的还有同行的几十个人。氐人要把他们全部杀掉，贾诩急中生智，骗氐人说："我是段公的外孙，我死后，你们要单独埋葬，我家一定会出重金赎回我的尸体。"段颎是长期镇守边疆的大将，威震西方。氐人听了，果然不敢杀他，放他走了，而其他人，则全部遇害。

贾诩最早投靠凉州军阀董卓，在董卓女婿牛辅军中任职，驻在陕县。后来，董卓被杀，牛辅也死了，董卓的部下一片惊慌。校尉李傕、郭汜、张济等人，想要解散队伍，各自逃命。贾诩劝阻说："你们如果离开队伍，独自行动，一个亭长就能把你们逮住。不如举兵攻打长安，为董公报仇，事成可得天下，不成，再走也不迟。"

于是，李傕等人率众攻下长安，杀了王允，挟持了天子，使东汉王朝名存实亡，从此天下无主，群雄四起。所以，许多人认为，贾诩此计，打开了三国的潘多拉魔盒，拉开了三国混战的序幕。贾诩出此计，是为了自保。李傕他们成功之后，认为贾诩有大功，想封他为列侯。贾诩说："那不过是个救命的办法，有什么功劳可言？"坚决不接受。

李傕与郭汜起了内讧，搞得长安城乌烟瘴气。贾诩料定他们干不成大事，就离开长安，前往华阴，投靠了屯驻在那里的将军段煨。

段煨与贾诩是同乡，对他礼遇周到，但担心贾诩会取代他的地位。贾诩便与屯驻在南阳的张绣暗中联系，打算再去投奔张绣。有人问贾诩："段煨对您这么好，您为什么要离去呢？"

贾诩说："段煨生性多疑，担心我会夺了他的位子，如果我离开，他肯定心里高兴，同时，他还希望通过我连接外援，肯定会善待我的家人，而张绣缺乏谋士，也一定欢迎我去。这样几方都高兴的事，为什么不干呢？"后来，事情果然和贾诩预料的一模一样。

贾诩投靠了张绣，张绣对他格外尊敬，执后辈礼，言听计从。贾诩为张绣设计，以劣势之兵，两次打败曹操，特别是在追击曹操的时候，简直是用兵如神，令人叹服。后来，贾诩觉得张绣实力弱小，难以长久，就力劝张绣，主动投降了曹操，从此，贾诩就成了曹操的谋士。曹操并不计较贾诩曾经投靠多人，对他仍然十分器重。

在官渡之战中，曹操与袁绍对峙多日，军粮即将用完，曹操心中焦虑，问计于贾诩。贾诩说："您的明智、武勇、用人、决断，都胜过袁绍，您有这四条优势，但尚未取胜，主要是考虑得过于安全稳妥了，必须看准时机，果断出击，一战即可平定。"许攸投降曹操后，献上火烧乌巢之计，贾诩和荀攸极力赞同，促使曹操下定决心，出奇兵断了袁绍军粮，获得官渡之战的胜利。

在曹操顺利取得荆州后，打算顺江而下，乘胜夺取江东。贾诩并不同意，认为眼下最重要的，是巩固已经取得的地盘，安抚百姓，赏赐官兵，收买人心。但曹操并没有听从，贾诩也就不再力劝了，结果造成赤壁大败。后来，曹操在与马超、韩遂交战中，采用了贾诩的离间计，大获全胜，平定了凉州。

曹操在晚年时，对立谁为继承人有点犹豫，出现了由曹植取代曹丕的议论。曹丕派人去问贾诩，有什么办法能够稳固自己的地位？贾诩说："希望将军提升自己的道德修养，朝夕孜孜不倦，注重孝道，也就是这些而已。”贾诩的话说得笼统，但仔细想想，却很有道理。曹丕听了贾诩的话，就照他说的去做了，果然取得好的效果。

有一次，曹操屏退左右，单独询问贾诩，立谁为继承人合适？贾诩默然不答。曹操追问他，贾诩说：“我正在想袁绍、刘表父子的事情，没听见丞相的话。”袁绍、刘表都是废长立幼，结果毁掉了事业。贾诩用这种方式，表明了自己的态度，又没有直接说出来，真够圆滑的！曹操听了，哈哈大笑，心中的天平便向曹丕倾斜了。

贾诩自己心里很清楚，他多次易主，不是曹操的老部下，大家又都知道他有计谋，所以，贾诩担心受到猜疑，因而处处小心，力求自保。他平时闭门不出，不与任何人私下有来往；他的子女嫁娶，专挑平常人家，而不与高门大族结亲。这样，贾诩虽然没有朋友和知己，却也没有敌人。当时，天下研究智谋计策的人，都推崇贾诩。

曹丕称帝后，拜贾诩为太尉，晋爵魏寿乡侯。贾诩活了七十七岁，寿终正寝。

贾诩满腹计谋，谋略过人，但主要用于自保，对国家没有大的贡献，因而，后世对他的评价褒贬不一。

郭嘉料事很神奇

郭嘉，是曹操的重要谋士之一。他神机妙算，料事如神，对许多事情的预测都很准确，似乎有先见之明。史书称他“世之奇士”，曹操视他为“奇佐”，有人称他为鬼才。可惜天妒英才，郭嘉短命，他在诸葛亮出山之前就病死了，所以，有“郭嘉不死，卧龙不出”的说法。

《三国志》记载，郭嘉，字奉孝，是颍川郡阳翟（今河南禹州）人。裴松之在补注中说，郭嘉少年时就有远见，他预料天下将会大乱，便隐居起来，不与世俗交往，但秘密结交英杰，以图大志。

郭嘉成年后，准备出山。他先投靠了袁绍，但很快发现，袁绍徒有虚名，难成大事。郭嘉对辛评、郭图说：“袁公虽能礼贤下士，但不会用人，有谋略但缺乏决断，要想成就霸业，难呀！”于是，郭嘉毅然离开了袁绍。

荀彧向曹操推荐了郭嘉，曹操与郭嘉谈论天下大事，兴奋地说：“帮助我成就大业的，一定是这个人。”郭嘉也很高兴遇到了曹操，说：“这才是我真正的主公。”

从此，郭嘉作为军中谋士，跟随曹操左右。在攻打吕布的时候，吕布坚守下邳，曹操多次攻城未果，战役持续了大半年。曹操见士兵疲惫，打算放弃。郭嘉认为，吕布士兵更加疲惫，已不能坚持，便劝曹操不仅不要退兵，反而应该加紧攻打。曹操听从了，果然，很快就攻克了下邳，擒杀了吕布。

在官渡之战前夕，由于袁军势大，曹军很多人恐慌，怕打不过袁绍。郭嘉提出了著名的“十胜十败论”，认为在道、义、治、度、谋、德、仁、明、文、武等十个方面，曹操胜过袁绍，所以，袁军必败、曹军必胜，从而振奋了军心。

郭嘉所指的这十个方面，包括了政治、政策、法令、制度、用人以及个人的胸怀、性格、修养等多种因素，几乎涉及中国兵法思想的各个方面，内容精妙，被后人津津乐道。不过，郭嘉的“十胜十败论”，不是陈寿记载的，而是裴松之在引用《傅子》一书中说的。《傅子》是西晋文学家傅玄所著。

在袁绍大兵压境的时候，曹操为了解除后顾之忧，想先去消灭刘备。众人都不同意，只有郭嘉赞同。于是，曹操忙里偷闲，击败了刘备。

曹操与袁绍在官渡对峙期间，忽然听到一个消息，说江东的孙策，准备袭击许都，众人大惊。郭嘉预料说：“孙策刚占了江东，杀了不少豪杰，必定有人报仇。孙策行动轻率而无防备，以我看来，他必死于匹夫之手。”果然，孙策还没发兵，就被刺客杀害了。郭嘉预测如此之精准，似乎能掐会算。所以，不少人对此提出质疑。

官渡之战不久，袁绍就病死了，众将们都想乘胜追击。郭嘉说：“袁绍废长立幼，已经埋下祸根。他的长子袁谭和幼子袁尚，各自拉了一派势力，互相争权。如果我们此时进攻，他们必定要联合起来抵御；如果我们假装南征刘表，他们一定会发生内讧，相互争斗。到那时候，我们再去攻打，可一战而定。”曹操听从了，装出率军南下的样子。果然，袁谭、袁尚见外患消除，便开始了窝里斗，结果两败俱伤，曹操渔翁得利，顺利占领了冀、幽、青、并四州。

袁尚、袁熙兄弟逃到乌桓以后，曹操为了斩草除根，彻底消灭袁氏残余势力，打算征伐乌桓。众人认为，袁尚兄弟已是逃亡之人，不足为虑，担心远征乌桓，南方的刘表和刘备会乘机袭击许都。

郭嘉预料说：“袁尚兄弟虽然是逃亡之人，但其影响力不可轻视。四州之地刚刚平定，人心尚未归附。下一步我们将要南征荆州，袁尚兄弟必定会借助乌桓的力量，煽动四州百姓举事，到那时，祸患就大了，应该及早除掉。至于刘表，不过是个坐而论道之人，他接纳刘备，也不是真心的，所以不用担忧。”曹操听了，感叹道：“唯有奉孝，知我心意。”

远征乌桓取得胜利，在班师途中，郭嘉不幸病逝，时年三十八岁。曹操十分悲伤，亲自前去吊唁，并对荀攸等人说：“你们这些人，和我年龄差不多，只有奉孝最年轻。我想把身后事托付给他，没想到他中年夭折，这是命啊！”郭嘉比曹操小十五岁。

郭嘉死后第二年，曹操大军南下，不费吹灰之力获得荆州。曹操被胜利冲昏了头脑，打算顺江而下，夺取江东，不料遭遇赤壁惨败。在退回北方的途中，曹操想起郭嘉，感叹道：“如果奉孝还在，是不会让我落到这个地步的。”不过，曹操并没有哭奉孝，更没有拿哭奉孝，来羞辱众谋士。

《三国演义》夸大了这一情节，说曹操赤壁脱险后，回到军营，曹仁置酒压惊，众谋士俱在座。曹操忽然仰天大恸，众谋士说：“丞相于虎窟中逃难之时，全无惧怯，如今已经安全了，为何反而痛哭？”

曹操说：“我是在哭郭奉孝啊！如果奉孝在，是决不会让我有如此大的失误的。”说着，曹操又捶胸大哭，边哭边号：“哀哉，奉孝！痛哉，奉孝！惜哉，奉孝！”众谋士听了，个个默然自惭，谁也不说话了。曹操是借着哭郭嘉，暗骂众谋士无用，是草包饭桶。

《三国演义》夸大这一情节，是为了刻画曹操的奸雄性格。毛宗岗评道：“哭死人给活人看，奸甚！”其实，曹操并没有这样做，他也没有理由这样做，因为贾诩、程昱等谋士，都曾劝过曹操，他自己不听，能埋怨谁呢？

后人对郭嘉的评价，是仁者见仁，智者见智。有人对郭嘉倍加崇拜，认为他是奇人，能与诸葛亮相比；有的则认为，他只是会揣摩曹操的心意，并没有那么神，他的贡献也没有那么大。郭嘉的职务，只是司空军祭酒，远没有荀彧、荀攸、程昱、贾诩的职务高，而且封侯的时间，也比他们晚。另外，郭嘉个人品行不检点，与同僚关系不好。陈群就曾指责郭嘉，说他缺乏品行修养和自我约束，并多次在朝堂上公开批评他。

依笔者看来，郭嘉既不是神仙，也不是平庸之辈，他固然不能未卜先知，但他具有远见卓识，才智超群，还是可以确定的。

夏侯兄弟忠诚勇猛

曹操平定天下，不仅靠谋士，也靠武将。在诸多武将中，既忠贞不贰，又勇猛过人的，大概要数夏侯惇、夏侯渊了。这兄弟俩，最早跟随曹操起兵，多次冲锋陷阵，一个被射瞎了左眼，一个战死沙场，他们都为曹操立下了汗马功劳。

《三国志》记载，夏侯惇，是西汉名臣夏侯婴的后代，与曹操同是沛国谯县人。夏侯惇从小性情刚烈，他十四岁的时候，有个人侮辱他的老师，夏侯惇一怒之下，把他杀了，从此名声大振。

曹操在陈留起兵，夏侯惇立即响应，成了曹操军队的创建者之一，担任曹操的副将。曹操对他十分倚重，在讨伐董卓时，任命夏侯惇为司马，单独领一支队伍，驻扎在白马县。讨董联军失败以后，夏侯惇跟随曹操进入东郡，打败了黄巾军。曹操当了东郡太守，任命夏侯惇为折冲校尉。曹操当了兖州牧，让夏侯惇兼任了东郡太守。

194 年，曹操第二次征伐徐州，留夏侯惇镇守大本营濮阳。不料发生事变，陈宫、张邈突然反叛，迎来吕布。当时，荀彧守鄄城，曹操的家眷都在鄄城。吕布军来势凶猛，城内又有许多人与陈宫、张邈有联系，鄄城危在旦夕。荀彧飞马急召夏侯惇救援，夏侯惇火速率兵从濮阳赶来，进入鄄城，当天夜里，诛杀了几十个图谋反叛的人，城中局势才安定下来。夏侯惇与荀彧合力保住了鄄城，但大本营濮阳却丢失了。这是《三国志·荀彧传》中记载的。

不过，《三国志·夏侯惇》中却记载说，夏侯惇得知鄄城危险，急忙轻装前去救援，正与吕布相遇，双方交战，吕布佯装撤退，却突然攻入濮阳。然后，吕布又派人假装投降，与曹军的反叛者合谋，劫持了夏侯惇，曹军中立刻引发了震动和恐慌。所幸夏侯惇的部将韩浩，临危不惧，指挥有方，斩杀了叛乱者，救出了夏侯惇。韩浩受到曹操赞赏，后来掌管禁卫军，被封为列侯。

由于史料来源不同，编撰者如果觉得都有可能，会把不同的史料都记载下来。所以，在史籍中，记载不一致，甚至自相矛盾的地方，并不少见。不仅《三国志》，其他史书也是这样，《史记》中自相矛盾的记载就很多。这不是作者疏忽，而是体现了史学家的客观态度和纪实作风。

曹操从徐州撤军回来，夏侯惇跟随曹操与吕布交战。在一次战斗中，夏侯惇被流矢射中，伤了左眼。《三国演义》对此有精彩的描写，说夏侯惇纵马追赶吕布大将高顺，吕布另一将领曹性暗施冷箭，正中夏侯惇左目。惇大叫一声，急用手拔箭，不想连眼珠拔出，乃大叫："父母精血，不可弃也！"遂纳于口中啖之，复提枪纵马，直取曹性，一枪搠透曹性面门，曹性死于马下。这段描写，使夏侯惇的猛将形象深入人心。不过，夏侯惇被射瞎左眼是真，"拔矢啖睛"却未必存在。

由于后来的战将日益增多，曹操不愿意让夏侯惇再到战场上涉险，此后就很少让他领兵打仗了。夏侯惇先后担任陈留太守、济阴太守、河南尹，长期镇守后方。夏侯惇治理地方政绩卓著，他曾亲自背土，鼓励种稻，受到百姓拥护。

夏侯惇虽是武将，却喜欢学习，他在军中时，亲自迎请老师为自己讲课。夏侯惇生性清廉，有多余的财产就分给别人，不置备私人产业。曹操对他格外亲近，夏侯惇可以自由出入曹操的寝室。

曹丕称帝后，任夏侯惇为大将军，几个月后，夏侯惇就病逝了。夏侯惇死后，加谥号为忠侯，后来得以配享太祖（曹操）庙庭，首批受此殊荣的，只有夏侯惇、曹仁、程昱三人。

夏侯渊，是夏侯惇的同族兄弟。夏侯渊的妻子，是曹操的妻妹，因而，夏侯渊与曹操的关系十分密切。曹操年轻时，不知因为何事犯法，是夏侯渊替他承担了重罪，后被曹操营救出来。

夏侯渊很重情谊。裴松之在补注中，引用《魏略》记载说，当年天下大乱，兖州、豫州一带又发生大灾荒，饿死了不少人。夏侯渊有个弟弟早夭，撇下一个孤女。夏侯渊家中饥乏，便舍弃了自己的幼子，而养活了亡弟的孤女。孤女后来嫁给了张飞，生下一个女儿，成了刘禅的皇后。夏侯渊阵亡后，孤女请求安葬了她的伯父。夏侯渊的次子夏侯霸，在司马氏专权期间，投降了蜀国，他的妹夫刘禅亲自接见，相待甚厚。《魏略》是三国时期著名史学家鱼豢所著，记载了魏国的历史。

曹操在陈留起兵，夏侯渊最早响应，成为曹军创建者之一。夏侯渊跟随曹操南征北战，当过陈留太守和颍川太守。曹操打败袁绍、平定河北时，夏侯渊负责督运军粮，立有大功。之后，夏侯渊五次率军出征，平定了昌豨、徐和、雷绪、商曜等人的叛乱，又随曹操征伐关中和凉州，斩梁兴、逐马超、破韩遂、灭宋建，横扫羌族、氐族等外族势力，身经百战，屡立战功，官至征西将军，被封为博昌亭侯。

夏侯渊英勇善战，擅长千里奔袭，常常出其不意，并且身先士卒。曹操担心他的安全，时常告诫他说："为将应当以勇为本，但也要有智谋计策，如果只知道倚仗勇力，只能是一个匹夫的对手。"

215 年，刘备已取得益州，而汉中是益州的门户，当时被张鲁占据。曹操料定刘备必取汉中，于是抢先一步，亲率大军攻打汉中，夏侯渊率凉州兵马与曹操会师。张鲁慑于曹操军威，主动投降了。第二年，曹操率军返回邺城，留夏侯渊指挥张郃、徐晃等人，镇守汉中。刘备为了益州安全，必欲取得汉中，夏侯渊为保汉中，与刘备打了好几年。

219 年，刘备率军渡过沔水，进驻定军山。刘备派万余精锐部队，夜袭张郃，夏侯渊闻之，分一半兵马去救。刘备趁机命黄忠突袭夏侯渊，夏侯渊战死，曹军大败，汉中遂落在刘备手里。《三国演义》对定军山之战有精彩描写，著名京剧《定军山》，也为人们熟知。

在曹操诸多武将中，夏侯兄弟的武功不是最高，战功也不是最多，但论忠诚，却是无与伦比的，因而深受曹操的信任和倚重。

许褚号称虎痴

在曹操诸多武将中，许褚算是数一数二的勇士了。许褚力壮如虎而又憨痴，因而人们都叫他虎痴。正因为他憨厚忠诚，所以曹操特别信任他，让他做自己的贴身卫士。

《三国志》记载，许褚与曹操是同乡，也是沛国谯县人。许褚身高八尺有余，腰宽十围，容貌威武，勇力超人，是远近闻名的大力士。

东汉末年，天下大乱，贼寇四起。许褚聚集宗族数千家，修筑堡垒，共同抵御贼寇。贼寇来攻，众人一齐放箭。许褚捡石头掷去，被砸中者，骨头碎裂，贼寇不敢向前。坚持数日，堡垒中粮食缺乏，便用牛与贼寇交换粮食。贼寇来取牛，牛却掉头跑了回来。许褚出阵，一手反拽牛尾，拖行一百多步。贼寇大骇，牛也不敢要就撤走了。从此，那一带的人，听到许褚的名声，都感到畏惧。

197 年，曹操占领了淮水、汝水地区，许褚领着一群壮士，归顺了曹操。曹操见许褚威武，很是高兴，说："这是我的樊哙啊！"当天，就任命许褚为都尉，让他进帐宿卫，一同来的壮士，都充任虎士。从此，许褚留在曹操身边，忠心耿耿地保护着他的安全。

在官渡之战的时候，曹操的卫士徐他等人，密谋反叛，准备刺杀曹操，但因害怕许褚，迟迟没敢动手。有一天，许褚下去休息，徐他等人觉得有了机会，便怀揣尖刀进入曹操帐内。没有想到，许褚到了自己住处后，感到心里不安，又随即返了回来，正遇徐他等人行刺，许褚大喝一声，抡起大刀，一口气把他们全杀了。曹操躲过一劫，从此更加亲近许褚，让他出入同行，不离左右。从这件事来看，许褚其实还是很有心计的。

211年，许褚跟随曹操，在潼关讨伐韩遂、马超。在北渡黄河时，曹操先让军队渡了过去，自己带许褚等百余名虎士和少量士兵断后。突然，马超率一万步骑兵赶来。许褚急忙扶曹操上船，士兵争着上船，船不堪重负，许褚情急之下，举刀砍杀攀附上船的士兵，船才得以离岸前行。马超骑兵赶到岸边，纷纷向船上射箭，箭如雨下。许褚右手挥刀，左手举着马鞍，挡住箭矢，护住曹操。船工被射死了，许褚又用右手撑船，船才勉强得以渡过。这一次，许褚又救了曹操一命。

几天后，曹操与韩遂、马超对阵，单马会谈，左右都不能跟随，曹操只带了许褚一人。马超想依仗他的勇力，偷偷向前突袭曹操，忽见曹操身后，跟随一人，雄壮威武，心中暗惊。马超素闻许褚大名，怀疑此人就是许褚，便问曹操："听说曹公手下有个称作虎侯的人，在哪里呢？"曹操手指许褚，说："就是他。"只见许褚圆睁双目，怒视马超，威风凛凛。马超不敢妄动，于是各自回营。因为许褚有虎痴之称，所以马超有虎侯之问，马超不说虎痴而称虎侯，是显得礼貌一些。

许褚朴实憨厚，不爱讲话，更不善于交际，只忠于曹操一人。有一次，曹仁从荆州回来，拜见曹操，在殿外遇见了许褚。曹仁知道许褚是曹操爱将，很热情地同他打招呼，并请许褚到厢房坐下谈谈。许褚却不领情，说："魏王就要出来了。"说完，扭头进入大殿。曹仁讨了个没趣，十分尴尬。

事后，有人责备许褚说："曹仁是魏王的宗室重臣，屈尊与你交谈，你怎么能推辞呢？"许褚很认真地说："他虽然亲近尊贵，终究是外臣，而我备位内臣，有事当众说就可以，到厢房去谈，有什么私事吗？"曹操听说以后，更加喜爱厚待许褚。

《三国演义》将这一情节做了改编，说曹仁有事，去见曹操，恰逢曹操醉酒而卧，许褚仗剑立于堂门之内。曹仁欲入，被许褚挡住，不许他进去。曹仁大怒，说："我是曹氏宗族，你怎敢阻拦？"许褚说："将军虽亲，乃外藩镇守之官；许褚虽疏，见充内侍。主公醉卧堂上，不敢放人。”许褚始终不放曹仁进去，曹操闻之，感叹道：“许褚真是忠臣啊！”《三国演义》这样一改编，使许褚忠诚憨厚的性格更加突出了。

曹操很赞赏许褚，任命他为中坚将军，许褚所统领的做虎士的人，曹操也都给予重用，同一天任命他们为将军，后来因功封侯的有数十人。许褚和虎士，对曹操十分感恩。曹操死后，许褚悲痛欲绝，口吐鲜血，差点死过去。

曹丕称帝以后，也十分亲近许褚，封他为万岁亭侯，升任武卫将军。魏明帝即位后，又晋封许褚为牟乡侯，并赐他一个儿子关内侯的爵位。许褚去世后，谥号为壮侯。史书没有记载许褚的出生年月，不知道他终年多少，但许褚活到曹操孙子那一代，肯定是高寿了。

许褚虎痴，却一生平安顺利，他的经历告诫人们：做人憨厚朴实一些，比自认为精明，要好得多。

张辽原本姓聂

张辽，是曹操手下第一员大将，在曹操诸将中最为有名。唐代追封古代名将六十四人，三国时期的诸葛亮、关羽、张飞、周瑜、陆逊、吕蒙、陆抗、张辽、邓艾等九人榜上有名，而在曹操麾下众多将领中，只有张辽一人。

《三国志》记载，张辽，是雁门马邑（今山西朔州）人。张辽原本姓聂，是马邑富商聂壹的后代。聂壹为了躲避仇家，改姓为张。

三百多年前，张辽的祖先聂壹，在马邑汉匈边境做生意，与匈奴单于很熟。汉武帝想结束长期实行的与匈奴和亲政策，改为武力征伐，但苦于匈奴骑兵飘忽不定，难以聚歼。聂壹自告奋勇，献上一计，想引诱匈奴骑兵进入马邑城，让汉军设下埋伏，来个瓮中捉鳖。聂壹亲自去见匈奴单于，说马邑城中有大批物资，鼓动匈奴前去抢夺，他在城中里应外合。匈奴单于不知是计，亲率十万骑兵直扑马邑城，而三十万汉军正在张罗以待。不料，就在匈奴接近马邑的时候，却发现有诈，急忙撤军回去了，致使这一计划功亏一篑。马邑之谋虽然没有成功，却成为汉武帝改变匈奴政策的标志，在历史上具有重要意义。

值得欣慰的是，三百多年后，聂家又出了张辽这样的名将。

张辽武功高强，勇力过人，起初是丁原的部下，与吕布关系不错。东汉末年的时候，大将军何进派张辽去河北招兵，得到一千多人。张辽回到京师时，朝廷发生动乱，何进已死，张辽便率兵归附了董卓，董卓死后，又归附了吕布。

199 年，曹操消灭了吕布，张辽就归降了曹操，从此跟随曹操南征北战，屡立战功，成为曹操麾下一员得力的大将。在官渡之战中，张辽与关羽同为先锋，救援白马，击败袁军，因功升迁至裨将军。

袁绍被消灭以后，曹操派遣张辽，率军平定了鲁国各县。这时，东海郡太守昌豨反叛，昌豨也是吕布部将，投降曹操后，被任命为东海郡守。张辽与夏侯渊奉命平叛，大军围攻昌豨，但几个月不能攻克，粮食快吃完了，大家商议撤兵。

张辽很心细，说："我发现，这几天昌豨总是向我注目凝视，他们射来的箭也越来越少，这一定是昌豨也十分困难了，是战是降犹豫不决。"于是，张辽来到城下，与昌豨对话，劝其归降，昌豨果然答应了。张辽很高兴，孤身上了三公山，到昌豨家中，拜访其家人。曹操知道后，责备张辽涉险。张辽说："有明公军威，料定昌豨不敢害我。"昌豨后来再次反叛曹操，被于禁斩杀。

207 年，曹操远征乌桓，在白狼山突然与敌兵遭遇。当时，乌桓兵力众多，而曹操身边，只有一些轻骑兵，主力重兵尚未到达。将士都建议，等到后续部队赶到，再与敌军交战。唯独张辽，力排众议，极力主张，趁着敌军阵势不整，立即攻击。曹操采纳了张辽的意见，并把自己的麾旗交给张辽，委托他指挥作战。张辽高举麾旗，一马当先，冲击敌阵，大破敌兵，斩杀了乌桓单于蹋顿，获得大胜。

张辽具有泰山崩于前而色不变的大将风度。208 年，曹操顺利收复荆州，招降了荆州兵马，但人心尚未归附，时常有叛乱发生。张辽奉命统领一支新组建的部队，一天深夜，有人在营中放火，全军皆惊。张辽断定，这只是少数叛乱者所为，于是下令，全军将士保持肃静，不得乱动。张辽率领数十名亲兵，站在军营中央，有乱动者皆杀之，不一会儿，军营就安定下来。军队一安定，叛乱者就暴露了，全被斩首。

赤壁之战以后，曹操率军返回北方，留下张辽、乐进、李典等将领，率七千士兵驻守合肥。曹操临走时，留下一封手谕，也就是锦囊妙计，嘱咐道："敌人来时，才可以打开看。"不久，孙权亲率十万大军，前来围攻合肥。众将赶紧打开曹操的手谕，上面写道："如果孙权来到，张辽、李典二将军出去迎战，乐进将军守城。"此时，城外孙权有十万兵马，出城迎战，岂不是找死吗？众将都面面相觑，心中疑虑重重。

张辽慷慨激昂地说：“曹公手谕的意思是，在敌人立足未稳之际，就迎头痛击他们，挫败他们的锐气，以安定我军军心。成败的关键，在此一战，诸位有什么可疑虑的呢？”李典也赞成张辽的说法，于是，他们连夜招募了八百名不怕死的壮士，准备第二天攻击孙权军队。

第二天凌晨，张辽杀牛犒劳将士。八百勇士饱餐一顿，精神抖擞，天刚放亮，便大开城门，齐声呐喊，冲向敌阵。张辽披甲持戟，身先士卒，高喊着自己的名字，势不可当，连斩敌将两名，杀敌数十人，直冲到孙权的大旗下。

孙权大惊，众将竖起长戟，守护着孙权。张辽大声呵斥，要孙权下来交战，孙权不敢动弹。吴军没有想到曹军会冲击军营，起初惊慌失措，后见张辽兵少，才聚集军队包围上来。张辽指挥将士，左冲右突，率数十人冲出重围。没有冲出去的士兵喊道：“将军，要抛弃我们吗？”张辽听了，返身回来，又冲进吴军的包围圈，将剩下的将士全部救出。吴军望风溃逃，没有人敢抵挡。

经此一战，吴军失掉锐气，曹军士气大振，孙权围攻合肥十余日，不能攻下，只好撤军回去了。经此一役，张辽威震江东，留下了“张辽止啼”的千古典故。此后，张辽便长期率军镇守合肥。《三国演义》对合肥之战，做了精彩的渲染和描写。

曹操对张辽十分器重和信任，授予张辽假节。假节，是假以符节，代表皇帝行使一定的权力，用以威慑一方。不过，当臣子完成任务后，这个节将会被收回，所以，假节比假节钺（假节钺，意思是能够代表皇帝，行使相应的权力，可以不用请示，直接斩杀军中将士。这是一种极高的地位和权力，体现了皇帝的高度信任）权威性低。

曹操死后，曹丕继续器重张辽，任命他为前将军，封为晋阳侯。曹丕念念不忘张辽合肥之战的功绩，下诏说：“合肥之役，张辽、李典率八百士兵，击败贼寇十万大军，自古用兵，未曾有过。”

222年，张辽不顾身体有病，到海陵驻防。孙权听说张辽来了，想起合肥之战，心有余悸，对诸将说："张辽虽然有病，但仍然勇不可当，千万要小心。"这一年，张辽病情逐渐加重，在江都病逝，终年五十四岁。

于禁不应受谴责

在曹操诸多武将中，于禁是比较特殊的一个。他很早就跟随曹操，南征北战，屡立战功；他智勇双全，临危不乱，治军有方，被曹操称赞胜过古代名将。然而，在襄樊之战中，于禁兵败被俘，受到人们诟病和责备，后人对他褒贬不一。笔者认为，这是不公平的。

《三国志》记载，于禁，是泰山郡钜平县（今山东泰安南一带）人。于禁原是鲍信的部将，鲍信迎接曹操为兖州牧，不久战死，于禁就归顺了曹操。

将军王朗很欣赏于禁，对曹操说，按于禁的才干，可以当大将军。曹操召见了于禁，交谈后也很欣赏他，任命于禁为军司马。于禁在收复黄巾、攻打徐州、征战吕布等战斗中，都有出色的表现，升任平虏校尉。

197年，在征讨张绣的战斗中，于禁展现出临危不乱的大将风度。张绣投降后，曹操得意忘形，处事不当，导致张绣复叛。张绣采用贾诩之计，突袭曹营。曹军毫无防备，措手不及，顿时大乱，全军溃败，将士纷纷四散逃命。曹操的长子、侄子和贴身卫士，都死于乱军之中，曹操自己也差点丧命。在这万分危急的关头，只有于禁，能够约束自己的部队，且战且退，保持队形不乱，最后，敲着战鼓，安全有序地撤回了大本营。

于禁在撤军途中，还能整肃军纪。他发现了一群赤身裸体的士兵，一问，原来是遭到了青州兵的抢劫。青州兵是由青州黄巾军改编而成，虽然作战勇敢，但抢掠惯了，军纪很差。于禁大怒，说：“青州兵已经归顺了曹公，难道还要再去做贼吗？”于是，于禁下令攻击青州兵，斩杀了不少正在抢掠的人，制止了军中抢掠行为。青州兵纷纷跑到曹操那里去告状，说于禁反了。

于禁率军撤到大本营后，有人立即向他报信，说："青州兵告你状了，你赶快去拜见曹公，解释清楚吧，免得曹公怀疑你。"于禁却说："现在敌人还在后边，不定什么时候就会追到，眼下最要紧的，是修筑营垒，准备迎敌，哪有时间去解释？再说，曹公明察秋毫，是不会怀疑我的。"

于禁赶紧督率将士，挖战壕，安营帐，一切安排就绪之后，才去见曹操，说明当时情况。曹操听后，非常高兴，夸赞说："大败之际，人心惶惶。将军能在混乱中约束部队，从容撤退，而且教训暴徒，修筑营垒，以便立于不败之地。将军有不可动摇的节操，即便古代名将，也没有超过你的。"于是，曹操下令，在全军嘉奖于禁的功劳，封于禁为益寿亭侯。从此，曹操格外器重于禁。

在曹操诸将中，于禁、乐进、张辽、张郃、徐晃五人，俱为名将，曹操每次征战，不是轮流用他们为前锋，就是让他们断后，十分倚重。陈寿撰写《三国志》时，将五人合传，后世称他们为"五子良将"。在五人中，于禁以威严毅重、治军严格而著称，他持军严整，军纪严明，缴获来的财物从不私藏，因此，曹操对于禁的赏赐非常重。

在官渡之战中，于禁自告奋勇充当先锋。曹操欣赏他的勇气，让他率两千士兵，把守延津。袁绍大军来攻，没有攻克。于禁又和乐进一起，率五千兵马，攻击袁绍的营垒。他们沿着黄河而进，烧毁袁绍营垒三十多个，斩杀俘敌数千人，为取得防御阶段的胜利，做出了重要贡献。在官渡对峙期间，于禁负责把守土山，奋勇作战，胆气愈战愈激昂。官渡之战胜利后，于禁升任偏将军。

于禁执法严格，不徇私情。他和昌豨是同乡和好朋友，昌豨归顺曹操后再次反叛，曹操派夏侯渊和于禁领兵讨伐。夏侯渊连续攻克昌豨十余座据点，昌豨抵挡不住，因他与于禁有交情，便投降了于禁。众将都认为，昌豨已经投降，又与于禁有旧情，可以不杀。于禁却不同意，说："按曹公的命令，被围攻才投降的人，是不能赦免的。昌豨虽然是我的老朋友，但遵守军令，不能容情。"于禁亲自去向昌豨诀别，流着泪将他斩首。曹操听说后，叹息道："昌豨不来向我投降，却去于禁那里，这都是命啊！”

于禁治军严明，在军中威信很高。曹操对将军朱灵不太满意，想夺他的兵权，就派于禁率数十名骑兵，拿着他的命令，直奔朱灵军营，夺了他的部队。朱灵及其手下，慑于于禁威严，都不敢轻举妄动，从此，朱灵部队归于禁指挥，朱灵成了于禁的部下。

曹操想当魏王，于禁坚决支持。曹操当上魏王后，提升于禁为左将军，假节钺。在曹操众多武将中，于禁是唯一一个获得假节钺的人，就连大名鼎鼎的张辽和曹仁，也只获得过假节。可见于禁在军中的地位，是相当高的。

于禁一生辉煌，没想到晚景凄凉。219年，关羽围攻襄阳、樊城，曹操命于禁率七军前去支援。不料天公不作美，连降大雨，汉水泛滥，平地水深数丈，七军被水淹没，于禁被关羽俘虏，无奈投降了。庞德宁死不降，被关羽斩首。曹操听说后，哀叹良久说：“于禁与我相知三十年，怎么面临险境时，反不如庞德。”庞德原是马超的部将，投降曹操不足五年。

史书说于禁投降了关羽，其实，严格来说，于禁不是投降，而是被俘。他并没有为关羽效力，更没有做任何对魏国不利的事情，而是被关押在监牢里，成了囚徒。后来，孙权打败关羽，又把于禁带到吴国。

221年，曹丕称帝后，孙权为了讨好曹丕，把于禁送回魏国。曹丕接见了于禁，只见他头发胡须全白了，容貌憔悴，流着泪下跪磕头。曹丕一面假惺惺地安慰他，任命他为安远将军；一面却让人画了关羽战胜、庞德愤怒、于禁乞降的图，来羞辱于禁。于禁看后，羞惭怨恨，发病而死，谥号为厉侯。

于禁被人诟病的一个重要因素，是庞德宁死不屈的形象，给他做了反衬。其实，于禁战败被俘，无可厚非，是不应该被责备的。真正应该受到谴责的，是曹丕一类的统治者，他们全然不念于禁曾经立下的大功，只因于禁没有为他们殉死，就心生不满、耿耿于怀，又用卑鄙的手段逼死了他，这是多么的自私和冷酷无情啊！

曹仁行事仁义

谚语说，打虎亲兄弟，上阵父子兵。在众多谋士武将中，曹操最为信任和倚重的，莫过于他的本家兄弟了。在曹氏家族中，也确实出了不少出类拔萃的人物，曹仁就是其中之一。

曹仁对曹操忠心耿耿，又智勇双全，长期担任要职。曹仁有个重要特点，是像他的名字一样，行事比较仁义。

《三国志》记载，曹仁，是曹操的堂弟。曹仁的祖父曹褒，与曹操的祖父曹腾，是亲哥俩。曹仁年轻时，喜欢骑马射猎。东汉末年，天下大乱，豪杰四起，曹仁也聚集了一千多人，活动在淮河、泗水之间。曹操在陈留起兵时，曹仁率部跟随，从此忠心为曹操效力。

联军讨董失败后，曹仁跟随曹操进入东郡，后来又到了兖州。在收复青州黄巾军、两伐徐州、平息兖州叛乱、抗击吕布、三征张绣等战斗中，曹仁常常督领军骑，或者担当先锋，多次立下战功。在汉献帝迁都许县后，曹仁被任命为广阳郡太守。但曹操器重曹仁的勇敢和谋略，不让他到地方任职，而是把他留在自己身边，以议郎的身份统领骑兵。

在官渡之战期间，曹军与袁军长期对峙。袁绍派刘备去袭扰曹操的后方，刘备率一支兵马，绕到曹操背后，攻打许都以南地区。曹操因受袁绍军队牵制，无法救援，各县便纷纷投降了刘备。

后方出现问题，曹操心里很焦虑。曹仁对曹操说："各县因曹操主力在外，刘备强兵猝至，故纷纷投降。但刘备也是刚开始带领袁军，军心不齐，容易击败。"于是自告奋勇，率领一支骑兵，去攻打刘备。时间不长，曹仁果然打败了刘备，顺利收复各县。于是，曹操的后方稳定下来，保证了官渡之战的胜利。

官渡大捷之后，曹操乘胜攻占袁绍的地盘，一路攻城略地，十分顺利，没想到在围攻壶关时，却碰上了硬钉子。壶关守军拼死抵抗，曹军连攻数月不能取胜。曹操大怒，下令说：“破城之后，要把城里的人全部坑杀”。

曹仁急忙劝阻曹操，说：“攻打城池，一定要留一个门不打，为的是给城里的人留一条生路。如今您下这样的命令，是要坚定城里人拼命抵抗的决心，那我们的伤亡一定会很惨重。这样做，既不仁义，也不是好计策。”曹操听从了，取消了屠城令。曹仁派人招降，城内守军便投降了。曹操对曹仁的做法很满意，封他为都亭侯。

赤壁之战以后，曹操任命曹仁为征南将军，屯驻在江陵。周瑜率军来攻，前锋数千人到达城下。曹仁命部将牛金，领兵出城迎敌，不料被敌军包围，处境十分危险。曹仁在城楼上看见，急令左右牵马来，他要亲自出城作战，把牛金和士兵救回来。长史陈矫等人劝阻他，说：“敌人众多，不可抵挡，就算丢掉这些士兵，也不算什么，将军何必亲自赴敌呢？”曹仁说：“眼看着自己的士兵有危险，为将者怎能不去救？”于是，曹仁披甲上马，率领几十名亲兵，骑马出城。

在离敌人一百多步远的时候，临近一条河沟，陈矫等人都认为，曹仁会停在河沟这边，为牛金士兵壮声势，没有想到，曹仁丝毫没有停留，径直冲过河去，闯入敌人的包围圈。牛金和士兵，见主将亲自来救他们，立刻勇气大增，势不可当，跟着曹仁冲出了敌人的包围圈。快到城门口时，曹仁回头一看，还有几个士兵在包围圈里没有出来，于是又返身杀了回去，直到救出了所有的士兵。三军将士，都被曹仁的勇敢和仁义所感动。

后来，曹仁被任命为征南将军，假节，镇守樊城。关羽率军来攻，曹操派于禁率七军前去救援。不料天降大雨，洪水泛滥，援军全军覆没。洪水也围住了樊城，只差几尺就要淹过城墙，粮食也快吃完了。关羽乘船逼近城下，把城池围了好几圈，樊城危在旦夕。但由于曹仁对士兵很好，在军中威望很高，所以军心稳定，士兵都乐意效力。将士齐心协力守城，关羽始终没有攻下来。后来，曹操派出徐晃救兵，解了樊城之围。

曹仁年轻的时候，喜欢行侠仗义，不拘小节，当了领兵将领之后，却严肃认真，一丝不苟。他常把军法规章带在身边，一切按照规章行事。曹丕在当太子的时候，就十分赞赏曹仁，说作为将领，就应该像曹仁那样，秉公执法，行事有度。

曹丕称帝后，任命曹仁为大将军、大司马，督统全部兵马。曹仁五十六岁时病逝，加谥号为忠侯。

《三国演义》在对曹仁的描写中，有不少歪曲和贬毁之处。其实，从史籍记载来看，曹仁还是挺不错的。

曹洪生性吝啬

曹洪，也是曹操的堂弟，他和曹仁一样，始终对曹操忠心耿耿，曾在危急关头，舍身救了曹操性命。他一生跟随曹操征战，屡立战功，深受曹操信任和倚重。

不过，曹洪有个致命的弱点，就是生性吝啬，是个守财奴。这个性格上的缺陷，给曹洪惹了不小的麻烦，还差点引来杀身之祸。

《三国志》记载，曹操在陈留起兵时，曹洪就跟随了曹操。曹操参加了联军，讨伐董卓，可联军各怀鬼胎，并不齐心。董卓火烧洛阳、迁都长安时，曹操认为，这是乘胜追击、消灭董卓的好机会，可是，联军谁也不动。曹操大怒，带领本部人马，独自去追击董卓。

曹操率军追到荥阳汴水的时候，遇见董卓部将徐荣，双方展开激战。曹操兵少，渐渐落了下风，士兵死伤很多，曹操也挨了一箭，所乘的马又受了伤，不能行走。敌人在后面追赶很急，曹操失去马匹，危在旦夕，在这危急关头，曹洪从马上跳下来，把自己的马给了曹操。曹操推辞谦让，曹洪着急了，说："天下可以没有我曹洪，但决不能没有您。"这句话，让曹操感动了一辈子。

曹洪把马让给曹操，自己在马后步行，挥舞大刀，护卫着曹操。他们来到汴水边上，河水很深，不能渡过。曹洪让曹操在河边躲避，自己沿着河道搜寻，终于找到一只渡船，两人这才渡过河去，脱离了险境。

这一战，曹操好不容易聚集的兵马，几乎损失殆尽。曹洪与扬州刺史陈温是好朋友，便自告奋勇，到陈温那里去招兵。曹洪带领千余名家兵，到了扬州，在陈温的鼎力支持下，招募到庐江强悍善战的甲士两千人，又东到丹阳郡，招募士兵数千人，然后，率军而归。曹洪的这一功劳，可是非同小可，他为曹操的东山再起，提供了极其宝贵的资本。

此后，曹洪跟随曹操进入东郡，打跑了黄巾军，占据了一块地盘。曹操任兖州牧时，曹洪在收编青州兵、讨伐陶谦等战斗中立有功劳。曹操与吕布交战，曹洪任先锋，占据了东平、范县，征集粮食，接济后续部队。后来，曹洪率军攻克了济阴、山阳、中牟等十余座县城，为消灭吕布做出了重要贡献。

在官渡之战中，曹操自己率轻骑兵去烧乌巢，让曹洪坚守大本营。袁绍得知曹操去袭击乌巢，认为大营必定空虚，便派张郃、高览猛攻曹操大营，想断绝曹操后路。但没想到，在曹洪指挥下，大营岿然不动。张郃、高览不能取胜，担心袁绍降罪，只好投降了曹洪。曹操断了袁绍军粮，展开反攻，致使袁绍一败涂地。

后来，曹洪率军征战四方。他单独领军征伐刘表，在舞阳、阴叶、博望等地打败刘表军队。在汉中之战时，他与曹休在下辩抵御刘备，破斩吴兰、任夔，逼退张飞和马超。因战功卓著，曹操任命他为都护将军，封为明亭侯。曹丕即位后，提拔曹洪为骠骑将军，晋封为野王侯，后改为都阳侯，封邑共两千一百户。

曹洪在战场上出生入死，并不吝惜性命，但他却贪敛财物，而且十分吝啬。《魏略》记载说，曹洪积聚了庞大的家产，数目之大，令人咋舌，连曹操都自叹不如。曹洪虽然家产万贯，自己过着奢靡享乐的生活，却是个出名的吝啬鬼，从不轻易借钱给别人。曹丕在年轻的时候，喜欢交结朋友，花销很大，曾向曹洪借钱，不料被曹洪一口回绝。曹丕被折了面子，大为不满，怀恨在心。

曹丕称帝后的第七年，曹洪的门客犯法，牵连曹洪。曹丕将曹洪打入大牢，并准备处死。群臣都来相救，但曹丕就是不听。这时，曹丕的母亲卞太后不干了，她还记得曹洪救曹操之事，怒斥曹丕说："没有曹洪，哪有今日？"卞太后还向曹丕宠爱的郭皇后施压，说："如果今天曹洪死了，明天我就下令让皇上废了你。"无辜的郭皇后没有办法，只好哭泣着向曹丕求请，请求赦免曹洪。最终，曹丕赦免了曹洪死罪，但将曹洪降为庶人，削夺其官位、爵位和封邑。

有学者认为，曹丕打压曹洪，并不是因为从前借钱所结下的梁子，曹丕的心胸没有那么狭隘，何况曹丕即位后，对曹洪加官晋爵，丝毫没有打击报复的意思。曹丕打击曹洪，是为了借机整治奢靡享乐之风。

曹洪遭此打击，有了很大收敛。曹丕死后，太子曹叡继位，又恢复了曹洪骠骑将军的职务，封为乐城侯，食邑千户。曹洪病逝后，被追谥为恭侯。史籍没有记载曹洪的出生年月，不知他享年多少。

曹丕文武双全

在《三国演义》和影视舞台上，曹丕的形象不算好。他刻薄寡恩，阴险毒辣，心胸狭窄，不学无术，似乎除了会搞阴谋、耍权术之外，其他的什么都不会。

其实，从史籍记载来看，曹丕实际上是一个文武双全之人，他既是一位政治家，也是一个文学家，同时武功也不错。

《三国志》记载，曹操一生，共有二十五个儿子。长子曹昂，虽是曹操小妾刘夫人所生，但是由曹操正室丁夫人抚养长大的，丁夫人没有子女，视曹昂如己出，曹昂算作嫡子。曹昂十分优秀，二十岁时被举为孝廉。曹操对曹昂十分器重，悉心培养，不料，曹昂在南征张绣时不幸阵亡了。丁夫人哭得死去活来，不能原谅曹操，与曹操大闹后离开了他。曹操又娶了卞夫人为正室，卞夫人生了曹丕、曹彰、曹植、曹熊四子，曹丕就成了嫡长子。

裴松之在《三国志》补注中，引用《魏书》记载，说曹丕自幼天资聪颖，勤奋好学，八岁就能作诗。曹丕在少年时，通读博览古今经传和诸子百家之书，满腹学问，才华横溢。

后来，曹丕成为三国时期杰出的诗人，与曹操、曹植并称为“三曹”。曹丕的《燕歌行》，是中国现存最早的文人七言诗，对后世七言诗的创作影响很大。曹丕的五言诗和乐府，也清绮动人，文采飞扬，曹丕共有四十多首诗歌流传后世。曹丕还擅长散文和作赋，他创作各类散文一百七十多篇，赋二十八篇。

此外，曹丕在文学理论方面也有突出成就。他的《典论·论文》，是中国最早的文学理论与批评著作，开创了文学批评之风气，被誉为中国文学批评之祖。曹丕在中国文学史上占有重要地位，鲁迅先生在讲文学史的时候，甚至把魏晋时期称为曹丕时代。

曹丕不仅能文，而且能武。曹丕在《典论·自叙》中说，由于曹操是武将出身，又处在兵荒马乱之际，所以要求儿子们从小习武防身。曹丕六岁时就学会了射箭，八岁时可以骑马射箭。曹丕从十岁开始，就跟着曹操征战四方。197 年，曹操在南征张绣时，遭遇大败，长子曹昂、侄子曹安民、卫士典韦均战死。当时曹丕年仅十岁，也在军中，他十分机警，乘一匹快马，趁乱逃脱了。长年的军旅生活，锻炼了曹丕强健的体魄，增长了他的才干。

曹丕的武功很好，他的箭术和骑术，都堪称一流。史书说曹丕的箭术，达到了“逐禽辄十里，驰射常百步”的程度，几乎可以百步穿杨了。曹丕曾与一名武林高手邓展比武论剑，结果打败了对手。

曹丕还悉心学习兵法，对军事很有研究。刘备与孙权进行夷陵之战时，刘备连营七百里。曹丕知道后，哈哈大笑，对人们说：“刘备不懂军事，犯了兵家大忌。等着吧，孙权的捷报就要到了。”果然，七天之后，刘备大败，孙权送来了报捷文书。

211 年，二十四岁的曹丕被任命为五官中郎将，置官属，为丞相副。五官中郎将并没有资格配备下属官员，但曹丕却能够设置下属官员，而且还作为丞相的副手，明眼人一看便知，这是曹操在培养曹丕，准备让他接班了。

不过，好事多磨。后来，曹植以风流文采而崭露头角，深受曹操喜爱，曹操在接班人的问题上，出现了犹豫。据史书记载，曹操在私下里至少当面征求过崔琰、毛玠、贾诩、邢颙等几个大臣的意见，甚至还用密封的信函，广泛征求官员的意见，相当于现在的民主举荐。曹操的犹豫不决，使曹丕的地位出现了危机。

曹丕和曹植，是一母同胞，但在利益面前，顾不上亲情了。兄弟俩暗中较劲，各显神通，大臣自然也分成了两派。拥护曹丕的，有贾诩、司马懿、崔琰、毛玠、吴质、陈群等人；拥护曹植的，有丁仪、丁廙、杨修、杨俊、孔桂等人。曹丕的阵营里，多数是有名的谋士和政治家；而曹植的阵营里，多数是文学家。书呆子自然斗不过政治家，最终曹丕胜出，曹植败北。

217 年，曹丕被立为魏王太子，确立了他的储君地位。曹丕能够得到众多谋士和政治家的支持，这表明，曹丕绝不是平庸之辈。曹操最终选择让曹丕接班，也是有道理的。

曹彰勇似猛虎

曹彰，是曹丕的二弟，两人是一母同胞。曹彰勇猛过人，在武功方面十分突出，但他不爱文学，也不好政治，更没有野心，只是一位可爱的武夫。

《三国志》记载，曹彰从小习武，喜欢骑马射箭，体力过人，从来不知道危险，敢于赤手空拳与猛兽格斗，但他不爱读书，不善文章，有点偏科。

曹操曾经教育他说：“你不想着读书，仰慕圣道，而专好骑马击剑，这只是一介武夫而已。”督促他阅读《诗经》《尚书》，在文学方面下点功夫。曹彰却不以为然，对手下人说：“大丈夫就应当像卫青、霍去病那样，率领十万骑兵，驰骋疆场，驱逐戎狄，建功立业，怎么能待在家里，啃书本，做博士呢？”

曹操曾经问他的儿子们，都喜欢做什么，有什么志向？曹彰不假思索地说：“喜欢当将军。”曹操问：“当将军应该怎么做？”曹彰一本正经地回答：“做将军，就要身披铠甲，手持利刃，不惧危险，身先士卒。另外，许诺奖赏一定兑现，宣告惩罚一定执行。”曹操听了，哈哈大笑，对曹彰十分喜爱。曹彰胡须黄色，曹操亲昵地称其为“黄须儿”。

218 年，代郡的乌桓人反叛，曹操任命曹彰代理骁骑将军，领兵讨伐。临行前，曹操告诫说：“在家里，我们是父子；你受职任事，我们就是君臣。你一定要特别注意，一切行动按王法去做。”曹彰表示记住了。

曹彰率军北征，进入涿郡境内，数千乌桓骑兵突然杀到。当时，曹彰的兵马还未集结起来，他身边只有步兵千人、骑兵数百人。曹彰临危不惧，沉着冷静，指挥部队占据要道，凭坚据守，多次打退敌人的进攻。乌桓骑兵见占不了便宜，只好撤走了。

曹彰的部队集结完毕后，与乌桓骑兵展开决战。曹彰一马当先，与敌人搏斗，近者用刀砍，远处的就用箭射，应弦而倒者前后相连。在曹彰的带动下，士兵人人奋勇向前，乌桓骑兵抵挡不住，溃散逃跑。曹彰乘胜追击，一口气追出二百多里，已经越过代郡，到达敌境了。

这时，军中长史和众将都建议说，部队远道而来，又激战半日，人马疲劳，不宜再追，而且上头有命令，追击敌人，不能越过代郡治所，贸然深入敌境，以免受挫。曹彰却认为，敌人溃散而逃，正是消灭他们的好机会，说："打仗就是为了取胜，遵守命令而放走了敌人，不是好将领。"于是，下令继续追击，并发布命令说："落后者斩！"曹彰率领大军，不顾疲惫，连续追击一天一夜，终于将敌人全部消灭，斩首数千，震动四方。获胜后，曹彰加倍赏赐将士，将士无不欢悦。

由于曹彰英勇果断，抓住战机，一鼓作气，所以很快就平定了乌桓叛乱。当时，鲜卑人想与乌桓勾结，但犹豫不定。曹彰与乌桓骑兵大战的时候，鲜卑首领轲比能，率领数万骑兵在一旁观战。他们看到曹彰军队所向无敌，心生恐惧，便请求归顺。这样，北方地区全部平定下来。

这个时候，曹操领兵驻在长安，听说北方平定，心中大为高兴，召曹彰到长安去。曹彰路过邺县的时候，去拜见留守邺县的曹丕。曹丕嘱咐曹彰说，见父亲的时候，一定要谦虚，切不可自夸功劳。曹彰听从了，见到曹操以后，按哥哥教的去说，把功劳全都归于众将士。曹操听了，非常高兴，摸着曹彰的胡须说："黄须儿，不简单，让为父的大感意外啊！"从这个记载来看，曹丕对他这个弟弟，是很关心爱护的，两人的关系很不错。

裴松之在补注中，引用《魏略》说，曹操与刘备争夺汉中时，有一次，两军对阵，刘备命刘封出阵挑战。刘封是刘备的养子，英勇善战。曹操见了，想起了曹彰，开口便骂道："你这个卖草鞋的小子，竟然让你的养子出战，我的黄须儿如果在这里，你们谁也活不了。”可见，曹操对曹彰是特别钟爱的。

曹操东还，留曹彰驻守长安。曹操到洛阳后，得了病，派快马紧急征召曹彰，但曹彰还没赶到，曹操就去世了。曹丕即魏王位，曹彰和曹氏诸侯，离开朝廷，回到了各自的封国。

裴松之引用《魏略》说，曹彰赶到洛阳后，迎头撞见了曹植。曹彰傻乎乎地说：“父亲召我来，是不是想立你啊？”其实，当时曹丕的继承人地位已经确定，曹彰还迷迷糊糊的，看来，他对立谁并不太在意，反正他没有这个想法。听曹彰冷不丁这么一问，曹植很得体地回答：“不可，如果那样做，岂不是步袁氏兄弟的后尘吗？”

曹丕称帝后，下诏表彰曹彰平定北方的功劳，封他为任城王，食邑一万户。

223 年，曹彰进京朝觐，其间得急病去世，时年三十五岁。曹丕按照汉朝贤王刘苍的规格，为他举行了隆重的葬礼。

有的史书说，曹彰是被曹丕气死的，甚至说是被曹丕毒死的，都不可信。因为曹彰并没有当皇帝的野心，曹丕害他干什么？

曹植没作七步诗

曹植，是曹丕的三弟，也是一母同胞。曹植与曹彰正好相反，他武功方面不行，文学方面却特别突出。南朝宋文学家谢灵运赞誉曹植，说“天下才有一石，曹子建独占八斗”，成语“才高八斗”，便由此而来。

曹植的七步诗，名扬天下，既表现了曹植的聪明敏捷，又鞭挞了曹丕的阴险残忍。可是，这只是小说中的情景，史籍中并无记载。

《三国志》记载，曹植，字子建，自幼聪慧过人，十岁就能诵读《诗经》《论语》和辞赋数十万字，擅长做文章。曹操看到他的文章，很惊奇，问：“你是请人代写的吗？”曹植十分自傲，说：“我出口就成议论，下笔就成文章，为什么要请别人代写呢？”

当时，曹操四处征战，缺乏巩固的根据地，因此，曹植的少年时代，也和其他兄弟一样，常常随军行动。曹植跟随父亲，平定河北，远征乌桓，收复荆州，讨伐孙权，过着戎马倥偬的生活。这使他目睹了战争的残酷和百姓的苦难，激发了他的创作灵感，为他的文学成就奠定了坚实的生活基础。曹植在十六岁的时候，就写下了著名的《白马篇》，《白马篇》是曹植随父出征的真实写照。

210 年，曹操在邺城新建了一座铜雀台，落成之日，曹操十分高兴，召集一批文人登台作赋，曹植也在其中。众文人都在苦思冥想，唯有曹植，不假思索，挥笔而就，一气呵成，而且文采飞扬，无人能及。曹操非常惊异，赞赏他的才华。此后，曹植每次进见父亲，曹操故意提出一些难题，曹植都应声而答，对答如流。曹操对曹植越来越宠爱，有好几次，差点立曹植为太子。

曹植得到父亲宠爱，愈加意气风发，创作了大量诗赋。曹植的诗赋，以笔力雄健和词彩华美见长，被后人赞誉为“骨气奇高，词彩华茂，粲溢今古，卓尔不群”。曹植成为三国时期著名文学家，是建安文学的代表人物和集大成者，到南北朝时期，被推崇到文章典范的地步。清代名士王士祯甚至评价说，两千多年来，能被称为“诗仙”的，只有曹植、李白和苏轼三人。

曹植确有才华，但他的才华，主要是在文学方面，若论起治国理政和为人处世来，他比曹丕可差远了。为了争夺太子之位，兄弟俩各自拉拢了一些大臣。曹植的阵营里，多数是些文人，他们卖弄聪明，教给曹植许多取悦曹操的办法，这充其量是“术”；而曹丕的阵营里，很多是出名的谋士和政治家，他们教给曹丕的，是要曹丕弘扬道德，培养气度，遵守孝道，勤勤恳恳，孜孜不倦，这才是为人处世之“道”。曹操是大政治家，对于“术”和“道”，自然分得清楚，时间一长，曹丕就在不知不觉中占了上风。

在性格上，曹丕善于控制和掩饰自己，并有笼络人的手腕，众人都为他说好话；而曹植呢，性格直率，做事任性，不拘小节，饮酒无度，这是为政者之大忌。

有一次，曹植喝醉了酒，私乘王室车马，擅开司马门，在皇帝行走的禁道上纵情驰骋，这是严重的越礼和违禁行为。曹操大怒，下令处死了掌管王室车马的官员，曹植如果不是他的儿子，也必死无疑。

又有一次，曹操任命曹植代理征虏将军，领兵去救曹仁。当时，曹仁正被关羽包围，军情紧急，可没想到，曹植竟然喝得酩酊大醉，无法受命出征。曹植的行为，是难以继承大业的，所以，曹操最终选择了曹丕。

争夺太子之位失败之后，曹植就告别了他昂扬奋发的人生阶段，陷入苦闷和悲愁之中。曹操既然选定了曹丕做继承人，就不会允许曹植的势力存在。曹植的第一谋士杨修，竟然看不到这种危险，仍然到处耍小聪明，被曹操假借罪名杀掉了。曹丕即位后，又杀掉了曹植另外两个谋士丁仪和丁廙，曹植成了孤家寡人，回到自己封国去了。

曹丕虽然杀了曹植的谋士，却没有对自己的亲弟弟下手。甚至曹丕废汉称帝时，曹植竟然穿上丧服，为汉朝悲哀哭泣，公开对抗曹丕，曹丕也只是大怒，并没有拿他问罪。当然，这里面可能有母亲卞太后的因素。

《世说新语》说，曹丕命令曹植，在七步之内作诗一首，否则就要处死。曹植应声作道：“煮豆持作羹，漉菽以为汁。萁在釜下燃，豆在釜中泣。本自同根生，相煎何太急？”《世说新语》是一部小说集，是不能作为史籍看待的，在史籍中，并没有曹植作七步诗的记载。

《三国演义》对这一情节，又做了改编和渲染，说曹丕逼曹植以“兄弟”为题，作一首诗。曹植随即作道：“煮豆燃豆萁，豆在釜中泣。本是同根生，相煎何太急！”从此，曹植的七步诗，就被广泛流传，名扬天下了。

曹丕虽然没有加害曹植，但心怀不满，对他严加防范和限制，多次将他迁徙。曹植先后被徙封为安乡侯、鄄城侯、鄄城王、雍丘王，最后改封为陈王。曹植由一个过着优游宴乐生活的王子，变成了处处受到限制和打击的对象。所以，曹植的诗赋，前后期有着很大不同，前期洋溢着乐观、浪漫的情调，后期则充满着悲愤和愁苦。

曹丕当了七年皇帝就死了，他的儿子曹叡继位。曹植觉得机会来了，频频向曹叡上书，发表对政局的见解，希望能给予任用。可是，曹叡并不为之所动，继续对他限制和防范，曹植的处境，仍然没有得到根本好转。

232年，在曹丕死了六年之后，曹植在忧郁中病逝，时年四十一岁，遵照遗愿，将其葬在今山东省东阿县的鱼山。后人称曹植为陈王或陈思王。

曹植虽说是壮年而逝，但在曹丕、曹彰、曹植、曹熊四个亲兄弟中，他的寿命还是最长的。

曹冲神童早逝

在曹操诸多儿子当中，出了一位神童，名字叫曹冲。曹冲称象的故事，几乎妇孺皆知，还被编入小学课本。曹操对曹冲寄予厚望，可惜曹冲还未成年就死了。曹冲如果不死，曹丕能不能接班，就很难说了。

《三国志》记载，曹冲，字仓舒，为曹操的小妾环夫人所生。曹冲自幼十分聪慧，敏于观察，在他五六岁的时候，智能思维所达到的水平，就像成年人一样，被称为神童。

有一次，孙权送来一头大象，作为礼物献给曹操。曹操看着这个庞然大物，很想知道它有多重，可在场的文武大臣，都说没有办法，因为没有那么大的秤。曹冲想了想，对曹操说："把大象放到船上，在水痕所至的船舷上画上记号；然后把大象牵走，把石头搬到船上，使水痕达到记号的位置。那么，把这些石头的重量加在一起，不就是大象的重量吗？"众人一听，都夸奖曹冲聪明，曹操心里更是高兴。

关于曹冲称象的真实性，有学者提出过质疑，认为那个时候，孙权管辖的地盘上，根本没有大象；曹冲称象的办法，在印度佛典《杂宝经》中早有记载。但也有学者反对，认为在那个年代，中国南方就有大象出现；而《杂宝经》是在北魏以后才翻译过来的，西晋时代的陈寿根本不可能抄袭。另外，不仅《三国志》有记载，史书《江表传》也记载了曹冲称象的故事。不管曹冲称象是真是假，曹冲特别聪明，这应该是真的。

曹冲不仅聪明，而且十分仁爱。当时，曹操用刑严苛，犯错的人多被处死。曹操的马鞍放在库里，被老鼠咬坏了。管库的官吏十分恐惧，商议自缚去向曹操请罪，但担忧仍不能免死。曹冲知道以后，对他们说："等待三天之后，你们再去自首，我来想办法救你们。"

曹冲用刀戳破自己的衣服，装作被老鼠咬了一样，然后，又装作郁闷的样子，面带愁容。曹操问他怎么了，曹冲说："我听人说，衣服被老鼠咬了，衣服的主人则不吉祥。现在，我的衣服被老鼠咬坏了，所以担心忧愁。"曹操哈哈大笑说："没有这个说法，老鼠咬坏东西，是很平常的事，没有什么可担心的。"

过了一会儿，库吏向曹操报告，说他的马鞍被老鼠咬了，请求治罪。曹操笑着说："我儿子的衣服，就在身边，尚且被老鼠咬了，何况放在库里的马鞍呢?"于是一笑了之，没有追究。库吏都夸赞曹冲聪明仁爱。

曹冲心地善良，乐于助人。他见到别人有难，总是主动出手相助，有些获罪的人，通过曹冲委婉申辩得到宽宥的，前后有几十人。人们全都夸赞曹冲，曹操对曹冲更是宠爱有加，并且有让他继位的意思。

不料天妒英才，曹冲在十三岁的时候，不幸得了重病。曹操请了很多名医，但都束手无策。当时神医华佗已被曹操杀了，曹操心里十分后悔。曹操心急如焚，万般无奈，只好亲自向天祈求，保佑曹冲性命。可是，曹冲还是死了。曹操痛哭流涕，极为哀痛。

曹丕等几个兄弟，见父亲如此悲伤，便宽解安慰曹操。曹丕兄弟本是好意，不料，曹操却气呼呼地说："冲儿死了，这是我的不幸，却是你们的幸运啊。"可见，曹操对人性的洞察力，是相当强的。

裴松之在补注中，引用《魏略》记载，说曹丕在称帝之后，常对别人说，假如冲弟活着，就不会有我的天下了。

曹冲死了，固然对曹丕有利，但曹冲并不是曹丕害死的。有的文学作品中，把曹丕写成了害死曹冲的凶手，那是为了丑化曹丕，是没有根据的。

杀崔琰暴露奸雄面目

人，都是在不断变化之中的。青年时期的曹操，意气风发，立志做能臣良将，报效国家；壮年时期的曹操，胸怀天下，四处征战，力图恢复国家统一；晚年时期的曹操，位高权重，私欲膨胀，一心攫取最高权力和最高地位。

曹操在晚年的时候，奸诈暴虐，疑心很重，凡是对他不利的人，他都要设法除掉，崔琰和毛玠，就是这样的牺牲品。

《三国志》记载，崔琰，是清河郡东武城县（今河北故城一带）人。崔琰年少时，性格朴实，不善言辞，喜好击剑，长大后发愤读书，钻研《论语》《韩诗》，跟随著名经学大师郑玄学习，逐渐有了名气。

袁绍占据冀州后，广招人才，征召崔琰为下属。崔琰见袁绍士兵专横暴虐，挖坟掘墓，便劝谏袁绍予以制止，又建议袁绍掩埋荒野中的尸骸，以收买人心。袁绍听从了，提拔崔琰为骑都尉。

汉献帝迁都许县以后，崔琰建议袁绍尊奉天子，向汉献帝进贡述职，袁绍却没有听从。袁绍死后，他的两个儿子互相争斗，都想得到崔琰的帮助，崔琰坚决拒绝，因而被关进监狱，幸被朋友相救，才免于一死。

205 年，曹操消灭了袁氏势力，兼任冀州牧，征召崔琰任别驾从事。有一天，曹操十分得意地说："冀州是个大州，昨天核查户籍，可以征集三十万兵。"众宾客都向曹操贺喜，唯有崔琰冷冷地说："如今天下分崩，国家分裂，百姓尸横遍野。您当了冀州牧，不是首先施仁政，救民于水火之中，反而计算甲兵多少，认为它是头等大事，这难道是冀州百姓对您所期望的吗?”

此言一出，众宾客全都吓得伏在地上，脸色大变。此时，曹操正值壮年，志在天下，尽管崔琰说得很难听，曹操仍然能够赔着笑脸，向崔琰道歉，表示听从他的意见。此时的曹操，还是一位英雄。

206年，曹操率兵攻取并州，让曹丕镇守大本营邺城。曹操知道崔琰敢于直谏，特留崔琰辅佐曹丕。曹丕喜欢骑马射猎，如今父亲不在身边，无人约束，他便换上猎装，骑上快马，频频外出打猎。崔琰见了，上书规劝，讲了一通历史上周文王的事迹，告诫曹丕以国家社稷为重，切不可玩物丧志。曹丕也是胸怀天下之人，恭恭敬敬地接受了崔琰的批评，并烧掉猎具，抛弃猎服，表示悔改之决心。

崔琰是位正人君子，心胸坦荡，秉性耿直，文武全才，威望很高。曹操当了丞相之后，任命崔琰担任东西曹掾属征事，那是个负责选拔官吏的机构，相当于现在的组织部，十分重要，表明曹操对崔琰十分信任。

曹操对崔琰说:“您有伯夷的风范，有史鱼的刚直，贪婪的人因仰慕您的名声而会变得清廉，壮士因崇拜您会更加勉励自己，您可以称得上是时代表率，所以让您担任这个职务。”崔琰不负所托，秉公行事，为曹操选拔了大批人才。

崔琰公平正直，不徇私情。曹植是崔琰哥哥的女婿，私人关系密切。曹植与曹丕争夺太子，曹操犹豫不决，便用密封的信函征求官员们的意见。官员都用密函回复曹操，只有崔琰不密封，公开答复，坚决支持曹丕当太子。曹操赞赏崔琰的公正坦荡，喟然叹息，擢升他为中尉。

崔琰在鉴别人才上很有眼光，他与司马懿的哥哥司马朗是朋友，曾对司马朗说:“您弟弟处事果断，英姿不凡，日后必成大事，不是您能比得上的。”当时，司马朗已是名士，而司马懿还很年轻，所以司马朗不以为然。后来证明，崔琰果然看得很准。

崔琰身材高大，声音洪亮，眉清目秀，胡须长四尺，长得特别有威严。《世说新语》说，曹操会见匈奴使者时，感觉自己不够高大，便让崔琰假装自己，曹操在旁边扮作侍卫。接见完毕后，曹操派人去见匈奴使者，问他对魏王是什么印象？匈奴使者说，魏王气度非凡，但却比不上旁边的侍卫，那个侍卫才是真英雄。《世说新语》是小说，不必当真，但崔琰长得英俊威严，却是真的。

崔琰尽心竭力为曹操效力，但曹操晚年时，野心不断膨胀，危害到汉室，崔琰便与他貌合神离了。《三国演义》把崔琰写成了反对曹操称王的勇士，大骂曹操是欺君奸贼，被曹操下令杖杀于狱中，这是虚构的，史书并无记载。

216 年，曹操不顾许多人的反对，执意当上了魏王。大臣杨训为了巴结曹操，上表盛赞曹操的功绩，充满了谄媚之词。很多人都讥笑杨训，说他马屁拍得太响了。杨训是崔琰推荐的，崔琰心中不安，就从杨训那里要来表文草稿看，然后给杨训写了一封信，信的原文是："省表，事佳耳！时乎时乎，会当有变时。"意思是说，看了表文，很好嘛，时势啊时势，会有变化的。

崔琰的这封信，意思表达得不是很清楚。曹操知道后，却大为恼怒，认为崔琰怀有二心，在等待时局变化，于是免去崔琰官职，罚他去做苦工。崔琰也不争辩申诉，谈笑自若，照样与宾客来往，门庭若市。曹操更加恼恨，下令将崔琰赐死。

表面上看，崔琰之死，是因为一件小事，实际上，是他与曹操在政见上发生了根本性分歧。曹操为了登上权力顶峰，必然要铲除异己，扫除一切障碍，为此，他已经杀了名士孔融、娄圭等人，他的第一谋士荀彧也忧郁而死，曹操并不在乎多杀一个崔琰了。此时的曹操，已然变成一个奸雄了。

然而，崔琰毕竟为他立了很多功劳，又是天下闻名的忠义之士，杀了崔琰，也使曹操背上了千古骂名。有学者认为，曹操杀崔琰，使得他的奸雄面目暴露无遗。

依笔者看来，曹操这是得不偿失啊！

囚毛玠显示薄情寡义

毛玠，是曹操的重要谋士，很早就跟随曹操，为他出谋划策。毛玠的突出贡献，是提出了“奉天子以令不臣”和屯田两大战略思想，从而使曹操有了明确的方向和目标，掌握了主动权。

曹操在打天下的时候，对毛玠恩宠有加，可在晚年时，却把他的功劳忘得一干二净，只因有人诬告，就把毛玠囚于监牢，还差点杀了他。

《三国志》记载，毛玠，是陈留郡平丘县（今河南封丘一带）人。毛玠年轻时当过县吏，以清廉公正著称。东汉末年，天下大乱，荆州牧刘表名列“八俊”，享有盛誉，许多士人都去荆州避难。毛玠也想去投奔刘表，可在半路上，听说刘表政令不严，而且不会用人，于是改变主意，到鲁阳县居住下来。

192 年，曹操入主兖州，毛玠认为曹操是一位匡扶汉室的英雄，便去投靠了他，成为曹操早期谋士之一。当时，曹操的势力不大，也缺乏明确的战略思想，毛玠统揽全局，站在战略的高度，为曹操做出了长远谋划。

毛玠对曹操说：“现在天下分崩，君主流亡，民众饥饿，社会混乱。而要结束这种状况，恢复汉室，不是一朝一夕的事情，必须要有长远打算。袁绍、刘表等人，虽然力量强盛，但没有长远考虑，也没有做打基础、立根本的工作，是不能持久的。您如果想平定天下，成就霸业，一定要注意两条：一是出兵必须符合道义；二是需要有财力的支撑。所以，建议您拥戴天子，以命令那些不臣服的人；同时发展农业，积蓄军资。这样，霸王之业可成。”曹操听了大喜，马上付诸实施，从此，形成了“奉天子以令不臣”和屯田两大战略思想。

毛玠提出的这两大战略思想，确实具有远见卓识。“奉天子以令不臣”，是政治战略。当时，虽然东汉政权名存实亡，但由于长期受忠君思想的影响，还是有很多人心向汉室，尊奉天子，就会大得人心，荀彧就提出了“奉天子以顺应民意”的主张。同时，打着皇帝的旗号征战，就师出有名，占据了道义上的制高点。

曹操是政治家，自然懂得这个道理。所以，毛玠提出这个建议之后，曹操就派出使者，去联系汉献帝，但汉献帝颠沛流离，事情并不顺利。后来，费了一番周折，终于把汉献帝接到了许县。

屯田，是经济战略，它比起“奉天子以令不臣”来，实际作用更大。当时，由于连年战争，许多土地无主，曹操就将其收归政府。这些土地，一部分由军士和归降的黄巾军家属耕种，称为军屯；一部分分给无地的农民耕种，政府收取地租，称为民屯。施行屯田，使曹操能够较好地解决军粮问题，为统一北方获得了经济支撑。毛玠提出了这两大战略思想，功莫大焉。

曹操对毛玠十分感激和信任，任命他为右军师。曹操在远征乌桓的时候，缴获了珍贵的古代屏风和凭几，不顾路途遥远，专门带回来赐给毛玠，并且说：“您有古人的风范，所以送给您古人的用品。”可见那个时候的曹操，对毛玠是十分用心的，也是重情义的。

曹操当了丞相之后，任命毛玠为东曹掾，与崔琰一起负责选拔官吏。西曹负责朝廷官员的选拔，东曹负责军队和地方官吏的选拔。毛玠和崔琰都是公正清廉之人，他们同心协力，为朝廷把好用人关。曹操对他们的工作十分满意，感叹道：“用人能做到这样，我还有什么事可干呢？”

毛玠选拔官吏，一律秉公办事，坚决拒绝人情关系。有些不满足条件的人，即便名气再大，后台再硬，毛玠也不推荐任用。有一次，曹丕亲自拜见毛玠，为一个亲属说情。毛玠说：“老臣我因为能够恪尽职守，才有幸没有犯罪。您提的这位亲属，不够升迁资格，所以不敢从命。”毛玠并不是与曹丕关系不好，相反，在太子之争的时候，毛玠坚定地支持曹丕。曹操对毛玠的忠诚耿直十分赞赏，说：“毛玠就是我的周昌。”

毛玠的个人素质非常好，他高居显位，却从不自傲，待人谦和有礼，与同僚关系很好。他平时穿布衣、吃素食，家里的财产，都用来救济穷人，抚养孤儿，家中没有多余的财物。

毛玠与崔琰都是正人君子，自然是好朋友，崔琰被曹操杀了，毛玠非常伤心。有人诬告毛玠，说他对曹操心怀不满。此时的曹操，已经忘了毛玠的功绩和情谊，又认定他是崔琰同党，便下令把他关到监狱里，囚禁起来，还要治罪。幸亏毛玠有很好的人缘，大臣纷纷为他求情，曹操不得不赦免了他，但仍然坚持把毛玠免职废黜，毛玠悲愤交加，很快就死了。

曹操如此对待毛玠，说明曹操看中的，只有权力和利益，同时表明，晚年的曹操，不仅由英雄沦落为奸雄，而且由重情重义之士变成了薄情寡义之人。

逞淫威枉杀华佗

华佗，是三国时期十分著名的医学家。他医术精湛，悬壶救世，救治了无数人的生命，只因他不愿意仅为曹操一个人服务，就被下狱拷打致死。曹操枉杀华佗，是为了显示自己的淫威，却留下了千古骂名，更是为他的奸雄形象，平添了一笔浓重的色彩。

《三国志》记载，华佗，字元化，是沛国谯县人，与曹操是同乡。华佗少年时，曾在徐州游学，通晓儒家经典。不过，华佗喜好医学而不求仕途，沛国相陈珪举荐华佗为孝廉，太尉黄琬征召他入朝为官，华佗都予以拒绝。华佗一门心思钻研医术，立志治病救人。

经过长时间的学习钻研，华佗的医术达到十分高明的程度，他精通内、外、妇、儿、针灸各科，尤其擅长外科。华佗给人看病很简单，从不滥用药物，如果需要服用汤药，配药不过几种，几服药喝下去，病就好了；如果需要针灸，所灼穴位不过一二处，每处不过七八次，病痛就会解除。这大大降低了看病的费用，老百姓都很欢迎。

华佗最大的贡献，是发明制作了麻沸散。在华佗之前，就有能致人麻醉的药物，但那是用来暗杀的，从未用于医术。华佗收集了一些有麻醉作用的药物，经过多次配方试验，终于制成了麻沸散。病人在手术时，服下麻沸散，失去知觉，不觉疼痛，保证了手术成功。

华佗是世界上第一位用全身麻醉方法施行手术的医生，被尊为“外科鼻祖”；华佗发明制作的麻沸散，是世界上最早的麻醉剂，比美国牙科医生摩尔顿发明的乙醚麻醉，早一千六百多年。在经济社会很不发达的古代，华佗能有这样的发明创造，实属不易。有人不相信中国古人会如此聪明，又因麻沸散主要成分“曼陀罗花”产自印度，竟然说华佗是个印度人。

《三国志·华佗传》中，记载了十五个华佗治病的具体病例。这些病人的姓名、性别、病症、治疗过程和效果，都记载得十分清楚，说明华佗的医术确实高超。在这些病人中，既有达官贵族，也有普通百姓，表明华佗对病人一视同仁，并不攀附权贵。华佗不仅医术高明，医德也很高尚。

华佗还是中国古代医疗体育的创始人之一，对医疗体育做出了重要贡献。华佗创编了一套锻炼方法，叫作"五禽戏"，模仿虎、鹿、熊、猿、鸟的动作，可以防治疾病，也可以强身健体。有个叫吴普的人，坚持按"五禽戏"锻炼，到九十多岁的时候，还是耳聪目明，牙齿完好结实。有个叫樊阿的人，按照"五禽戏"的办法锻炼，活到一百多岁。

在《三国演义》中，有一段华佗为关羽刮骨疗毒的描写，说关羽在襄樊之战时，右臂被魏军毒箭射伤，后来，因毒在骨头上，致使右臂肿大，十分疼痛，不能动弹。华佗为关羽剖臂刮骨，除去骨上余毒。这当然是非常痛的，可关羽神色不变，照常饮酒下棋，就像没这回事一样。这段描写，既表现了关羽神勇，又表明华佗医术高超。不过，从《三国志》记载来看，关羽刮骨疗毒确有其事，但那是别的医生干的，并非华佗所为。华佗早在襄樊之战以前，就被曹操杀了。

华佗不求名利，不羡富贵，一心治病救人。他喜欢四处游医，行医足迹遍及今安徽、江苏、山东、河南、河北等地，他的声誉也越来越高，被称为神医。

曹操听说了华佗的名声，召见了他，并让华佗在自己府中服务。曹操有头痛眩晕的毛病，每次发病时，都心乱目眩。华佗用针灸的办法，为他治疗，针扎膈俞穴，手到而病缓解。华佗对曹操说："此病难以彻底治愈，只有长期治疗，才可以延长寿命。"曹操便让华佗留在自己身边，专门为他看病。

曹操当时位高权重，为他效力，肯定会得到荣华富贵，比四处游医强多了，许多人都求之不得。然而，华佗志在天下苍生，不愿受曹操一人役使，便假借妻子有病，回到家中。曹操几次派人催他回来，他都不肯。曹操派人去华佗家中检查并交代说，如果华佗妻子真的有病，就赐小豆四十斛，可宽限假期；如果没有病，就把华佗抓回来。结果，华佗被抓了回来。

曹操觉得，一个地位卑贱的医生，竟然不受役使，还敢说谎欺骗他，自己的权威何在？于是下令，把华佗关到监狱里，严刑拷打，逼他认罪。荀彧去为华佗求请，说："华佗医术高明，能救人性命，应当容忍宽宥他。"曹操却说："不用担心，天下难道就找不到这种鼠辈贱人吗？"

华佗很有傲骨，在狱中并没有屈服，结果被拷打致死。华佗临死前，想把一卷医书传给狱吏，狱吏不敢接受，华佗就把医书烧了。

《三国演义》中说，华佗治疗曹操的头疼病，想劈开头颅做手术，而曹操生性多疑，认为华佗要谋害他，便把华佗杀了。对此，史籍并无记载。

华佗死后，曹操的头痛病时常发作。曹操有些后悔，但嘴上却说："华佗能够治好这个病，只不过他想留下病根，借此加重自己的价值。所以，即便我不杀他，他也不会为我除去病根的。"其实，按照华佗的医德和为人，他是不会这样做的。何况，华佗根本就不想为曹操服务，还需要加重价值吗？曹操说这话，不是疑心过重，就是自我解嘲。

后来，曹操的爱子曹冲病危，曹操才终于公开表示后悔了。曹操叹息说："我后悔杀了华佗，致使我儿没救了。"但是，此时后悔，已经晚了。

华佗只是不愿意为曹操一个人服务，就被枉杀，暴露了曹操的自私、专横和暴虐，也让曹操背上了永世的骂名。

曹操杀华佗，是为了树立自己的权威。可是，通过不正当方式树立权威，并不是真正的权威，而且不是好事，是要付出代价的！

曹丕称帝建立魏国

220年，曹操终于走完了他不平凡的一生，在洛阳病逝，终年六十六岁。

曹操是中国历史上最复杂的人物之一，千百年来褒贬不一，而且分歧极大。许多人能够盖棺定论，但曹操却是盖棺也难以定论。究其原因，是由曹操复杂的人性决定的。

曹操具有多面性。他既是一位杰出的政治家和文学家，也是一个野心家和阴谋家；他既是英雄也是奸雄，既雄才大略又诡计多端，既宽厚仁义又冷酷暴虐，既宽宏大量又心胸狭窄；既为国家和社会做出过重要贡献，也做过许多被人诟病的事情。曹操就像一面多棱镜，从不同的角度看，就会有不同的结果。

曹操在晚年时，已经有了皇帝之实，但他并不废掉汉朝，获得皇帝之名，而是多次标榜自己要做周文王。周文王在三分天下有其二的情况下，仍然向商朝称臣，可是他的儿子却推翻了商朝，改朝换代了。曹操的儿子曹丕，自然心领神会，在曹操死后的当年，就废掉汉朝，建立了魏国，自己当皇帝了。

《三国志》记载，曹操死后，曹丕继位当了魏王和丞相。曹丕此时三十四岁，年富力强，经验丰富，手段强硬。他一上台，就首先巩固自己的权力和地位。曹丕把贾诩提拔为太尉，把华歆提拔为相国，把王朗提拔为御史大夫。这几个人都是他的铁杆亲信，而且能力很强，这样就控制了朝廷的最高权力。紧接着，曹丕杀掉丁仪、丁廙等人，铲除了曹植的势力，又命令曹氏兄弟和诸侯离开京城，回到自己的封国去。曹丕打了一连串的组合拳，很快巩固了自己的统治。朝野上下全都畏服，连孙权也派遣使臣，前来进贡奉献。

曹丕觉得自己的地位已经牢固，便开始做一系列废除汉朝、自立为帝的准备。220年十二月，汉献帝下诏说：“过去尧禅位于舜，舜禅位于禹，这说明上天的旨意不是固定不变的，只有德高之人才配帝位。汉朝命运衰颓，群凶肆意作乱，全靠魏武王的神奇才能，拯救了危难，我家宗庙也得到保护。如今魏王光大了父亲的伟业，神灵也降下祥瑞，我决定遵循尧舜，恭敬地把帝位让给魏王。”

曹丕在繁阳建立了受禅台，登台称帝，国号为魏。由于东汉政权早已名存实亡，再加上朝廷内外全是曹丕的人，所以改朝换代十分顺利，似乎顺理成章。孙权也派使者祝贺，并上表称臣。当然，孙权是权宜之计，不久就与曹丕反目了。

曹丕代汉建魏后，追尊曹操为武皇帝，追尊祖父曹嵩为太皇帝。魏叡即位后，又追尊高祖曹腾为高皇帝。在中国历史上，宦官被尊奉为皇帝的，只有曹腾一人。曹丕把他的兄弟们，全都由侯改封为王，赐天下男子每人爵一级，大赦天下，百官也有赏赐，改许县为许昌县。

那个被废掉的汉献帝，被封为山阳公，用河内郡山阳县一万民户奉养他，允许他依旧使用汉朝的历法，仍然用天子的礼仪进行郊祀，给皇帝上书时可以不称臣，并封他的四个儿子为列侯，待遇还是不错的。

汉献帝刘协，九岁时被董卓立为皇帝，当了一辈子傀儡，三十九岁时被废，此后居住在山阳城（今河南焦作一带）。他清心寡欲，与世无争，直到曹丕死了八年之后，才寿终正寝，终年五十四岁。汉献帝在所有东汉皇帝中，除了刘秀之外，他是寿命最长的。曹丕之所以没有杀掉汉献帝，根本原因，是他已经没有了价值，留之无害，杀之无益。

曹丕是一位政治家，他以帝王的身份登上历史舞台，开始了七年的执政生涯。在政治上，他继承曹操统一天下的志向，集中皇权，恩威并施，排除异己，严禁外戚宦官干政，推行九品中正制度，整肃官风；在经济上，实行与民休息政策，继续实施屯田制度，减轻税赋，发展经济，使北方地区出现了安定繁荣的局面；在文化上，推崇孔子，建立儒家思想教育机构，传播儒家经典，恢复太学，培养人才；在军事上，平定了青州、徐州一带的地方割据势力，讨伐蜀汉，三征东吴，试图统一全国，可惜没有成功。

曹丕称帝期间，夏侯惇、曹仁等一批老将先后离世，曹丕重用了与他同辈的曹休、曹真等人。曹休是曹操同族兄弟的儿子，十岁时死了父亲，曹操让他与曹丕住在一起，像亲儿子一样对待他。曹丕任命曹休为征东大将军，指挥张辽等人及二十多支军队，数次讨伐孙权。曹真也是曹操同族兄弟的儿子，从小就是孤儿，被曹操收养，视为己出。曹丕先后任命曹真为上军大将军和中军大将军，率军驰骋沙场。曹休和曹真，都为魏国立下了汗马功劳。

曹丕在用人上的一大失误，是重用了司马懿。司马懿胸有谋略，行事果断，崔琰都看出他不是平凡之辈，曹操善于用人，自然也看得出来。但曹操察觉司马懿“有雄豪志”，不是甘为臣下之人，因而并不重用，还告诫曹丕提防。可是，司马懿曾帮助曹丕获得太子之位，曹丕对他很信任，称帝后逐渐予以重用。司马懿有了发展机会，逐步形成了庞大的“司马势力”，控制了朝政，若干年后，他的孙子司马炎，终于篡魏建立了晋朝。

226 年，只当了七年皇帝的曹丕，病逝于洛阳，时年四十岁，谥号文皇帝。临终前，曹丕命曹真、曹休、司马懿、陈群四人，共同辅佐他的儿子曹叡。曹丕和他的父亲曹操一样，都是薄葬。

刘备立志复兴汉室

在《三国演义》中，曹操被写成篡汉奸雄，而刘备，则被塑造成复兴汉室的英雄。《三国演义》贯穿着“拥刘抑曹”倾向，把刘备作为正统、仁君来歌颂，因而，刘备的形象堪称高大完美。

《三国志》对刘备也充满了赞誉之辞，记载了他许多仁德之事，并评价说，刘备的机敏权术、谋略才干，比不上曹操，但他弘毅宽厚，刚强坚毅，面对挫折不屈不挠，立志复兴汉室，有高祖之风，英雄之气。

依笔者看来，刘备立志复兴汉室，并不是要复兴汉献帝那个朝廷，而是打算继承刘邦和刘秀开创的事业，自己当皇帝，以延续汉朝江山。在东汉朝廷名存实亡的情况下，刘备的做法并不为过，他也只能如此。刘备与曹操一样，都是胸怀天下，致力于恢复国家统一的英雄，不过，刘备的形象，要比曹操好一些。

《三国志》记载，刘备，字玄德，是涿郡涿县（今河北涿州）人。刘备是汉景帝儿子中山靖王刘胜的后代，据说刘胜有一百二十多个儿子。刘胜有个儿子叫刘贞，刘贞被封为涿县陆城亭侯，后因违法失去侯爵，于是就在涿县安了家，逐渐沦为平民，刘备就属于他这一支。也有的史书说，刘备是临邑侯刘让的后代。

不管刘备的祖先如何高贵显赫，但那都是几百年以前的事了，与刘备没有什么关系，刘备的先辈，早在若干代之前，就已经成为平民百姓了。刘备的爷爷叫刘雄，还算不错，被举荐为孝廉，当过东郡范县县令。刘备的父亲叫刘弘，死得早，家境败落，因此，少年时期的刘备，只能与母亲一起，靠卖鞋织席为生，日子过得十分艰难。

刘备的母亲很有见识，尽管家里很穷，但仍然把刘备送到卢植那里去读书。卢植，也是涿县人，是东汉大名鼎鼎的人物。他是儒学大家马融的学生，与经学大师郑玄是同学。卢植完成学业后，曾在家乡教书，很有名气，连辽西的公孙瓒都跑来拜他为师。公孙瓒年龄大，刘备待他如同兄长一般，两人关系十分密切。卢植后来官至九江太守、庐江太守，镇压黄巾起义，入朝任尚书，成为一代名臣。

刘备长得有异相，《三国志》说，他身高七尺五寸，手垂下来能超过膝盖，眼睛能看到自己的耳朵，说明他胳膊长、耳朵大。《三国演义》沿用了这个说法，描写刘备“两耳垂肩，双手过膝，目能自顾其耳”。

刘备不仅有异相，也有异志。他家东南角有棵桑树，高五丈多，枝叶茂密，远远望去，就像天子车驾的车盖。过往的人，都觉得桑树的长势不同寻常，有人预测此地应出贵人。刘备小的时候，经常和小伙伴们在树下玩耍。刘备指着桑树说：“我长大了，一定能坐像这棵树一样的羽葆盖车。”刘备的叔父刘子敬听见了，吓了一跳，急忙制止他，说：“你不要胡说，那样会招来灭门之祸的。”这表明，刘备虽然是皇族后代，却是没有资格当皇帝的。

同族的人都看好刘备，认为他与众不同，日后能干出点名堂。刘备与同宗人刘德然是同学，刘德然的父亲刘元起很看好刘备，见刘备家境贫寒，经常资助他，拿他与自己的儿子一样看待，凡是给自己儿子买的东西，刘备必定有一份。时间一长，刘元起的妻子不满意了，说：“各自是各家，你怎么能经常这样呢？”刘元起对妻子说：“刘备不是常人，刘氏家族能出这样的孩子，是幸事，我能不尽力关照吗？”

刘备虽然有大志，却不爱读书，更不喜欢钻研学问，他喜好跑马斗狗、听音乐、穿华丽衣服，这与曹操喜欢飞鹰走狗十分相似。

刘备特别喜欢交结豪侠，愿自降身份，以诚相待。刘备性格稳重，喜怒情绪不表现在脸上，平时很少说话，说出话来却很在理，因此，许多年轻人愿意追随他，与他交朋友。其中，因犯事流落涿县的关羽和当地人张飞，与刘备关系最为密切，情同手足。

刘备的志向，不是做学问、当博士，而是胸怀正义，匡扶天下。

当时，朝廷腐败，宦官当权，社会动荡，民不聊生，张角领导的“太平道”，在河北一带十分活跃。刘备敏锐地意识到，一场大风暴即将来临。这个时候，中山的大商人张世平和苏双，因贩马来往涿郡，结识了刘备，认为刘备是位英雄，便给了他很多钱财资助。刘备用来交结豪杰，召集徒众，身边聚集了一批小兄弟。

184 年，大风暴终于来临，黄巾起义爆发了。张角通过传播“太平道”的形式，串联了十几年，觉得时机到了，于是一声令下，全国七州二十八郡同时举事。起义军头裹黄巾，声势浩大，攻城略地，势如破竹，腐朽的东汉王朝不堪一击，州郡失守，官吏逃亡，朝廷摇摇欲坠。

黄巾军高喊“苍天已死，黄天当立，岁在甲子，天下大吉”的口号，立志推翻东汉王朝。刘备作为汉朝皇帝的后代，自然要维护汉室，于是，刘备率领手下一帮兄弟，迅速投入镇压黄巾起义的战斗之中。

刘备立志维护汉室，渴望能在镇压黄巾起义中建功立业，报效朝廷。那么，刘备的愿望能够实现吗？

镇压黄巾难酬大志

刘备为了捍卫汉室，义无反顾地去镇压黄巾起义。刘备胸怀大志，手下的关羽、张飞英勇无敌，因而立功很多。但由于朝廷腐败，刘备并未得到重用，他建功立业的愿望化为泡影。

《三国志》记载，黄巾起义，动摇天下，朝廷惊慌失措。汉灵帝改变了长期实行的地方不得掌兵的政策，允许各地自建武装，以对抗黄巾军，于是各州郡纷纷组建军队。刘备带着关羽、张飞和手下一帮人，加入了校尉邹靖的队伍，去讨伐黄巾军。

当时，关羽二十五岁，刘备二十四岁，张飞二十岁，都是血气方刚，而且武艺高强，作战勇敢，多次打败黄巾军，刘备三兄弟开始崭露头角。后来，中山太守张纯叛乱，自称弥天将军、安定王，朝廷派军征讨，刘备也随军前往。张纯有勇有谋，远非黄巾军可比，几次打败朝廷军队，朝廷军队费了好大劲，才把张纯剿灭。

在一次与张纯的战斗中，朝廷军队战败，刘备负了伤，他倒地装死，才捡了一条性命。经过几年军旅生涯，刘备屡立战功，因功被封为安喜县县尉。安喜县故城，在今河北定州一带。县尉，相当于现在的县公安局局长。

刘备出生入死，才得了一个芝麻绿豆大的官，心情十分不爽。可是，时间不长，连这芝麻大的小官也保不住了。黄巾军主力被消灭以后，朝廷下令，凡是因军功而成为官吏的人，都要进行精选，淘汰一批，这是要卸磨杀驴啊！刘备觉得，自己没有后台和关系，又不会溜须拍马和送钱行贿，恐怕要被淘汰掉，心情更加郁闷。

有一天，郡督邮来到安喜县，要进行精选淘汰工作。督邮，是汉代郡一级的重要官员，代表太守督查县乡，宣达政令，兼管司法，几乎无所不管，权力很大。刘备听说督邮来了，便到督邮住的传舍求见，想疏通一下。可是，督邮就是不肯见他，很有可能是刘备已经被列为淘汰对象了，所以督邮才不愿见他。

刘备在门外耐心等了半天，始终不见督邮的影子。刘备终于忍耐不住，怒火中烧，闯进门去，将督邮捆绑起来，一口气打了一百多鞭，打得督邮皮开肉绽，鬼哭狼嚎。刘备还想杀了督邮，督邮苦苦哀求，刘备才饶了他一命。刘备打了这一顿鞭子，胸中恶气是出了，但官位肯定是保不住了，于是，刘备把官印挂在督邮脖子上，与关羽、张飞一块儿逃走了。

刘备本是宽厚之人，按其性格，在一般情况下，是不会做出鞭打督邮这种事来的，粗鲁的张飞倒有可能。所以，《三国演义》来了个张冠李戴，把这事安在了张飞头上，这十分符合猛张飞暴躁的性格。但是，根据《三国志》和《魏略》等史籍的记载，这事确实是刘备干的。刘备怒不可遏，鞭打督邮，说明他确实是气愤至极，忍无可忍了。

刘备遭此挫折，十分痛恨贪官污吏，但仍然心系汉室，愿意为朝廷效力。不久，刘备一行遇见了朝廷都尉毌丘毅，毌丘毅奉命去丹阳募兵，见刘备等人有英雄气概，十分喜欢，便收留了他们。刘备等人投入毌丘毅军中，追随他一块儿去丹阳，走到下邳时，碰到一伙黄巾军余部。刘备等人立功心切，奋勇杀敌，把黄巾军打得大败。毌丘毅很高兴，表奏朝廷，任命刘备为下密县县丞。下密县故城，在今山东昌邑市境内。县丞，仅次于县令，比县尉略高一点，但仍属于芝麻绿豆大的小官。

刘备担任下密县丞时间不长，不知是什么原因，官又没了。刘备并不气馁，仍然与黄巾军余部作战，他立志肃清反贼，维护汉室。后来，又因作战有功，刘备被任命为高唐县县尉，不久升为高唐县县令。高唐，现在仍然叫高唐县，属山东省聊城市管辖。

县令虽然官职不大，但毕竟是一县之主。刘备经过几年苦战，终于当上了与他爷爷刘雄一样大的官了。刘备决心发挥他的聪明才智，好好治理高唐县。不料，黄巾军余部趁着军阀混战之际，再度活跃起来，山东的黄巾军势力更强。黄巾军包围了高唐县，城中兵少，州郡长官忙着抢占地盘，无人救援刘备，最终，高唐县城被攻破，刘备等人落荒而逃。

此时，军阀混战愈演愈烈，危害朝廷的，已经不是黄巾军了，而是各地大大小小的军阀，东汉朝廷处于名存实亡之中。刘备眼看着自己剿灭黄巾、匡扶汉室的愿望破灭了，只好长叹一声，带领众人，投奔他的老同学、幽州军阀公孙瓒去了。

代理徐州无法安身

刘备征讨黄巾军，有七八年的时间，却始终没有混出个名堂。他投奔同学公孙瓒以后，也仍然还当个县官。没有想到的是，他奉命救援徐州时，却被陶谦看中，让他代理徐州牧，刘备从此声名鹊起。不过，在乱世之中，讲的是实力，刘备实力不行，所以，也难以在徐州安身立命。

《三国志》记载，刘备丢了高唐之后，走投无路，只好去投靠同学公孙瓒。公孙瓒当时割据幽州一带，势力比袁绍还大，地盘也不小。但公孙瓒不是能成大事之人，他虽然与刘备交情深厚，可并没有看出刘备是个英雄，只是拿他当小弟弟看待。公孙瓒任命刘备为别部司马，让他协助青州刺史田楷抵御袁绍。刘备作战有功，公孙瓒让他代理平原县令，后又兼任了平原相，刘备仍然是一个小小的县官。

刘备精心治理平原县，他施行仁政，宽厚待人，减轻刑罚，关心百姓疾苦，与民众打成一片。刘备丝毫没有官架子，经常与百姓同席而坐，无约无束地聊家常，时间不长，便深得民心，刘备的仁德之名，也开始流传。

平原县有个叫刘平的人，不知是什么原因，刘备得罪了他，刘平买通刺客，去刺杀刘备。刺客到了刘备那里，刘备热情招待，留他同席吃饭，相待甚厚，而且一点防备也没有。刺客很受感动，又听说过刘备的名声，不忍行刺，反而把实情告诉了刘备。

孔融在任北海相的时候，被黄巾军围城，派人向平原令刘备求救。刘备十分惊喜，说："孔北海还知道世上有刘备啊？"马上派出三千兵马，解了北海之围。孔融，是孔子的二十世孙，学问渊博，享有盛名。这说明，刘备以前确实没有名气，同时也说明，刘备开始出名了。

194 年，曹操打着为父报仇的旗号，第二次攻打陶谦，意图占据徐州。陶谦抵挡不住，急忙向青州刺史田楷求救。田楷是公孙瓒的部下，与陶谦属于同一阵营。平原县归青州管辖，田楷便叫上刘备，一块儿去救徐州。这个时候，赵云跟随了刘备。

徐州牧陶谦，在识人方面比公孙瓒强得多，他与刘备并无交情，但认定刘备是位英雄，十分器重。当时，刘备像样的兵马，只有千余人，另外，还有乌桓胡骑和饥民数千人，陶谦就把四千丹阳精兵拨给刘备统领，增强他的实力。

丹阳兵，是来自丹阳郡的士兵，以凶猛彪悍闻名。西汉时期的李陵，带领五千士兵，与八万匈奴骑兵死战，杀敌万余人。李陵率领的，就是丹阳兵。陶谦是丹阳人，丹阳兵是他手中的王牌，如此慷慨地送给了刘备，足以说明陶谦对刘备的器重。于是，刘备脱离了田楷，归顺了陶谦。

田楷、刘备所带兵马不多，是难以抵挡曹操大军的。不料，曹操后院起火，陈宫、张邈反叛，迎来吕布，曹操不得不回去平叛，徐州暂时安全了。田楷带兵返回，刘备留在了徐州，驻军小沛（今江苏沛县一带）。陶谦表奏朝廷，任刘备为豫州刺史，这可比县官大多了。刘备摇身一变，成为高级官吏了，尽管只是虚名，但他的地位和名气，都大大提升了。

195 年，心力交瘁的陶谦，一病不起，他在临终前，把徐州托付给了刘备，并对众人说："除了刘备，谁也不能使徐州安全。"刘备自知实力弱小，不敢答应，说："袁术近在寿春，他家族四世三公，威望很高，不如把徐州托付给他。"

下邳人陈登，很有智谋，也十分看好刘备，说："袁术骄傲放纵，不是成就大业之人。徐州富有，户口百万，我能为您召集骑兵十万，成就一番大业。这样，上可以扶助君主，下可以保境安民。"北海相孔融听说以后，也力劝刘备接管徐州。于是，刘备就代理了徐州牧。

距离徐州不远的袁术，觊觎徐州已久，如今见刘备轻松接管了徐州，不禁大怒，发兵来打。袁术本来与陶谦、刘备属于同一阵营，但为了自己的利益，就不顾联盟了。袁术狂妄，压根儿看不起刘备，极为不屑地对人说："术生年以来，不闻天下有刘备。"

刘备见袁术来犯，只得出兵抵御。刘备虽然兵少，但士气旺盛，双方相持不下。曹操见袁术联盟起了内讧，心中窃喜，便以皇帝的名义，任命刘备为镇东将军，封为宜城亭侯，以此拉拢刘备。这时，吕布已经被曹操打败，在兖州无法立足，也来到徐州，投奔刘备。刘备知道吕布狼子野心，但见他穷途末路，也只好收留了他。

吕布的确不地道，他趁刘备率军与袁术激战之际，夺取了徐州，自封为徐州刺史。同时，吕布还袭击了刘备驻军的下邳，俘虏了刘备的妻子儿女。刘备实力不足，前后都是敌人，不得已，只好向吕布议和。吕布也觉得自己的做法不道德，便答应了刘备的请求，归还了他的妻子儿女，并让刘备在小沛驻军。刘备没有办法，只好反主为客，依附吕布了。

袁术见徐州易主，吕布骁勇，便撤兵回去了。但袁术仍然对刘备耿耿于怀，不久，派部将纪灵率步骑兵三万，攻击刘备的小沛。刘备向吕布求救，吕布用辕门射戟的办法，吓退了纪灵。这个时期，袁术与吕布之间，一会儿勾结，一会儿又互相争斗，反复无常。刘备夹在两个强敌中间，日子很不好过。

不久，刘备在小沛的兵力又发展到一万多人。吕布担心刘备实力增强，于己不利，便亲自率军攻打刘备。刘备不敌，在万般无奈之下，想起曹操曾向他伸出过橄榄枝，便一咬牙，投降了曹操。

刘备与曹操，虽然都是英雄，但并不是一路人，秉性为人也不一样，这就注定了他们不会有真诚的合作，也不会有好的结果。

依附曹操同床异梦

刘备投奔曹操，并帮助曹操消灭了吕布。然而，刘备依附曹操，只不过是权宜之计，两人都知道对方是英雄，不会甘居人下，因而互相猜疑，互相提防，刘备甚至参与了诛杀曹操的阴谋活动。如此同床异梦，这就决定了两人不可能长期共事，必然会分道扬镳。

《三国志》记载，刘备投降曹操以后，曹操很高兴，马上表奏朝廷，封刘备为豫州牧。豫州，是东汉十三州之一，辖境大体在今河南东部和安徽北部，治所在谯县。不过，刘备并未到任，虽然是个空名，但毕竟跻身于高官之列，其后，人称刘备为“刘豫州”。

刘备也很高兴，主动要求回沛县收集散兵，对抗吕布。曹操给了刘备一些兵马，还给了他许多军粮。刘备收拢了被打散的兵卒，向东占据了沛城。吕布派高顺、张辽进攻刘备，曹操命夏侯惇前去救援，但没有救成，沛城最终还是被攻破了。刘备逃走，他的妻子儿女再次做了俘虏。

曹操亲自率大军东征，在梁国境内与刘备相遇，两军联合，共同攻打吕布。吕布虽然骁勇，但缺少谋略，又不能驾驭部下，所以屡次战败，最终，被曹操大军包围在下邳。曹军围城三个多月，吕布军中上下离心，部将侯成、宋宪等人绑了陈宫，率众投降。吕布见大势已去，也出城投降了。刘备痛恨吕布反复无常，劝曹操把他杀了。张辽投降了曹操。

198年，曹操消灭吕布以后，带着刘备一起回到许都。《三国志》没有记载刘备是否拜见过汉献帝，更没有汉献帝称刘备为“皇叔”之事。曹操对刘备相待甚厚，礼遇更重，出则同车，坐则同席，还表奏朝廷，封刘备为左将军。左将军，属于军中高级将领，地位仅次于上卿，刘备的官职，又上升了一步。看来，曹操是想极力笼络刘备。

不过，刘备志在天下，不会被高官厚禄所打动。曹操的谋士程昱，看出刘备不是平凡之辈，建议曹操说："我看刘备有雄才大略又深得众心，终究不会在人之下，不如早点把他除掉。"曹操说："当今正是招揽天下英雄的时候，杀一人而失天下人之心，不可以这样做。"

裴松之在《三国志》补注中，引用胡冲著的《吴历》说，曹操疑心很重，经常派人窥视诸将的行动。刘备胸有大志，却想极力掩饰，他从前就不爱说话，此时更是沉默寡言，装出一副木讷的样子。

刘备闭门不出，很少与人交往，专心在院子里种芜菁。芜菁也叫大头菜，与萝卜相似。关羽和张飞见了，十分不悦。刘备悄悄对他们说："我岂是一个种菜者，这样做，只是为了消除曹公的疑心。"

曹操是精明之人，刘备的这点伎俩，怎能瞒过他的眼睛。有一次，在吃饭的时候，曹操一语道破玄机，说："当今天下英雄，只有您和我，袁绍之辈根本算不上。"曹操这话，等于公开说，当今争夺天下的，只有我俩了。

刘备一听，犹如晴天霹雳，吓得把手中筷子都掉在地上。恰在这时，天上真的打了一个响雷。刘备掩饰说："圣人说过，迅雷风烈必变，一震之威，乃至于此。"

《三国演义》根据这一记载，编写了"煮酒论英雄"的精彩故事，并作诗一首，赞道："勉从虎穴暂栖身，说破英雄惊杀人。巧借闻雷来掩饰，随机应变信如神。"这个故事，与史籍记载基本相符。

不同的是，《三国演义》中，刘备是在参与诛杀曹操阴谋之后，才有"煮酒论英雄"；而《三国志》记载，刘备在这之前，就已经知道了"衣带诏"的事情，但他犹豫不定，当他知道曹操已经看穿了他的英雄本色，这才下定决心，参与了诛杀曹操的阴谋活动。

"衣带诏"，是藏在衣带里的皇帝秘密诏书。199 年，汉献帝的岳父、车骑将军董承，声称自己领受汉献帝藏在衣带中的密诏，想要联合刘备，诛杀曹操。刘备犹豫，没有行动。

董承又找到偏将军王子服，王子服担心兵少。董承说："只要刺杀了曹操，就能得到他雄厚的兵力，难道还不够吗?"王子服又问，是否还有其他可靠之人？董承说："长水校尉种辑、议郎吴硕，都是我的心腹，可以共商大事。"

等到曹操道破了刘备的英雄志向，刘备觉得自己的韬晦之计付之东流，知道两雄不能并立，曹操迟早会对他下手的，于是下了决心，参与了诛杀曹操的阴谋活动。将军吴子兰，也被董承拉了进来。

刘备参与了阴谋活动，心里有鬼，整日提心吊胆，很想赶快离开曹操。恰在这时，机会来了。袁术当了两年皇帝之后，内外交困，混不下去了，便想北去投奔袁绍。刘备主动请缨，要去拦截袁术。曹操同意了，并派给刘备一支兵马。

程昱和郭嘉听说后，急忙劝阻曹操，说不该放走刘备。曹操后悔了，派人去追，可刘备脱离樊笼之心迫切，行动迅速，哪里还追得上？在当时的情况下，曹操即便不杀刘备，也应该软禁他，不能放他走。这说明，曹操虽然认为刘备是英雄，但觉得他实力弱小，不足为虑，没有真正重视起来。

刘备侥幸脱离了险境，此时袁术已在途中病死，刘备自然不会再回到曹操身边。刘备用计斩杀了徐州刺史车胄，占领了徐州、下邳、小沛等地，公开打出了反曹大旗。由于刘备在徐州素有仁德之名，许多郡县纷纷归附，刘备很快有了数万之众。曹操大怒，派兵来打，却被刘备击退。

过了不久，董承等人的阴谋暴露，参与阴谋的人和董承女儿董贵人，全遭杀害。《三国演义》为了表现曹操的残暴，虚构了汉献帝血写密诏、太医吉平下毒等情节，把董承描写成忠于汉室、视死如归的大忠臣。对此，学术界有不同看法，甚至汉献帝是否真的下了密诏，也难以确定。能够确定的是，马腾并没有参与阴谋活动。马腾曾是董卓的部下，历来对汉室不忠，怎肯为汉朝皇帝冒这天大的风险呢？

董承事发，刘备自然暴露。曹操恨得咬牙切齿，在官渡之战前夕，亲自率军东征，大败刘备。曹操是想在与袁绍决战之前，先除掉刘备这个心腹大患。

刘备再次受到重创，妻子儿女又一次做了俘虏，关羽也降了曹操。刘备无奈，只好北上投靠袁绍。

投奔袁绍险成“池鱼”

有个成语，叫作城门失火，殃及池鱼。刘备投奔了袁绍，袁绍比曹操势力大，看起来很安全，不料，袁绍竟然被曹操打得一败涂地，刘备险遭祸殃。好在他机警敏锐，察觉危险以后，及早离去，才又躲过了一劫。不过，刘备与池鱼有所不同，因为他并不是无辜的。

《三国志》记载，刘备被曹操打败后，逃到附近的青州，投奔了袁绍的长子、青州刺史袁谭。袁谭是刘备过去举荐的茂才，对刘备特别尊敬，亲自率步骑兵迎接，护送刘备到了平原。

袁谭派人迅速报告了袁绍，袁绍立即派将领前去迎接，并且亲自出城二百里地，与刘备相见，待遇是相当高的。刘备与袁绍并无交情，反而与袁绍的死敌公孙瓒是同学，而且如今还是败军之将，袁绍却能如此恭敬地对待他，说明刘备此时已经很有名气了。

刘备投靠袁绍不久，著名的官渡之战就打响了。袁绍挑选精兵十万、战马万匹，准备南下攻击曹操。刘备自然尽心尽力，想要帮助袁绍打败曹操。刘备在邺城住了一个多月，派人四处去收拢被打散的部下，不久，散失的兵卒纷纷前来聚集。刘备对待士兵很仁厚，他的部队几次被打散，又几次被收拢起来。

200 年正月，袁绍命陈琳作了《为袁绍檄豫州文》，公开声讨曹操。陈琳是“建安七子”之一，文笔犀利，很有才华。他在檄文中，痛骂了曹操祖宗三代的劣迹，历数了曹操杀边让、屠徐州、禁天子、诛大臣以及挖墓掘坟等罪状，指出他有篡位的狼子野心，表示要诛灭曹操，救皇帝于危难之中。檄文一发，就显得是正义之举、师出有名了。当时曹操正犯头痛病，看了檄文，惊出一身冷汗，病立马好了。

后来，陈琳被俘，曹操爱其才而不追究，还给了他一个官做。

檄文发出后，袁绍立即催动大军，准备渡河南下。他派大将颜良，首先进攻白马，企图夺取渡口。曹操采用声东击西之计，解了白马之围。刚刚投降曹操的关羽，大显神威，匹马冲入万军之中，斩杀了颜良。这一仗，关羽名声大振，同时，关羽也知道了刘备就在袁绍军中，于是回到刘备身边。

曹操白马获胜以后，为了拉长袁绍的补给线，便带着白马的百姓，主动撤退了。袁绍大军渡过黄河，让刘备和文丑带领五千骑兵为先锋，追赶曹操。曹操在白马山设下埋伏，故意将一些物资散落道旁。袁军骑兵看到满地物资，纷纷下马来抢。曹操看准时机，一声令下，伏兵从山上冲杀下来。袁军猝不及防，被杀得大败。袁绍的大将文丑，死于乱军之中，刘备却趁乱逃脱了。

200 年八月，袁绍大军推进到官渡一带，依靠沙丘修筑营垒，东西延伸几十里地。官渡距离许都不远，曹操不能再退了，便凭借工事与袁绍对抗，战争进入相持阶段。双方对峙了好几个月，打得都很艰苦。

在这期间，占据江东的孙策，想乘机去袭击许都，但还没有行动，就被人刺杀了，刺客帮了曹操一个大忙。孙策虽未成行，占据汝南的刘辟却行动了。刘辟原是黄巾军将领，归降了曹操，如今见袁绍势大，又反叛曹操，响应袁绍。

袁绍觉得刘备有影响力，便派他去帮助刘辟，意图袭扰曹操后方。刘备去了以后，果然许多郡县响应，对许都构成很大威胁。曹操派曹仁率精锐骑兵前去攻打，打败了刘备，刘辟战死，刘备不得已，又回到袁绍军营。

后来，刘备见袁绍久攻官渡不能取胜，补给线拉长，处于不利状态，军中将士又不和睦，感觉袁绍失败的可能性很大，便想及早离开，脱离险境。刘备向袁绍建议，去联系荆州的刘表，共同对付曹操。

在这之前，刘表与袁绍、曹操本属同一阵营，袁术、陶谦、公孙瓒是另一阵营。如今，袁术阵营的人全都死了，袁绍与曹操又干了起来，刘表只得保持中立。袁绍觉得，联合刘表的可能性很大，如果能够成功，消灭曹操就指日可待了，于是同意了刘备的建议。

刘备得此机会，赶紧带领本部兵马，再到汝南，并与当地武装龚都等人会合在一起，有兵众数千人。曹操派蔡阳领兵去打，结果战败，蔡阳被杀。

刘备还没有到达荆州，曹操就奇袭乌巢，烧光了袁军的粮食辎重，随即展开反攻，大败袁军。袁绍带领残兵败将退回河北，从此一蹶不振，不久被曹操消灭。

曹操在打败袁绍之后，亲自统兵，南下追击刘备。刘备走投无路，只好再去投奔刘表，暂且安身。不过，刘备寄身刘表，也充满了危机。刘备真够坎坷的！

寄身刘表危机四伏

刘备投奔了刘表，刘表素有贤名，又是刘姓皇帝宗室，因此表面上对刘备很好。然而，刘表生性多疑，并不像《三国演义》中描写的那样，是个忠厚长者，而是始终对刘备存有戒心。刘备在荆州数年，外有曹操死敌，内有刘表猜忌，因而无法获得发展，并且充满了危机。

《三国志》记载，曹操打败袁绍以后，亲自领兵追击刘备。刘备无奈，只得派遣麋竺、孙乾联系刘表，进入了荆州地区。曹操此时还不能公开与刘表为敌，便撤兵回去了。

刘表，字景升，是西汉鲁恭王刘余的后代。刘余也是汉景帝的儿子，与刘备的祖先刘胜是亲兄弟。刘表姿貌壮美，少年时就有名气，被人称为“八俊”之一，入仕后遭受“党锢之祸”，受宦官迫害，被迫逃亡。

黄巾起义爆发，刘表被朝廷征召，再次做官。刘表有勇有谋，单骑入荆，组织兵马，打败黄巾军，占据了荆州七郡一百多个县，成为汉末群雄之一。所以，刘表并不是《三国演义》中那个碌碌无为的形象，而是素有大志，也很有作为。不过，此时他已经六十多岁了，其雄心壮志减退了不少。

刘表听说刘备到来，亲自出城迎接，用上宾之礼相待。两人叙起先祖来，自然十分亲热，好像一家人一样。刘表送给刘备一些兵马，还有许多军用物资，显得十分慷慨大方。但是，刘表并没有让刘备住在襄阳城内，而是让他领兵屯驻新野。新野在荆州的北端，刘表是让刘备替他守卫北大门去了。

刘备自然知道刘表的心思，但寄人篱下，不便说什么，况且有了一个安身之地，也是好事。刘备在新野操练军队，收服人心，荆州豪杰前来归附的日益增多。刘表起了疑心，暗自防备刘备，刘备佯装不知。

202年，刘表借口曹操在河北作战，许都空虚，命刘备率军北伐，攻打许都。其实，曹操善于用兵，大本营岂能不防？何况刘备的兵力有限，根本没有能力攻打许都。刘表这是想借刀杀人啊！

刘备不好违抗命令，只得领兵出征，开始还比较顺利，一直打到叶县，离许都不远了。此时，镇守许都的，是夏侯惇、于禁、李典三员大将，等到他们一出动，刘备就抵挡不住了，只得后撤，一直撤到博望，与曹军对峙。

对峙一段时间以后，刘备见博望南边道路狭窄，草木浓密，便设下一计，准备在这里伏击曹军。一天清晨，刘备突然放火，烧掉了自己的营地，向南撤退了。夏侯惇见了，急忙领兵去追。李典说："敌人无故撤退，恐怕有诈，不能追击。"

夏侯惇不听，留李典守营，自己和于禁带兵追赶，追到道路狭窄处，刘备伏兵四起，曹军首尾不能相顾，被打得大败。《三国演义》把这一战果，记在了诸葛亮头上，其实，诸葛亮这时还没有跟随刘备。博望这把火，实际上是刘备放的，而且烧的是自己的营地。

207年，曹操平定了冀、幽、青、并四州之后，又远征乌桓。刘备觉得是个好机会，建议刘表出兵，袭击许都。刘表猜忌刘备，没有同意。这几年，曹操忙于北方战事，无暇顾及刘备，但刘备不被刘表重用，也无所事事。

有一天，刘备发现自己大腿上生出赘肉，由此感慨而落泪。刘表见了，询问何因。刘备说："过去常常骑马，大腿没有赘肉，现在不常骑马了，就生出了赘肉。我感慨时光飞逝，即将步入老年，却没有建功立业，因此感到悲伤。"那时，刘备已经接近五十岁了。

曹操虽然暂时对刘备构不成威胁，但荆州内部的斗争，却波及刘备，使他差点丢了性命。刘表年龄大了，开始考虑接班人，本来应该由长子刘琦接班，可刘表和后妻蔡夫人都喜爱小儿子刘琮，想让他继位。刘琦自然心生不满，便想找刘备作为外援，刘备身不由己地被卷入他们的内部争斗之中。

裴松之在补注中，引用《世说新语》记载，说刘琮的舅父蔡瑁等人，怕刘备帮助刘琦，便对刘备动了杀心。在一次宴会上，蔡瑁设下伏兵，准备击杀刘备。刘备察觉到了，假装上厕所，顾不上招呼部下，跳上马匆匆逃跑了。

刘备骑的马，名叫的卢，驮着刘备，跑到襄阳城西檀溪边，被河水挡住。后边追兵渐近，刘备大急，叫着的卢的名字，催它过河。的卢奋起一跃，一跃三丈，跳过河去，救了刘备性命。

《三国演义》据此记载，描写了“刘皇叔跃马过檀溪”的故事，既惊险，又精彩。《世说新语》的记载，不一定是史实，但也能够反映出刘备在荆州的危险处境。

刘备在荆州待了六七年时间，由于刘表的提防，他没有得到大的发展，而且危机四伏。就在他“山重水复疑无路”的时候，却得到了旷世奇才诸葛亮，于是便“柳暗花明又一村”了。

三顾茅庐柳暗花明

三顾茅庐的故事，家喻户晓，说刘备在荆州期间，得知当地有个旷世奇才，名叫诸葛亮，隐居在隆中山中，便三次亲身前往，请他出山辅佐，从此改变了刘备的命运。

诸葛亮出山，是刘备事业的转折点。在这之前，他四处漂泊，多次易主，难有作为；得到诸葛亮以后，刘备有了明确的战略目标和方向，他的事业开始风生水起，终于获得三分天下。可见，得人才者得天下，也是一条规律。

《三国志》记载，诸葛亮，字孔明，是琅琊阳都（今山东沂南）人。他的父亲叫诸葛珪，当过泰山郡丞，不幸早逝。年幼的诸葛亮和弟弟诸葛均，被叔父诸葛玄收养。

东汉末年军阀混战的时候，袁术任命诸葛玄为豫章太守，治所在今江西南昌。诸葛玄带着诸葛亮兄弟前去赴任，还未到达，朝廷另派朱皓取代了他的职务。诸葛玄一向与刘表交情深厚，便去荆州依附了他。后来，诸葛玄去世，少年诸葛亮就在隆中隐居起来，躬耕陇亩。那一年，诸葛亮十六七岁。

隆中，在襄阳城西二十里，属南阳郡邓县管辖。襄阳和南阳，都是荆州的地盘，荆州治所在襄阳。所以，当时刘表驻地在襄阳，而不是现在的荆州。

诸葛亮成年以后，长得一表人才，身高八尺，十分英俊，而且胸有大志，满腹经纶，常常自比管仲、乐毅。不过，当时很少有人认同，只有颍川人徐庶和博陵人崔州平，认为诸葛亮有奇才，与他结为了好朋友。

据《襄阳记》记载，襄阳名士黄承彦，也十分看好诸葛亮，亲自上门提亲，想把女儿嫁给他。黄承彦对诸葛亮说："听说你要选择妻子，我有一个女儿，长得丑，黄头发，黑皮肤，但才华出众，能与你相配。"诸葛亮欣然答应。乡邻知道后，以为笑乐，作歌曰："莫作孔明择妇，正得阿承丑女。"

《襄阳记》，是东晋时期研究襄阳古代人文的历史文献。从这个记载来看，黄承彦说自己女儿长得丑，并非谦辞，否则，不会具体说是"黄发黑色"，乡邻也不会取笑。这说明，诸葛亮的择妻标准，确实在于才，而不在于貌。

《襄阳记》还记载说，黄承彦的妻子，也就是诸葛亮的岳母，是刘表后妻蔡夫人的姐姐。这样一来，诸葛亮与刘表，就有了亲戚关系，诸葛亮应该叫刘表姨夫，叫蔡瑁舅舅。可是，诸葛亮却没有去辅佐刘表，更没有想谋个一官半职，他在隆中默默耕田十年，好像在专门等待刘备似的。

刘备是 201 年来到荆州地区的，但直到 207 年才去三顾茅庐。起初诸葛亮只有二十多岁，又无名气，没有引起刘备重视，也在情理之中，毕竟发现和挖掘人才，是需要时间的。那么，刘备是怎样发现诸葛亮这个奇才，不惜屈尊三次去请呢？

据《三国志》记载，诸葛亮是由徐庶推荐的。早在刘备屯驻新野的时候，徐庶就归顺了刘备，成为刘备帐下谋士。后来，徐庶对刘备说："有个叫诸葛亮的人，很有才能，人称卧龙，将军是否愿意与他相见？"刘备说："你和他一起来吧。"徐庶说："这个人，只可以去他那里，不能让他屈意前来，将军应该屈尊前往看他。"于是，刘备亲自去隆中见诸葛亮，"凡三往，乃见"。

徐庶后来因母亲被曹操掳获，不得已辞别刘备，进入曹营。《三国演义》说徐庶是在辞别刘备时，才推荐了诸葛亮，其实，徐庶早就推荐了，而且还与诸葛亮共事了一段时间。

刘备见到诸葛亮以后，首先表明了自己的志向，虚心向他请教。刘备说："汉室倾颓，奸臣窃命，主上蒙尘。我不度德量力，打算复兴汉室，伸张大义，但智术短浅，屡受挫折。请问先生，有什么办法教我?”

当时，诸葛亮二十六岁，刘备四十六岁，而且两人地位悬殊。然而，刘备为了能够实现自己的胸中大志，放下架子，不耻下问，态度诚恳，确实是难能可贵的。

诸葛亮见刘备出于一片诚心，便不推辞，将自己早已考虑好的宏图大志，一股脑地全端了出来。

诸葛亮说:“自董卓以来，豪杰并起。曹操以弱胜强，打败袁绍，不仅靠天时，更靠人谋。如今，曹操拥有百万之众，挟天子以令诸侯，不可与之争锋。孙权据有江东，已历三世，地形险要，民众拥护，只能作为外援，不可与之为敌。只有荆州和益州，它们的主人昏庸软弱，将军可图之。如果占有了两州之地，精心治理，收服民心，等到天下有变，两路出兵，则霸业可成、王室可兴。”

这就是著名的“隆中对”，是诸葛亮为刘备设计的总体战略规划。这个战略规划，是符合实际、富有远见、行之有效的。刘备听了，茅塞顿开，如醍醐灌顶，甘露洒心，感叹道:“我有孔明，犹鱼之有水也。”

《三国演义》用了较长的篇幅，描写了三顾茅庐和隆中对策的故事，虽然有虚构渲染的成分，但基本事实，是符合史籍记载的。

有些学者对三顾茅庐存有质疑，因为有的史籍说，不是刘备去请的诸葛亮，而是诸葛亮主动去找的刘备。

裴松之在补注中，记载了《魏略》和《九州春秋》的说法。说诸葛亮见曹操平定了北方，料定下一个攻击目标必是荆州，觉得刘表“性缓，不晓军事”，便主动登门去见刘备，建议刘备向刘表献策，鼓励游民扩大生产，并登记造册，以增强荆州实力。刘备由此知道诸葛亮有谋略，乃以上客礼之。不过，裴松之在补注中亮明了自己的观点，否定了这个说法。

依笔者看来，即便这个说法是真的，也与三顾茅庐并不矛盾。刘备在荆州住了六七年，诸葛亮即使见过刘备，也不奇怪。《三国志》记载的三顾茅庐，应该是真实的，主要根据是诸葛亮自己写的《出师表》。诸葛亮在《出师表》中明确写道:“先帝不以臣卑鄙，三顾臣于草庐之中，咨臣以当世之事，由是感激，遂许先帝以驱驰。”

《出师表》表达了诸葛亮对复兴汉室的坚强意志和忠贞不贰的品格，为后人所称赞。诸葛亮写《出师表》的时候，离三顾茅庐只有二十年左右时间，许多当事人都活着，诸葛亮作为一名杰出的政治家，怎么可能会公然撒谎呢？

笔者对诸葛亮的品德，是相信和尊重的，由此认为，三顾茅庐和隆中对策，都是真实可信的。

赤壁之战绝处逢生

赤壁之战，是决定中国命运的一次大决战，也是决定刘备命运的一次关键性战役。孙刘联军获胜后，瓜分了荆州，刘备获得武陵、长沙、桂阳、零陵四郡，从此有了自己的地盘，改变了长期漂泊的命运。刘备是赤壁之战最大的受益者。

《三国志》记载，诸葛亮辅佐刘备以后，为他谋划军机大事，使刘备感到如鱼得水。刘表的长子刘琦，当时处于家庭内斗的危险境地，他佩服诸葛亮的智谋，想让诸葛亮给出个主意。诸葛亮处事谨慎，不愿涉足刘表家庭内斗之中，几次搪塞过去。

有一次，刘琦请诸葛亮浏览他的后花园，两人上了高楼。刘琦命人撤去楼梯，对诸葛亮说："现在我们上不着天，下不着地，话从您口出，只进到我的耳朵里，这样可以说了吧?"诸葛亮微微一笑，说："君不见过去申生在内而危，重耳在外而安吗?"刘琦立即醒悟，拜谢诸葛亮。于是，刘琦设法谋取了江夏郡太守的职务，领兵在外，解除了危险，后来依附了刘备。

208年，曹操平定北方之后，听说孙权攻打江夏，怕荆州落入孙权之手，于是迅速挥师南下，夺取荆州。这时，刘表病死，他的小儿子刘琮接了班。《三国演义》为了表现刘表忠厚，说刘表在临终前，想把荆州让给刘备，王沈《魏书》也有这样的记载。但从《三国志》记载来看，这事根本是不可能的。刘表历来对刘备提防猜忌，怎会把荆州托付给他？再说，如果想把荆州让给刘备，刘表就没有必要废长立幼，让自己的儿子们势不两立了。

刘琮接了父亲的班，成了荆州之主。然而，他刚一继位，周围的人就劝他投降曹操。刘琮有点不甘心，说："如今我和诸位占据整个荆州，守着先父留下的基业，以观天下之变，有什么不可以呢？"

周围的人苦口婆心地劝他，说曹操代表的是朝廷，不能以下犯上；荆州力量不如中原，难以抵挡；想联合刘备抗拒曹操，更是靠不住的，即便刘备战胜了曹操，那荆州也会落于刘备之手。何况，孙权也对荆州虎视眈眈。所以，只有投降曹操，才能保住性命和富贵，才是万全之策。刘琮无奈，只好投降了。

《三国演义》说，刘琮投降后，连同母亲蔡夫人一同被曹操杀掉了，其实没有。刘琮先是被任命为青州刺史，后来入朝当了谏议大夫，还被封为列侯，结局还是不错的。蔡瑁也没有被杀，而是入朝为官。

刘琮投降了曹操，却没有告诉刘备，直到曹操大军快要到达时，刘备才知道。刘备十分气愤，但也无可奈何，只好率军南撤，许多老百姓自愿跟随。

刘备南撤路过襄阳，停下马来招呼刘琮，并斥责他。刘琮又愧又怕，站立不住。诸葛亮建议刘备攻占襄阳，以拒曹操。刘备叹口气说："我不忍心呀！"于是绕过襄阳，继续南撤。襄阳的许多豪杰和民众，不愿意投降曹操，也追随刘备而去。

有的学者认为，诸葛亮建议攻占襄阳，是个馊主意。因为曹操大军即将赶到，即便占领了襄阳，也是守不住的。笔者却认为，在当时情况下，占领襄阳，不失为权宜之计。因为襄阳是个大城，城墙坚固，凭坚据守，是能够抵挡一阵子的，总比跑到当阳旷野之中，被曹操骑兵追着屁股打，要好得多吧。

刘备在南撤途中，沿路有十多万百姓扶老携幼跟随，运载货物的车子有几千辆，行军速度很慢，每天只能走十多里地。有人建议抛弃百姓，快速南下去占领江陵。江陵是荆州重镇，而且储有大量军用物资。

刘备不同意，说："干大事者，必须以人为本。现在百姓愿意归附我，我怎能忍心抛弃他们呢？"刘备也知道，这样带着百姓行军，是很危险的，于是另派关羽率一支兵马，先向江陵一带开进。刘备说的“以人为本”，是指以人为根本，而不是现在说的以人为资本，但这反映了刘备“得民心者得天下”的思想，是具有长远眼光和远见卓识的。

曹操大军南下，轻松占领了襄阳城，听说刘备南逃，便亲率五千精骑急追，一天一夜跑了三百里，在当阳县的长坂追上了刘备，双方在野外开展激战。刘备无坚可守，敌不过曹操的精锐骑兵，部队溃散，刘备丢弃妻子儿女，与诸葛亮、张飞、赵云等数十骑逃走，大量人马辎重被曹操缴获。《三国演义》对长坂之战有着精彩描写，虽有夸张和渲染，但基本事实符合史籍记载，比如赵云救刘禅，张飞断后等，不过，没有刘备摔孩子之事。

刘备遭此打击，已经到了穷途末路、生死存亡的危急关头。刘备知道，凭自己的实力，远不是曹操的对手，便想继续南逃，去投奔苍梧太守吴巨（又作吴臣）。苍梧在今广西境内，吴巨与刘备是朋友。

恰在这时，孙权派来的使者鲁肃找到刘备，力劝刘备与孙权联合，共同抗曹。刘备当然求之不得，立即决定，不再南逃，掉头向东，直奔夏口。刘琦和关羽率领的兵马，也去了夏口。刘备派诸葛亮去东吴，共商抗曹大计。

曹操不费吹灰之力，轻松得到荆州，而且收降刘表水军七八万人，于是飘飘然起来，想顺江而下，攻占江东。但曹操低估了孙权的抵抗决心，对孙刘联合更是缺乏警惕，结果犯了一系列错误，导致赤壁大败，一把火把曹操恢复国家统一的梦想化为乌有。曹操带领残兵败将退回北方，此后，他的足迹再也未能踏上江南土地。

赤壁大捷之后，刘备和刘琦率本部人马，乘机收复武陵、长沙、桂阳、零陵四郡。这四郡的太守，原本是刘表的部下，如今见曹操败走，就全都投降了刘备，庐江人雷绪，也率领数万人归降。刘备表奏刘琦为荆州刺史，刘琦病死后，群下推举刘备为荆州牧，治所设在公安县。

孙权自然不会让荆州全都落到刘备手里，命周瑜率军攻取了江夏、南郡，占领了西起夷陵、东至寻阳的长江沿线。襄阳、南阳则仍在曹操控制之下。这样，荆州就被瓜分了。

在孙权与刘备争夺荆州地盘的过程中，免不了发生摩擦，但当时大敌当前，两家需要携手对付曹操，自然要保持友好关系。孙权把妹妹嫁给了刘备，两家结成了亲戚。在这种情况下，有些事情就不好讲得那么清楚了，于是，便有了不清不楚的“借荆州”之说。

不管是借也好，抢也好，总之刘备是有了一大块可观的地盘，实现了诸葛亮“隆中对”中的初步计划。下一步，刘备就要借助荆州这个根据地，向西谋取益州，创立自己的基业了。

谋取益州创立基业

赤壁之战以前，刘备东奔西逃，百事不顺，很是点背；赤壁之战以后，刘备似乎时来运转，总是心想事成。

刘备占据了荆州四郡，又从孙权手里借来江陵，有了一块不小的根据地，便开始觊觎益州，准备实施“隆中对”的第二步计划。没有想到的是，恰在这时，益州牧刘璋派人来请刘备了，使他能够堂而皇之地进入益州。

益州，是东汉十三州中面积最大的，起初有十二个郡，后来扩大到二十多个郡，辖境包括今四川、重庆和贵州、云南的大部分地区以及湖北、陕西、甘肃的一部分，治所在成都，地盘比现在的四川省大得多。益州不仅地盘大，而且民众富裕，地形险要，是个成就霸业的好地方。

《三国志》记载，最先割据益州的是刘焉。刘焉是西汉鲁恭王刘余的后代，刘余和中山靖王刘胜是亲兄弟。刘焉既有野心，又有能力，黄巾起义爆发时，他在朝中任太常高官。刘焉向汉灵帝建议，扩大地方政府的权力，允许地方自建武装。然后，刘焉谋取了益州刺史的职务，专心发展自己的势力去了。

刘焉到益州后，励精图治，收服人心，招兵买马，并重视利用道教的力量，很快巩固了自己的统治，称霸一方。刘焉还想当皇帝，不料尚未行动，就得病死了，儿子刘璋接了班。

刘璋，可比他老子差远了，既无谋略，又无能力。道教张天师的孙子张鲁，原先深受刘焉的信任和重用，镇守汉中，如今张鲁却看不起刘璋，不服从调遣。刘璋一怒之下，杀了张鲁的母亲和弟弟，两人结下了怨仇。

张鲁号称第三代天师，以道教组织民众，建立了政教合一政权，割据汉中。汉中是益州的北大门，对刘璋构成很大威胁。刘璋多次派兵去打，均遭失败。

208年，曹操大军南下，荆州刘琮不战而降。刘璋见曹操势大，派使者前去致意示好，后来，又派张松出使曹操处，曹操没有按礼节接待张松，张松怀恨在心，回去后向刘璋大讲了一通曹操的坏话，又恰逢曹操赤壁大败，刘璋就断绝了与曹操的联系。

211年，刘璋听传言说，曹操想要派兵夺取汉中，怕对益州不利，心中恐慌。张松对刘璋说："曹操兵强，如果占了汉中，或者与张鲁联合起来，益州就危险了。刘备是您的宗亲，又是曹操的大仇人，善于用兵，如果请他来攻打张鲁，张鲁必败，即便曹操来了，也无能为力了。"

刘璋听从了，派法正带领四千兵马，到荆州去请刘备。法正与张松是好朋友，他们都认为刘璋暗弱，必不能保住益州，便商议拥立刘备为益州之主。

刘璋的主簿黄权，听说迎接刘备之事后，急忙劝阻刘璋，说："刘备野心很大，如果把他当作部下对待，必不能满足他的心愿；如果把他当作宾客对待，一国不容二主，会使自己不安全。"有个叫王累的，讲得更直接，说如果把刘备请来，无异于引狼入室。王累甚至把自己倒挂在州府署的大门上，以死劝谏。可是，刘璋就像鬼迷了心窍一样，全都不听。

刘备在荆州站稳了脚跟，下一个目标，就是谋取益州，但益州主人是同姓宗亲，心中有点不忍，特别是师出无名，刘备有些为难。如今忽闻刘璋来请，刘备不由得心中大喜，真是想啥来啥，想睡觉，就有人递上了枕头。

刘备热情接见了法正，法正见刘备确实有英雄气概，便主动表示，要帮助刘备谋取益州，并说有张松为内应。刘备更是喜出望外，觉得这是天上掉下来的好事。

刘备留诸葛亮、关羽、张飞等人镇守荆州，自己和庞统率步骑兵万余人进入益州。有法正前边带路，一路十分顺利，不长时间，刘备军队就到达成都北边的涪县（今四川绵阳一带）。

刘璋带领大队兵马，离开成都，亲自到涪县迎接刘备。两兄弟相见，十分高兴，大摆宴席，将士畅饮百余日。庞统建议刘备，趁刘璋无备，在相会时袭击他。刘备不同意，说："初入他国，恩信未立，不能仓促而行。"许多人认为，这是刘备仁义，不忍下手。依笔者看来，并非完全如此。刘璋去见刘备，带了步骑兵三万多人，兵力比刘备大得多，刘备岂敢轻易下手？

刘璋给刘备增加了兵力，又给了他大量军用物资，还让他督统白水关的军队。刘璋的算盘似乎打得很精，他要利用刘备，去攻打汉中的张鲁。即便刘备占了汉中不走，也不要紧，正好给他守护北大门。

此时，刘备的兵力，合起来有三万多人，车辆、铠甲、器械、粮食、钱财都十分充足，于是，刘备率军继续北上，到达葭萌（今四川广元西南一带），逼近汉中。不过，刘备屯驻葭萌之后，并没有攻击张鲁，而是在当地广施恩德，收买人心。刘备的目的，是谋取益州，怎肯与张鲁拼个你死我活呢？刘备的算盘，打得更精。

212 年，曹操为报赤壁之仇，派兵征伐孙权，孙权向刘备求援。刘备派人对刘璋说："刘孙两家唇齿相依，不得不救。现在，曹操是大敌，张鲁只不过自保自守，不值得忧虑。"并向刘璋要求借一万兵众和一些军用物资。刘璋本来对刘备不去攻打汉中，就十分不满，如今见他还要借兵，更是恼怒，所以，只勉强借给四千兵众，物资也只给了一半。刘备也心怀不满，其实，刘备并不是真的要回荆州。

张松得知刘备要东返援助孙权，心里着急了，急忙给刘备和法正写信说："眼看大事就要成功，在这关键时候，怎能离开呢？"张松力劝刘备赶紧动手，袭取成都，他愿意做内应。

张松的哥哥张肃，是广汉太守，得知张松阴谋后，怕祸及自身，便向刘璋告发了张松。刘璋大怒，立即将张松逮捕斩杀，并下令给各大关隘的守将，不要再与刘备来往。刘璋和刘备这两个宗亲，终于翻脸了。

既然撕破了脸皮，就不用顾及同宗情谊了。刘备采用庞统的计策，诱杀了白水关的守将，然后，命黄忠为先锋，大军南下，公开攻取益州。刘璋军队缺乏防备，而刘备却是蓄谋已久，又有法正相助，所以战事十分顺利，一举攻占了涪县。涪县，昨天还是两兄弟纵情欢宴之地，今天成了刀光剑影的战场。

213 年，刘璋派张任、冷苞、吴懿等将领，在涪县南抵御刘备。由于刘璋治理无方，人心散离，尽管军队人数不少，却被刘备打败，吴懿投降了刘备。刘璋又派李严领兵，不想李严也率众投降了。刘备的兵力大增，于是分兵平定益州下属各县。

为了尽快攻取益州，刘备命关羽镇守荆州，让诸葛亮、张飞、赵云等诸将，率军溯江而上，直取益州。刘璋军队抵挡不住，白帝、江州、江阳等地，一时间纷纷失守。

刘备则率军继续南下，包围了雒城（今四川广汉境内）。雒城是成都北面最后一道屏障，雒城丢失，成都就危险了。守卫雒城的，是刘璋的儿子刘循和大将张任。他们忠于刘璋，自知责任重大，全力防御。刘备多次攻城，均未奏效。庞统被流矢所中，死于城下。后来，张任出城作战时阵亡，刘循遂坚守不出，刘备围城近一年。

214 年，雒城终于被攻破，刘循被俘，刘备没有杀他，还封他为奉车中郎将。此时，益州各地大部分被平定，刘备与诸葛亮等人会师，大军包围了成都。这时，马超前来投奔刘备，刘备命他率军屯于城北。马超是当时名将，对成都形成很大威慑。

刘备派简雍进入成都，劝说刘璋投降。当时城中尚有三万兵马，粮食够吃一年，官民都想与刘备军死战。刘璋说："我父子在此二十多年，对百姓没有恩德，如今战争已打了三年，百姓尸横遍野，这都是因为我的缘故，我于心不安啊！"于是，刘璋与简雍一同坐车出城，投降了刘备，群下没有不流泪的。

刘备把刘璋迁到荆州公安县居住，依旧让他持有振武将军印绶，归还了他的全部财物。刘璋的部下，凡是愿意归顺的，刘备都予以任用，就连当初反对迎接刘备的黄权，也得到重用，并且后来与刘备交情深厚。刘备自领益州牧，设置官吏，安抚百姓，精心治理益州之地。这一年，刘备五十四岁。

刘备经过大半辈子的拼搏，屡受挫折却百折不挠，终于创立了属于自己的基业，为复兴汉室奠定了基础。下一步，刘备的战略目标是攻占汉中，打通北伐的战略要道，为讨伐曹魏、复兴汉室创造条件。

争夺汉中刘曹交兵

汉中郡，因地处汉水中游而得名，辖九县，治所在南郑县（今陕西南郑）。汉中是益州的北大门，地理位置非常重要，有“若无汉中，则无蜀矣”的说法。

汉中还是益州通往中原的桥头堡，进击中原，必经汉中。刘邦就是从汉中出兵，夺取天下的。诸葛亮在“隆中对”中说得很清楚：“等到天下有变，命一上将出荆州，将军自率益州之兵出秦川，则霸业可成，汉室可兴。”所以，无论是为了保卫益州的眼前利益，还是为了复兴汉室的长远大计，刘备都非要占领汉中不可。

《三国志》记载，在刘备谋取益州的几年中，曹操也没闲着。他亲率大军西征，打败了马超、韩遂，平定了凉州。同时，为报赤壁之仇，又南征孙权，结果仍然是失利，看来，孙权是不好对付的。此后，曹操就专注追逐个人的名誉、权力了，他被封为魏公，加九锡，建魏国，为个人利益忙得不亦乐乎。

215 年，刘备占据了整个益州，三分天下已经形成，曹操大吃一惊。曹操是战略家，自然知道汉中的重要性，也料定刘备必取汉中，于是抢先一步，亲率十万大军，远征汉中。

割据汉中的张鲁，是道教创始人张道陵的孙子。张道陵被称为第一代天师，张鲁被称为第三代天师。张鲁在汉中二十多年，他利用道教，教化民众，强化统治。当时道教创立不久，影响力还不是很大，张鲁也无雄心大志，只是自守自保。在群雄逐鹿中原的时候，汉中偏远，不被重视，张鲁能够安然无恙，如今汉中成了必争之地，张鲁的好日子就到头了。

曹操大军抵达汉中，从武都郡进入氐人居住区，氐王窦茂率一万多人进行抵抗。这些乌合之众，敌不过训练有素的曹军，曹军大获全胜，窦茂被杀。曹操大军兵进阳平关（今陕西勉县西北一带），张鲁派弟弟张卫据守此关，沿着山势，修筑了十多里的城墙，曹操几次进攻，均被打退。

曹操见地形险峻，于己不利，便佯装撤退，却在夜里组织突袭，一举攻占了阳平关。阳平关一失，南郑就无险可守了，张鲁、张卫等人逃到巴中。不久，张鲁投降了曹操，汉中遂为曹操所占。曹操留下夏侯渊、张郃等人镇守汉中，自己率主力部队返回。

刘备见曹操没费多大力气，就打败了张鲁，也是吃了一惊。当时，刘备正与孙权搞摩擦，见形势不利，赶快与孙权讲和。刘备听说张鲁败退巴中，立即派黄权去迎接张鲁，想与他联合，可惜晚了一步，张鲁很快就投降了曹操，汉中为曹操所有。卧榻之侧，岂容他人鼾睡？于是，刘备派猛将张飞，率一万精兵，驻守边界，对抗曹军。夏侯渊和张郃多次进犯，均被张飞打退。

218 年，刘备处理好了益州的事情，做好了准备，便开始攻取汉中。刘备兵分两路，一路由吴兰、雷铜率军，攻取武都，却被曹军所败；另一路由刘备亲自率领，夺取阳平关，获得成功。夏侯渊带领诸将，在阳平关一带抵御刘备，双方争战了好长时间。

219 年，刘备采用法正之计，放弃阳平关，南渡沔水，沿着山势向前推进，在定军山安营扎寨。夏侯渊也在定军山扎下营盘。一天夜里，刘备军袭击曹军军营，烧毁了营盘外的鹿角。夏侯渊命张郃守护东面，自己守护南面。刘备军经过一夜袭扰，搞得曹军疲惫不堪。

次日，刘备引诱张郃出战，张郃军失利，向夏侯渊求援。夏侯渊不知是计，拨了一半的兵力去援助张郃。法正见夏侯渊兵力单薄，并且士兵疲劳，对刘备说："可以出击了。"刘备一声令下，早已等待多时的老将黄忠，率军从山上冲杀下来，杀声震天，势不可当。曹军心惊胆战，溃散逃命。黄忠虽然年老，但仍然勇冠三军，他一马当先，追上夏侯渊，舞起大刀，一刀将夏侯渊斩于马下。《三国演义》对此有精彩描写。

刘备大破曹军，斩杀了主将夏侯渊，此时曹操亲自领兵抵达汉中，与刘备交锋。刘备按照法正的计策，分兵凭坚据守，坚壁不出，并不与曹操决战，又派黄忠、赵云在汉水截断了曹军的粮道。曹操与刘备相持数月，难以取胜，形同“鸡肋”，遂放弃汉中，撤兵回去了。刘备留魏延镇守汉中，自己也回到了成都。

刘备得到汉中之后，群下推举刘备做了汉中王。几年前，曹操已经做了魏王，如今刘备与他平起平坐了。刘备攻取汉中，主要谋士是法正，诸葛亮此时镇守成都，并没有参加汉中之战。《三国演义》为了塑造诸葛亮形象，把占领汉中的功劳，也记在了他头上。很可惜，法正在夺取汉中的第二年，就得病死了，刘备为此哭了好几天。

取得汉中，是刘备复兴汉室计划中的重要一环，使刘备有了一块可以对外用兵的跳板。此后，蜀国多次讨伐曹魏，都是从汉中出兵的。

建立蜀国接续汉朝

刘备半世坎坷，终于迎来转机，顺利获得益州和汉中，创立了基业。不料，刘备高兴了没几天，一个噩耗传来，镇守荆州的关羽，被孙权杀害了，荆州落入孙权之手。刘备十分悲痛，发誓要为关羽报仇。刘备还未行动，一个更大的噩耗传来，曹丕废汉建魏，汉朝灭亡了。

《三国志》记载，220 年，曹丕在曹操死的当年，就废掉汉献帝，建立魏国，自己当了皇帝。当时有传言说，汉献帝已遭杀害。消息传来，刘备大为悲痛，下令发布讣告，制作丧服，为汉献帝发丧，并追加汉献帝谥号为孝愍皇帝。其实，汉献帝并没有死，而且活得好好的。

既然汉朝皇帝死了，诸葛亮就带领一帮群下，力劝刘备当皇帝。他们上书说："曹丕篡位杀君，灭亡汉朝，窃据皇权，迫害忠良，暴虐无道，致使人神共愤，全都思念刘氏。如今上无天子，人心惶惶，无所效法和瞻仰。群下前后有八百多人上书，全都述说各种符命和祥瑞，表明要有新天子出现。臣等认为，大王是孝景皇帝儿子中山靖王之后，宗族嫡系，天地赐福。大王具有高大英伟的仪表，又有非凡的才能，仁德覆盖苍生，爱惜四海人才，天下人心都归附于您。所以，您应该登帝位，以继承高祖、世祖的事业，接续皇室宗庙的祭祀。"

221 年四月，刘备在成都武担山南，举行仪式，登上帝位，国号仍为"汉"，年号"章武"，宣布大赦。刘备任命诸葛亮为丞相，许靖为司徒，刘禅为太子，设置百官，建立宗庙，合祭自汉高祖刘邦以下的历代祖先。

刘备祭祀天地，给上天的表文说：“皇帝臣刘备，斗胆使用黑色公牛为祭品，向皇天上帝和土地之神报告：汉有天下，历数无疆。过去王莽篡位，光武皇帝愤而诛伐，社稷复存；现在曹丕篡位，汉朝崩溃，群臣将士公推刘备把它修复起来，继承高祖世祖的事业。刘备自思没有美德，惧怕辱没皇帝之位，但天下不可无主，又怕汉朝福祉埋没地下，谨选择良辰吉日，与群下登上祭坛，接受皇帝的玉玺和绶带。希望天帝赐福于汉朝，使天下永远安定。”

从《三国志》记载来看，刘备当的这个皇帝，与曹丕、孙权不同。曹丕、孙权都认为，汉朝气数已尽，因而需要废汉另立，改朝换代；而刘备则认为，刘邦开创的大汉江山，应该千秋万代，王莽曾经篡汉，不是被灭了吗？如今奸贼再次篡汉，也同样会被灭掉。自己作为皇室后代，应该继承刘邦、刘秀的事业，诛灭奸贼，恢复大汉天下。所以，刘备当的皇帝，仍然是汉朝的皇帝。这也表明，刘备的毕生心愿，就是复兴汉室。

不过，史学界都把刘备政权，称作蜀汉，以示与汉朝有所区别。史学界也不把蜀汉作为汉朝的延续，因为刘备创立的蜀汉，确实与刘邦建立的汉朝没有多大关系，无非是皇帝都姓刘而已。

刘备虽然当了皇帝，但他复兴汉室的理想还没有实现。刘备的志向，是要恢复整个汉朝江山，如今任务只完成了三分之一。诸葛亮在《出师表》中说得很清楚：“先帝创业未半，而中道崩殂。”所以，刘备当了皇帝以后，仍然要为实现他复兴汉室的理想而继续奋斗。

刘备把下一个目标，指向东吴。刘备之所以抛开曹魏这个大敌于不顾，公开与昔日的盟友反目，主要基于两个原因。一个是感情用事，刘备不能不为情同手足的关羽报仇；另一个是战略需要，荆州对他太重要了，荆州丢失，“隆中对”中两路出兵的计划，就无法实现了，所以，荆州非夺回不可。

然而，就当时情况看，与孙权决裂，是很不明智的；夺取荆州，条件也不成熟。刘备犯了与曹操类似的错误，没有正确分析形势，又过高地估计了自己的力量，结果夷陵之战，结局也和曹操差不多。蜀国惨败，大伤元气，使刘备的事业遭到重创，他自己也抱憾而逝。

夷陵惨败抱憾离世

夷陵之战，也叫猇亭之战、彝陵之战，它与官渡之战和赤壁之战，并称为三国时期的三大战役。这三大战役有一个共同点，就是战争发动者均遭失败，而且主要都败在“火”上。

《三国志》记载，221年七月，刚刚称帝三个月的刘备，打着为关羽报仇的旗号，发动了意在夺取荆州的对吴战争。刘备大军尚未启动，又一噩耗传来，张飞被部下杀害，刘备更加悲愤。孙权派人求和，刘备怒而不许。

许多人对刘备伐吴，感到不可理解。诸葛亮的哥哥诸葛瑾，给刘备写信说：“您与关羽的亲情，能比得上先帝吗？荆州与汉朝江山相比，谁大谁小？如今，曹丕废了汉家皇帝，夺了汉朝江山，曹丕才是最大的敌人。如果弄清这个道理，您就会改变计划了。”诸葛瑾说得没错，曹魏才是头号敌人，孙刘应该联合起来，共同抗曹。可是，诸葛瑾是孙权的人，他的话，刘备怎能听进去呢？

刘备阵营中，也有不少人反对。赵云对刘备说：“国贼是曹魏，不是孙权，应该先灭曹才对，而且灭了曹，东吴必然自服。”可是，刘备也听不进去。大臣秦宓用天象劝阻刘备，说此时东征，于蜀不利。刘备大怒，将秦宓关进监狱，后来释放了他。

《三国志》没有说诸葛亮是否劝阻过刘备，只是记载说，当时群臣多谏，刘备一概不听。刘备夷陵失败后，诸葛亮叹息说：“如果法正还活着，就能够制止皇上东征，即使东征，也不会败得这样惨。”从这个记载看，诸葛亮很可能也劝谏过刘备，只是刘备也不听。

刘备不顾众人反对，一意孤行，他让诸葛亮、赵云等人镇守成都，自己亲率大军伐吴。东征开始时比较顺利，蜀将吴班、冯习、张南率数万兵马，作为先头部队，一举夺取峡口，攻入吴境，又在巫地击破吴军，占领了秭归。刘备为了防止曹魏乘机袭击，命黄权率两万兵马，驻扎在长江北岸，又派马良到武陵地区，说服当地部族首领沙摩柯参加伐吴。

面对蜀军咄咄逼人的攻势，孙权一面向曹丕称臣修好，一面任命陆逊为大都督，率五万兵马西去迎敌。陆逊当时虽不出名，却是一位满腹计谋的军事家，偷袭关羽、夺取荆州，也有陆逊的功劳。

陆逊冷静分析了吴蜀双方的兵力、士气、地形等诸多条件，认为刘备兵势强大，求胜心切，锐气正盛，应该暂时避其锋芒，再伺机破敌。陆逊耐心说服了吴军将领，采取了节节抵抗、主动后撤、诱敌深入的策略，一直撤退到夷陵、猇亭一带，把数百里峡谷山地让给了刘备，使蜀军处于战线拉长、兵力施展不开的境地。陆逊主动后撤的做法，与曹操在官渡之战中的计策，十分相似。

刘备自恃兵多势众，又看不起陆逊，有些轻敌，便步步紧逼，深入吴境数百里，不久进抵猇亭，建立了大本营。此时，吴军不再后撤，而是扼守要地，凭坚据守，双方进入相持阶段。刘备在巫山至夷陵数百里狭窄山路上，设立了几十个营寨。

双方相持半年多时间，刘备战线拉长，补给困难，急于决战。因此，蜀军多次挑战辱骂，陆逊却十分沉得住气，并不理睬，坚守不出。刘备派张南率兵围攻驻守夷道的孙桓，想逼陆逊出战。孙桓是孙权的侄子，诸将纷纷要求出兵救援，陆逊仍然置之不理。

这样对峙时间一长，蜀军逐渐斗志涣散，戒备松懈，失去了优势地位。进入夏季以后，烈日炎炎，暑气逼人，蜀军将士苦不堪言。刘备无奈，只好将水军转移到陆地上，把军营设于深山密林之中，依傍溪涧，躲避酷暑，准备秋后再发动进攻。刘备百里连营，兵力分散，树木茂密，士兵松懈，已经处于巨大的危险之中了。

刘备所处的危险，连远在魏国的曹丕都看出来了。曹丕得知刘备连营百里下寨，哈哈大笑说："刘备不懂军事，犯了兵家大忌。等着吧，过不了几天，孙权的捷报就会传来。"从这个记载来看，曹丕并非平庸之辈。

陆逊耐住性子，拒不出战，与刘备对峙七八个月时间，等的就是这个机会，如今见时机成熟，便开始大举反攻了。

在一天夜里，陆逊命令吴军士兵，每人手持一个火把，乘夜突袭蜀军营寨，顺风放火。蜀军营寨都在树木茂盛之处，又首尾相连，一旦发生火灾，无法扑救。刹那间，四面火起，火焰冲天，刘备军营陷于一片火海之中，士兵们被烧得鬼哭狼嚎，东窜西逃。吴军乘势掩杀，蜀军全线崩溃，死伤几万人，张南、冯习、马良、沙摩柯等将领，均死于乱军之中。刘备的车、船和大批军用物资，统统在大火中化为灰烬。领兵驻扎长江北岸的黄权，因道路被陆逊截断，不得已投降了曹魏。

刘备在混乱之中，登上马鞍山，布置军队环山防守。陆逊率军四面进逼，蜀军土崩瓦解，刘备乘夜突围逃走，差点被擒。蜀军把铠甲乐器堆在一起，放火焚烧，截断道路，挡住追兵，刘备才得以逃进白帝城（今重庆奉节一带）。

刘备又愧又恨，说："我竟然被陆逊挫败侮辱，难道这不是天意吗？"刘备把失败归于天意，表明他并没有认识到自己的错误。

刘备逃进白帝城之后，吴军诸将纷纷要求乘胜攻城，擒拿刘备。但此时，赵云率军来援，被打散的士兵也到白帝城聚集起来，陆逊觉得很难一举攻克，又听说曹丕正在集结大军，担心后方有失，于是撤军回去了。果然，魏国想乘机攻打东吴，因陆逊早有防备，只得无功而返。

刘备在夷陵惨败之后，惭愧内疚，悲愤交加，一病不起，不久就病逝了，享年六十三岁。刘备当皇帝，才只有两年时间。

刘备是三国时期著名政治家，以弘毅仁厚、知人待士而著称。刘备一生致力于复兴汉室，屡遭挫折却百折不挠，他在临终时，把自己的事业和家国大事，全都托付给了诸葛亮，这便有了著名的“白帝城托孤”的故事。

刘备托孤彰显大义

刘备托孤，是人们津津乐道的千古佳话。然而，千百年来，人们对此却有着不同的看法和议论。有的认为，刘备是出于真心；有的认为，刘备是在试探或者猜忌诸葛亮；有的说得更邪乎，推断说刘备已经安排好了刀斧手，只要诸葛亮应对不好，当场就会人头落地。

通过读《三国志》，笔者则认为，刘备托孤，虽然出于无奈，但却是真心实意的，这彰显了刘备复兴汉室的雄心壮志和英雄大义，并且是英明之举。

《三国志》记载，223年二月，诸葛亮从成都来到白帝城。一个月后，刘备病情加重，自知将不久于人世，便开始安排后事。最重要的后事，就是由谁接班。这事刘备早就安排好了，在他登基当皇帝的时候，就立了长子刘禅为皇太子，此时由刘禅继位，没有什么悬念。

当时，刘禅只有十六岁，而且能力平平。刘备心里很清楚，靠刘禅，是保不住蜀汉政权的，更不要说复兴汉室了。于是，刘备将大事托付给丞相诸葛亮，尚书令李严为诸葛亮的副手。

刘备躺在病床上，望着辅佐自己创立蜀汉政权的诸葛亮，说了一番流传后世的肺腑之言："君才十倍曹丕，必能安国，终定大事。若嗣子可辅，辅之；如其不才，君可自取。"诸葛亮涕泣着说："臣敢竭股肱之力，效忠贞之节，继之以死！"

《三国演义》在描写这段的时候，作了渲染，说诸葛亮听了刘备的话，"汗流遍体，手足无措"，而且泣拜于地，叩头不止，以至于把头都磕出血来了，给人一种惊恐万分的感觉。

刘备不仅当面向诸葛亮托孤，而且有进一步的行动。刘备用诏书的形式，告诫刘禅说：“你和丞相一起共事，要像对待父亲一样对待他。”刘备做得很到位，这根本就不像是试探，而是表现出了诚心诚意。

刘备托孤一个月后，223 年四月二十四日，刘备病逝于白帝城，终年六十三岁。

《三国志》作者陈寿，对刘备托孤给予高度赞扬，说：“刘备把整个国家和儿子，都托付给了诸葛亮，心中没有私心杂念，表现出君臣之间极高的大公无私，这真是古今美好的典范啊！”

《三国志》还记载说，刘备在向诸葛亮托孤时，也交代了许多国家大事，其中谈到马谡的时候，刘备对诸葛亮说：“马谡言过其实，不可大用，君其察之！”这说明，刘备确实具有超人的识人本领，同时也表明，刘备在临终之时，念念不忘的，依然是他复兴汉室的大业。

根据《三国志》记载，笔者认为，刘备托孤是真心实意的，符合他一贯的所作所为，也符合当时的环境。

第一，复兴汉室的坚定信仰和政治理想，是刘备托孤的根本原因和出发点。

刘备是一位政治家，他的理想是复兴汉室，恢复刘氏江山，并为之奋斗一生。诸葛亮也有同样的信仰和志向，与刘备心心相印。刘备托孤的主要内容，不是让诸葛亮照顾好自己的儿子，而是让诸葛亮完成安定国家、成就大业的任务，刘备是从复兴汉室大业这个角度考虑的。所以，后来诸葛亮念念不忘刘备所托之事，毕生致力于“北定中原，兴复汉室”，这从诸葛亮《出师表》中能够体现出来。

第二，对诸葛亮具有高度信任和信赖，这是刘备托孤的基础。

刘备与诸葛亮的关系，是鱼水关系，这恐怕是世界上最密切的关系了。刘备生性仁厚，他与关羽、张飞生死不离、牢不可破的兄弟情谊，被公认为是历史上君臣关系的典范。因此，就刘备的为人来说，他是不会怀疑、猜忌、试探诸葛亮的，而是对诸葛亮坦诚相待。在他生命即将结束、复兴汉室大业尚未完成、新生的蜀汉政权面临危机的情况下，刘备披肝沥胆，把大事托付给诸葛亮，是很自然的事情。有人说“君可自取”，是让诸葛亮自行选取继承人，因为刘备还有两个儿子。其实，从刘备说诸葛亮“君才十倍曹丕”上下语气来看，明显是让诸葛亮在必要时，可以自立为主，表现出对诸葛亮的高度信任和倚重。

第三，蜀国当时正处于危难之中，这是刘备托孤的无奈选择。

刘备托付给诸葛亮的，不是一片锦绣河山，而是一副烂摊子。当时蜀国处于外有强敌、内有叛乱的危难之中，蜀汉政权摇摇欲坠。刘备得到益州，只不过短短几年时间，而刘璋父子经营益州二十多年，虽然暗弱，却比较爱民。刘备夷陵战败之后，元气大伤，人心不稳。孙权任命刘璋重新当了益州刺史，各地纷纷响应，许多郡县发生叛乱，蜀汉政权面临生死存亡的危机。刘备当时忧虑的，不是儿子的皇位能不能牢固的问题，而是蜀汉政权能不能存在的问题。在这危急关头，刘备哪里还顾得上猜忌试探诸葛亮，只有把大事托付给他，才是唯一正确的选择。也只有诸葛亮，才能够使蜀汉政权化险为夷。对这一点，刘备心里非常清楚。刘备把李严也作为托孤大臣，就是为稳固蜀汉政权考虑的。李严不属于刘备的心腹，但他是刘璋的旧部，在益州多年，有一定的影响力，让他作为诸葛亮副手，明显带有安抚人心、稳定局势的意图。

第四，三国时代具有特殊环境，这是刘备托孤的客观因素。

对刘备托孤批评最甚的，是清朝康熙皇帝，他认为刘备根本不可能真心把皇位让给别人，刘备是猜疑，是谲诈。诚然，如果是在正常年代，长期实行家天下的皇帝，是不会轻易让位给别人的。可是，三国是个特殊的时代，弱肉强食，多少英雄沉浮，如果没有真才实学，是不能安身立命，更是守不住基业的。徐州牧陶谦，不是没让儿子接班，而是把徐州让给刘备了吗？有的史料说，刘表也想把荆州让给刘备。另外，有史书记载，孙策也有托孤之事。裴松之在补注中，引用《吴历》记载说，孙策在临终时，让孙权继位，并嘱托谋臣张昭说：“若仲谋不任事者，君便自取之。”这话与刘备说的如出一辙，而且比刘备早二十三年。所以，看问题要从当时的环境出发，在三国那个战乱的年代，刘备托孤，甚至让诸葛亮“自取”，并不是不可能的。

综上所述，笔者认为，刘备托孤，尽管有些无奈，但却出于真心实意，表现出刘备作为政治家的宽阔胸襟，彰显了他以天下为重的英雄情怀。刘备不愧是一位真正的英雄。

实践证明，刘备托孤，也是英明之举。诸葛亮不负刘备所托，发挥出全部聪明才智，鞠躬尽瘁，殚精竭虑，使新生的蜀汉政权转危为安，随后，数次出兵，讨伐曹魏，为完成刘备的遗愿贡献了毕生心血。

诸葛亮拯救蜀汉

夷陵之战，蜀国遭到重创。刘备死后，蜀汉政权内忧外患，风雨飘摇。诸葛亮不负刘备重托，制定了安定内部、东和孙权、北拒曹魏的正确策略，经过几年努力，终于使蜀汉度过危机，逐渐富强起来，被后人称为“诸葛亮时代”。

《三国志》记载，刘备死后，刘禅果真按照刘备的嘱咐，像对待父亲一样对待诸葛亮，自己只当个挂名皇帝。刘禅封诸葛亮为武乡侯，兼任益州牧，让诸葛亮设立丞相府署，处理国家事务，政事无论大小，全都由诸葛亮决定。

然而，需要诸葛亮决定的事情，都是难题。他面对的，是内外交困，问题成堆。一是实力大减。夷陵之战，再加上之前关羽之败，蜀国损失兵力达十万以上，物资损耗不计其数，而且著名战将关羽、张飞、马超、黄忠等人均已离世，导致蜀国兵员锐减，国力空虚。二是内部叛乱。孙权占据荆州后，将居住在荆州的刘璋又抬了出来，任命他为益州刺史。刘璋父子毕竟治理益州二十多年，有一定根基，各地纷纷响应，其中南中地区七郡，全都发生了叛乱，诸葛亮却没有能力派兵平叛。成都也是政局不稳，人心惶惶。三是强敌在外。孙权这个昔日的盟友，如今成了仇敌。曹魏虽未发兵，对蜀汉也是虎视眈眈，他们都对蜀汉政权构成了严重威胁。

诸葛亮从战略大局考虑，首先想要修复与东吴的关系，但两国刚打了一场恶仗，要想重归于好，并非易事。诸葛亮选派了能言善辩的邓芝，主动出使东吴。孙权当时正与魏国交好，受魏封为吴王，对于是否与蜀国结盟，十分犹豫，故并未立即接见邓芝，把他晾在了一边。

邓芝便给孙权写信，讲了一通只有吴蜀联合，共拒曹魏，才能各自安全的道理。孙权也是一位政治家，自然懂得吴蜀联合的重要性，于是接见了邓芝，表示愿意与蜀和好，并派大臣张温回访蜀国。从此，两国友好相处，使者来往不断，再也没有发生过战争。

诸葛亮解除了东顾之忧，便专心治理益州之地。诸葛亮实行以法治国，强调立法公开、执法公平。益州在刘璋统治时期，长期法令废弛，诸葛亮针对这一弊端，主持制定了蜀国法典《蜀科》，还制定了各种科条律令数十则，依法治理，奖罚分明，很快实现了社会稳定。

诸葛亮重视发展经济，他认为只有国库充足，民众富裕，才能够巩固蜀汉政权，实现汉室复兴。因此，他采取了一系列发展经济的得力措施，实行军屯制度，鼓励农耕，开拓农田，兴修水利，减轻百姓赋税，使蜀国的经济得到恢复和发展。

诸葛亮严于治政治军，他加强廉政建设，对宫城规模、建制等都严格控制，对官员的行为有严格要求，并且自己以身作则，形成了廉政奉公、为官节俭、力戒奢华的良好氛围。诸葛亮着重从严治军，他从严明军纪和赏罚分明两个方面入手，整顿军纪，激发士气，提高部队战斗力。

诸葛亮在政治、经济、军事各方面采取的一系列措施，实际上在刘备占据益州之后，就开始实行了，有了一定的基础。如今，诸葛亮大权在握，推行起来力度更大，效果更好。

经过一段时间的精心治理，蜀汉政权走出了困境，初步实现了思想统一、社会稳定、经济发展、政治清明，而且有了一支数量可观、战斗力较强的军队。国力恢复之后，诸葛亮腰杆子硬起来，他就要出兵平叛了。

225 年，诸葛亮奏请皇帝刘禅批准，亲自率军平定叛乱，他第一个讨伐的对象，是永昌太守雍闿。雍闿是西汉雍齿的后代，属于地方豪族。刘备死后，雍闿举兵反叛，杀了太守正昂，并擒了益州太守张裔献给东吴，东吴任命雍闿为永昌太守。当时蜀国处境艰难，没有能力管他，雍闿便逍遥快活了两年。如今诸葛亮兵强马壮，没费多大力气，就平定了永昌，雍闿被部下所杀。

诸葛亮消灭雍闿之后，继续率军南征，目标直指南中地区。南中地区，在今四川西南部和云南、贵州一带，当时属于蜀汉的一部分。刘备死后，南中地区七个郡全部反叛，脱离了蜀国。当时蜀国没有力量平叛，如今国力大增，诸葛亮想要北伐曹魏，就必须先平定后方，解除后顾之忧。

裴松之在《三国志》补注中，引用《汉晋春秋》记载，说诸葛亮在征伐南中地区时，听说当地有个少数民族首领，名叫孟获，威望很高，便采用马谡攻心为上的计策，对孟获七擒七纵，最终使他心服口服，并借此收服了南中地区民心，直到诸葛亮去世，南中地区再也没有发生过叛乱。平定南中地区后，孟获随诸葛亮回到成都，担任了御史中丞。《三国演义》根据这个记载，描写了诸葛亮七擒孟获的精彩故事。

史学界对诸葛亮是否七擒孟获，有着不同的看法。不过，诸葛亮用了大半年时间，亲自率军平定了南中地区，并从南中地区获得大量物资，增强了国力，这是真实的。至于是几擒，并不是那么重要。

诸葛亮经过几年努力，巩固和加强了蜀汉政权，稳定了蜀国，积累了实力，便开始了长达七年的伐魏战争，试图完成刘备的遗愿和重托。实践证明，刘备托孤，是唯一正确的选择，如果没有诸葛亮，诞生不久的蜀汉政权，恐怕早就完蛋了。

诸葛亮为蜀汉政权的创立、稳固和发展，做出了无人能及的卓越贡献。诸葛亮不仅是蜀汉的第一功臣、擎天之柱，而且是蜀国后来一段时间的实际统治者，其功绩无与伦比。

那么，在刘备的阵营中，还有哪些重要的谋士和武将？他们都有哪些功绩呢？

庞统未授连环计

在《三国演义》中，诸葛亮被称为卧龙，庞统被称为凤雏，他是仅次于诸葛亮的智囊人物。在赤壁大战的时候，庞统巧授连环计，让曹操把战船连在一起，所以才被烧得精光。

然而，从史籍记载来看，庞统并未参加赤壁之战，更没有巧授连环计。不过，庞统确实是一位足智多谋的人物，他最大的功绩，是帮助刘备谋取了益州。

《三国志》记载，庞统，字士元，是荆州襄阳（今湖北襄阳）人。庞统年轻时朴实鲁钝，没有人能够认识他的才能。颍川人司马徽以善于识人而著称，庞统二十岁时去拜见他。当时，司马徽正在树上摘采桑叶，便让庞统坐在树下，两人从白天谈到夜晚。司马徽认为庞统是南州地区首屈一指的人物，庞统从此出了名。

裴松之在补注中，引用《襄阳记》记载说，襄阳有个叫庞德公的人，他称诸葛孔明为卧龙，称庞士元为凤雏。看来，卧龙、凤雏之说，也是有出处的。徐庶曾对刘备说过，卧龙凤雏，得一人可安天下。庞统喜欢交结名士，自称有辅佐帝王的才能。

庞统后来担任了本郡功曹，功曹是主要佐吏，掌管人事，负责考察官吏业绩。史籍没有记载庞统参加过赤壁之战，更无巧授连环计之事，只是记载说，周瑜死后，庞统作为周瑜的下属，护送周瑜灵柩回到吴县，使他的名声更加大了起来。

209 年，刘备占领了荆州，自领荆州牧，庞统主动投靠了刘备。刘备尚不知庞统的才能，只让他代理耒阳县令。庞统在县令任上，政绩不佳，被免职。《三国演义》为了表现庞统的才能，虚构了“耒阳县凤雏理事”，说他在半日之内，将县内百余日所积公务，全都办理完毕。

鲁肃给刘备写信说：“庞统不是百里县官之才，让他担任州府中的治中、别驾等职，才能施展他的才华。”诸葛亮也向刘备推荐庞统。于是，刘备接见了庞统，谈论一番后，觉得庞统确实是人才，任命他为治中从事。治中从事，属于刺史的高级佐官。后来，刘备对庞统越来越器重，其亲密程度，仅次于诸葛亮，在职务上，庞统与诸葛亮相同，都担任军师中郎将。

211年，刘备想要谋取益州，创立基业，但苦于没有理由和借口。正巧，益州牧刘璋派法正来请刘备，让刘备入蜀，去攻打汉中的张鲁。法正觉得刘璋暗弱，刘备才是明主，便密献计策，想让刘备借机谋取益州。庞统闻之大喜，认为这是天赐良机，力劝刘备迅速应邀入蜀。于是，刘备留诸葛亮、关羽等人镇守荆州，自己和庞统率步骑兵万余人进入益州。

刘璋亲自到涪县，热情欢迎刘备。庞统献计说：“趁刘璋不备，把他抓起来，这样可以免去大动干戈之劳，轻易取得益州。”刘备不同意，说：“初入他国，恩信未立，不能仓促而行。”刘备按照约定，从涪县继续北上，到达距汉中不远的葭萌。不过，刘备屯驻葭萌之后，并没有攻击张鲁，而是广施恩德，收买人心，积蓄力量，伺机南下谋取益州。

212年，刘备在葭萌驻军已有一年，刘璋见他并不按照约定攻击张鲁，心怀不满，再加上张松事发，两人闹翻了脸。刘备觉得，可以南下攻取益州了。

庞统为刘备献了上、中、下三条计策。上策是，挑选精兵，昼夜兼行，偷袭成都，可一战而定；中策是，佯装回荆州，诱杀白水关守将，然后挥师南下；下策是，退还荆州，日后再图益州。刘备采纳了中策，顺利攻占了白水关，然后大军南下，一路攻城拔寨，势如破竹，很快占领了涪县。

由于进兵顺利，刘备十分高兴，在涪县举行庆祝宴会，摆酒奏乐。刘备对庞统说：“今天真是令人欢乐啊。”庞统却说：“把占领别人的土地当作快乐，恐怕是不仁义吧。”刘备已经喝醉了，发怒说：“你这是什么话？周武王伐商纣，军队前歌后舞，难道不是仁者之师吗？”喝令让庞统出去。过了一会儿，刘备大概回过味来了，又把庞统请回来，两人相对大笑，继续开怀畅饮。

214年，刘备为了尽快占领益州，命关羽镇守荆州，让诸葛亮、张飞、赵云领兵入蜀，从东面攻击刘璋军队。刘备继续率军南下，包围了重镇雒城。雒城是成都北大门，由刘璋儿子据守，围了一年多才打下来。在围攻雒城的战斗中，庞统不幸被流矢射中，死于城下，时年三十六岁。

庞统过早离世，是刘备集团的一大损失，刘备深感痛心和惋惜。以后每次谈起庞统，刘备都止不住涕泪涟涟。刘备追赐庞统关内侯的爵位，加谥号为靖侯。刘备还拜庞统的父亲为议郎，后又升迁为谏议大夫。诸葛亮亲自为他拜官。

庞统虽然英年早逝，壮志未酬，但在乱世之中，得遇明主，一展才华，也算死得其所，可以瞑目了。

法正设计取汉中

法正，原先是刘璋的属下，后来投靠了刘备，成为刘备的重要谋士。法正也是足智多谋，《三国志》作者陈寿，称赞他可比曹操帐下的程昱和郭嘉。法正最大的功绩，是献出密策，帮助刘备谋取了益州，然后又设奇计，杀了夏侯渊，打败曹操，攻取了汉中。

《三国志》记载，法正，字孝直，是扶风郡郿县（今陕西眉县一带）人。东汉末年，天下大乱，法正和同郡人孟达等人，一起投奔益州的刘璋。但刘璋不会用人，看不出法正有才能，过了很久，法正才当了一个新都县令，后又被任命为军议校尉。法正怀才不遇，又遭人诽谤，心情十分郁闷。

益州别驾张松，却看出法正有才能，与他结成了好朋友。他俩常在一起，议论天下大事和天下英雄。他们都认为，刘璋暗弱无能，在这天下大乱之时，是难以保住益州的；而刘备，是天下英雄，可以辅佐其成就大业。张松几次向刘璋建议，去联络刘备，并推荐法正为使者。法正出使回来后，对张松大力赞扬刘备的宽厚仁义和雄才大略，两人都愿意拥戴刘备为主公。

后来，汉中的张鲁反叛刘璋，对益州构成威胁，曹操也想攻取汉中，刘璋十分担忧。张松趁机建议，把刘备请来，对付张鲁和曹操。刘璋同意了，派法正为使者，去荆州请刘备入蜀。

法正到了荆州以后，把与张松商量好的密谋告诉了刘备，刘备大喜，迅速领兵入蜀。从此，法正跟随刘备左右，为谋取益州出谋划策。

刘备大军南下，准备攻取成都。刘璋的部下建议，把沿途的百姓迁走，实行坚壁清野，使刘备军得不到给养，不战自溃。刘备听了这个消息，心里很忧虑，不敢进兵。法正说：“刘璋虽然无能，却还是个爱民的州牧，必不会采取这个计策。”果然，刘璋不愿意扰民，没有听从部下的建议，刘备便大胆进军，并获取了沿途大量物资。法正还给刘璋写信，劝其投降。在法正的帮助下，刘备顺利谋取了益州。

刘备得到益州后，任命法正为蜀郡太守、扬武将军，对他很倚重。法正有个缺点，就是睚眦必报，凡是过去对自己有一点好处的，都要报答；凡是过去与自己有一点小仇的，都要报复。法正掌握大权以后，擅自杀了几个过去诽谤他的人。有人报告了诸葛亮，诸葛亮却说：“过去主公受人压制，进退两难，是法正帮助他得到益州，摆脱困境，腾飞起来。所以，对法正要宽容一些。”

215 年，曹操亲率大军攻取汉中，降服了张鲁，然后留夏侯渊、张郃镇守，自己率主力部队返回了。法正对刘备说：“曹操一举攻占汉中，正可以乘胜攻取巴蜀，他却撤军回去了，一定是内部出了问题。夏侯渊、张郃的才能，不足以守住汉中，这正是上天赐给我们的好机会。”刘备认为法正说得很对，于是做好各种准备，不久便出兵争夺汉中。

刘备采用法正声东击西之计，在定军山一举击败夏侯渊军队，斩杀了曹魏名将夏侯渊。曹操匆忙领兵来救，但为时已晚。曹操得知这是法正的计策后，说：“我就知道刘备不具备这样的才能，果然是有人给他出了主意。”

在接下来的汉中争夺战中，尽管曹操在兵力上占有优势，但法正采取扼守险要、坚守不出的计策，使曹操无计可施。赵云在汉水之战中又获得胜利，截断了曹操粮道。曹军远离老巢，补给困难，难以持久，最终不得不撤军返回，刘备完全占据了汉中。

刘备得到汉中，当上了汉中王。法正被任命为尚书令、护军将军，正当他如鱼得水、大展宏图的时候，不幸得病死了，终年四十五岁。

法正病逝，是刘备集团的又一重大损失，刘备为此哭了好几天。刘备给法正加谥号为翼侯，并赐给他儿子关内侯的爵位。

诸葛亮对法正离世也深感悲伤，他俩虽然性格不同，但却能够以公事大义为重，同心协力辅佐刘备。诸葛亮总理后方政务，足兵足食；法正则随军征战，出谋划策，诸葛亮常常叹服法正的智谋很奇妙。他俩相互配合，取长补短，相得益彰，法正如果不死，诸葛亮可能不至于累得吐血。

刘备在夷陵大败之后，诸葛亮又想起了法正，感叹道："法正如果还活着，便能制止主上东征；即便不能制止，如果随军而行，一定不会如此惨败。"

法正虽然过早离世，但他"良禽择木而栖"，终于能够建功立业，名垂青史，也不枉活一生。

历史上并无“桃园三结义”

“桃园三结义”的故事，家喻户晓，流传广泛，影响深远。《三国演义》开篇第一回，就是写“宴桃园豪杰三结义”。在刘备阵营中，与刘备关系最为亲密的，莫过于关羽、张飞了，三人超过了君臣关系，简直成了一体。

然而，无论是《三国志》，还是其他史籍，都对“桃园三结义”没有记载。“桃园三结义”的故事，大概到了宋元时期，才开始在民间流传起来。

“桃园三结义”虽然是虚构的，但刘关张之间的手足之情，却是真实的。《三国志》说，刘备与关张二人，“寝则同床，恩若兄弟”。关张二人，一生追随刘备，不避艰险，在大庭广众的时候，他俩都是站在刘备身后，“侍立终日”。《三国志》还说，“关羽与备，义为君臣，恩犹父子”，“羽年长数岁，飞兄事之”。从史籍记载来看，他们的关系，确实不同寻常，是亲密无间的。

《三国志》记载，关羽，字原本叫长生，后改为云长，是河东郡解县（今山西运城）人。关羽早年犯事，逃亡到涿县，结识了刘备。黄巾起义爆发时，关羽与刘备、张飞一起从军，从此一生跟随刘备，生死与共。刘备与关张亲如兄弟，有时连睡觉都在一个床上。

200 年，在官渡之战前夕，曹操东征刘备，刘备兵败，关羽不得已投降了曹操。曹操十分器重关羽，任命他为偏将军，给予他特别优厚的待遇。但曹操通过观察关羽的神态，感觉他并没有长久留下来的意思，便让张辽去试探关羽。

关羽感叹地说：“我知道曹公待我甚厚，但我已受刘将军厚恩，誓以共死，不能背弃他，所以，我终究不会留在这里。不过，我一定要立功报答曹公，然后再离开。”曹操听了，十分佩服关羽的义气和坦荡胸怀。

不久，官渡之战爆发，曹操命张辽和关羽为先锋，去攻击袁绍的大将颜良。关羽远远望见颜良的旗帜和麾盖，便扬鞭催马冲入万军之中，一刀将颜良斩于马下，割下他的首级回来，袁绍手下诸将，无人敢挡。曹操大喜，立即上表封关羽为汉寿亭侯。

经过这一仗，关羽知道了刘备就在袁绍军中，便要离去。曹操舍不得，对关羽大加赏赐。关羽把这些赏赐全部封存留下，写信告辞，毅然去投奔刘备。曹操的部将想去追击，曹操说：“云长是天下义士，你们和他是各为其主，不要追了。”《三国演义》虚构了关羽过五关斩六将的故事，现实中虽然没有那么精彩，但照样能够表现出关羽的义薄云天。

关羽是刘备手下第一大将，勇冠三军，威震华夏。他跟随刘备南征北战，屡立战功。赤壁之战以后，关羽镇守荆州，独当一面。他水淹七军，大败曹仁，擒获于禁，斩杀庞德，使曹军闻风丧胆。不过，《三国演义》中表现关羽勇武的故事，像温酒斩华雄、三英战吕布、千里走单骑、义释曹操等，都是虚构的。

关云长单刀赴会，是有史籍记载的。《三国志》说，关羽在镇守荆州期间，与东吴发生摩擦。孙权要求刘备归还长沙、零陵、桂阳三郡，刘备不肯。当时鲁肃屯军益阳，与关羽对峙。鲁肃邀请关羽会见，双方将军只随身携带单刀相会。在会谈时，鲁肃要求归还三郡。没等关羽答话，关羽部下就严词拒绝。关羽佯装发怒，呵斥部下说：“这是国家大事，你懂什么？”然后，抓刀起身离去。事情虽然没有《三国演义》描写得那么惊险，却也是充满了危机。单刀赴会，表现了关羽大无畏的勇气。

关羽刮骨疗毒，也是有记载的。《三国志》说，关羽曾被曹军毒箭射伤左臂，每到阴天下雨的时候，就疼痛不止。医生说：“这是因为箭毒已经侵入骨头，必须剖开臂膀，刮去骨头上的毒，才能痊愈。”当时，关羽正与部将对坐宴饮，便伸出手臂，让医生治疗。

在治疗过程中，并无麻药止痛，关羽臂上鲜血淋漓，接血盘子都装满了，刀刮骨头哧哧作响，众人都惊恐木讷，关羽却像没事人一样，照常吃肉喝酒，谈笑自如。不过，为关羽治疗的，并不是名医华佗，而是其他医生。

关羽有个很大的缺点，就是刚愎自用。马超投奔刘备后，关羽给诸葛亮写信，问马超才能如何，能与谁相比？诸葛亮知道关羽不喜欢有人超过他，回信说："马超文武兼备，是一代豪杰，属于黥布、彭越一类人物，可以与张飞相比，但赶不上您美髯公那样的超逸绝伦啊。"诸葛亮给关羽戴了一顶高帽子，关羽果然十分高兴，把这封信拿给宾客看，到处炫耀。

刘备当了汉中王之后，任命关羽为前将军，假节钺。关羽很高兴，但听说老将黄忠也被任命为后将军，又发怒了，说："大丈夫怎么能与老兵为伍呢？"不肯接受任命，经过使者反复劝说，才接受下来。

关羽镇守荆州，北有曹操，东有孙权。他本来应该与孙权交好，共拒曹操，但关羽骄傲自大，自恃勇力，轻视孙权。孙权派出使者，请求娶关羽的女儿做儿媳妇，这是多好的和亲机会啊，而且按孙权的身份，并不辱没关羽，关羽应该是高攀。可是，关羽不仅拒绝了婚事，还辱骂使者。孙权知道后，非常愤怒。当然，关羽大概心里清楚，孙刘两家日后必会成为敌人，因而拒绝婚事，这是可以理解的，但方式方法欠妥。

219 年，孙权趁关羽发动襄樊战役之际，在背后偷袭关羽，关羽疏于防备，败走麦城，与儿子关平一同被害，终年六十一岁。

关羽忠义仁勇，在民间有着崇高的威望，人们称之为"武圣"，把关羽作为神来崇拜，特别是他对刘备至死不渝的情谊，更为人们所景仰。"桃园三结义"中的另一个人物张飞，也同样被人们所称道。

《三国志》对张飞的记载并不多，只有千字左右。张飞，字益德（也作翼德），涿县人，与刘备是同乡。刘备、关羽、张飞志同道合，亲如兄弟，一同从军，从此生死相依。

张飞勇猛过人，与关羽并称为"万人敌"。在当阳长坂坡之战中，刘备命张飞率二十名骑兵断后。张飞据守河边，拆断桥梁，圆瞪双眼，立马横矛，喝声如雷，大叫："我是张益德，谁敢与我决一死战？"曹军惊恐，全都不敢向前，刘备等人得以脱险。《三国演义》对此有精彩描写，大体符合史籍记载。

张飞粗中有细。在攻取益州的时候，张飞和诸葛亮率军溯江而上，分兵平定沿途郡县。张飞攻破江州，活捉了巴郡太守严颜。张飞让严颜投降，严颜说："你们无礼，侵夺我州。我州只有断头将军，没有投降将军。"张飞大怒，喝令推出斩首。严颜面不改色，视死如归。张飞佩服其忠义，释放了他，好言劝慰，把严颜作为宾客对待。严颜受到感动，愿意归顺，张飞因此一路顺利，很快到达成都，与刘备会师。《三国演义》对张飞义释严颜，也有精彩的描写。

在攻取汉中时，张飞大战张郃。张郃是曹魏名将，两军对峙五十多天，不分胜负。后来，张飞亲率一万精兵，从另外一条道路袭击，大败张郃，曹军死伤无数。张郃走投无路，只好弃马爬山，只带了十几人逃走。

《三国演义》第二回，写了"张翼德怒鞭督邮"，其实，那是刘备干的，罗贯中为了刻画张飞暴躁的性格，张冠李戴了。另外，张飞在葭萌关与马超大战，也是虚构的。

张飞也有一个很大的缺点，就是性格暴躁。张飞与关羽有一点正好相反，关羽对士大夫傲慢却善待士兵，而张飞尊敬士大夫却对下级粗暴。刘备经常告诫张飞说："你刑罚杀戮过分，又天天鞭打属下，这是取祸的做法啊。"可是，张飞就是难以改正。

221 年，刘备东伐孙权，要为关羽报仇，让张飞率军同行。临出发前，张飞的帐下将领张达、范疆，将张飞刺杀，割下他的首级，投降了东吴。

刘备、关羽、张飞三人，情同手足，恩若兄弟，在封建社会实属罕见，是君臣关系最好的典范，历代为人们所称赞。

"桃园三结义"的故事是虚构的，但这种重情重义的精神，是真实存在的，并且是历代社会都需要的。所以，"桃园三结义"的故事才流传至广、影响至深，一直到今天还产生着强大的正能量。

蜀国没有“五虎大将”

在刘备武将当中，关羽、张飞、赵云、马超、黄忠五人，以英勇善战、犹如猛虎著称。《三国演义》说，刘备当了汉中王之后，封关、张、赵、马、黄为“五虎大将”，从此，五虎大将的威名，便传遍天下。

然而，从《三国志》和其他史籍来看，历史上并没有五虎大将的官名，也没有这方面的记载。事实是，刘备当了汉中王之后，封关羽为前将军、张飞为右将军、马超为左将军、黄忠为后将军、赵云为翊军将军，这是他们的正式官职。

汉朝武将的官职，名目繁多，一般来说，最高级别的是大将军，位于丞相之上；其次是车骑将军、骠骑将军和卫将军，位比三公；再次是前、右、左、后将军以及四征、四镇将军等。另外，由于战争不断，立军功者很多，授予武将官职的难度加大，所以，常常在“将军”前冠以某个名号，作为他的官职，这些统被称为“杂号将军”，如平寇将军、奋威将军、忠义将军等，难以计数。有的时候，“杂号将军”的地位并不低，关羽就当过荡寇将军。

刘备在封武将官职的时候，只是汉中王，还不是皇帝，因而只能封前、右、左、后将军等。刘备当了皇帝之后，就封张飞为车骑将军，马超为骠骑将军，提升了等级。赵云当时被封为翊军将军，有人认为他的官职不高，但也有人认为，在那个官职混乱的年代，并不能表明他的地位低。《三国志》作者陈寿，就是把赵云与关、张、马、黄放在一起，并排立传的。

在五位将军中，关羽、张飞与刘备亲如兄弟，功勋卓著，而马超、黄忠、赵云三人，也是对刘备忠心耿耿，屡建功勋。

《三国志》记载，马超，字孟起，是扶风茂陵（今陕西兴平一带）人。裴松之引用《典略》记载，说马超是东汉名将马援的后代。

马超的父亲叫马腾，年轻时家里贫穷，他母亲是羌女。马腾参加过叛军，对抗汉朝，后与李傕、郭汜是一伙，危害朝廷。军阀混战时，马腾与韩遂结为异姓兄弟，割据凉州一带。曹操征伐河北期间，马腾助曹破袁有功，曹操上表封马腾为卫尉。马腾将部队交给儿子马超统领，自己入朝做官。后来，因马超起兵，马腾被曹操诛杀，并夷三族。在《三国演义》中，马腾被写成汉朝忠臣，参与讨董战争和“衣带诏”阴谋，其实并不符合史实。

马超起兵反曹，曹操亲率大军征讨，采用离间计，使马超与韩遂反目成仇。最终，马超兵败，投奔汉中张鲁。马超见张鲁成不了大事，又归降了刘备。

当时，刘备正在围攻成都，听说马超来降，十分高兴，对众人说：“拿下成都不成问题了。”刘备让马超率众直接到成都城下，屯驻在城北。因马超骁勇善战，威名远扬，成都人都很惊恐，不到十天，就开城投降了。刘备封马超为平西将军。

在攻取汉中的时候，马超为刘备立了大功。马超在羌氐中很有威望，他奶奶就是羌族人。马超利用这个优势，策动羌氐七部万余人响应刘备，牵制了曹军主力，对夺取汉中起到了至关重要的作用。马超武艺高强，作战凶悍，打得曹军闻风丧胆。刘备当了汉王中之后，封马超为左将军、假节，待遇与张飞相同。

马超对刘备十分忠心。治州从事彭羕，心大志广，嚣张自矜，因不被刘备重用，心生不满，鼓动马超反叛。彭羕对马超说：“您在外，我做内应，天下不难平定。”马超吃了一惊，立即报告了刘备。彭羕被逮捕囚禁，后被处死。

马超跟随刘备，只有七年时间，立功也不是很多，但马超名气大、威望高，又与曹操有深仇大恨，因而深受刘备器重。刘备称帝后，封马超为骠骑将军，领凉州牧，晋封斄乡侯。

222 年，马超患了重病，给刘备写信说：“臣宗族门下二百口人，被曹操诛杀殆尽，只剩下从弟马岱，如今把他托付给您。”不久，马超病逝，年仅四十七岁。马岱后来成为诸葛亮帐下得力战将，在北伐中屡立战功。

对后将军黄忠，《三国志》记载十分简略，只有三百字左右。黄忠，字汉升，是南阳人，曾任荆州牧刘表的中郎将，率军驻守长沙攸县。曹操降服荆州后，让黄忠代理裨将军，仍在长沙郡仕官，归长沙太守韩玄统属。赤壁之战后，韩玄带领黄忠等人归降了刘备。

《三国演义》说，韩玄“平生性急，轻于杀戮，众皆恶之”。关羽率五百校刀手，攻取长沙，与黄忠大战。韩玄猜忌黄忠，被魏延所杀，黄忠和魏延一块儿投降了刘备，这是与史籍记载不相符的。韩玄没有被杀，而是归降了刘备，并且继续担任长沙太守。关羽也没有打长沙，更没有“义释黄汉升”之事。

黄忠归降刘备后，随刘备入蜀，谋取益州。黄忠不顾年老，常常身先士卒，冲锋在前，不惧生死，立有大功。益州平定后，刘备任命黄忠为讨虏将军。

在攻取汉中时，黄忠老当益壮，上阵杀敌。在定军山之战中，黄忠奉命率军攻击夏侯渊。黄忠鼓励士兵，自己奋勇当先，战鼓震天，杀声动地，一战大败曹军，斩杀了曹军主将夏侯渊，黄忠从此天下闻名。

刘备十分欣赏黄忠，他当了汉中王之后，想封黄忠为后将军。诸葛亮说：“黄忠虽然有功，但其名望，不能与关张马相比。马超、张飞在这里，亲眼见到黄忠的功劳，可能不会说什么；关羽在远处，一定会心中不服的。”刘备说：“我会劝解关羽的。”于是，黄忠便与关羽等人的职位相同，并赐爵位关内侯。

黄忠被封为后将军的第二年，就去世了。史籍没有记载他的年龄，不知道他终年多少，应该是年龄不小了。

《三国志》对赵云的记载也不多，只有四百多字。不过，裴松之在《三国志》补注中，引用了《云别传》的记载，字数却不少，有一千四百多字，足足比正文多三倍以上。

《云别传》是一部专门记载赵云生平的书籍，因陈寿在撰写《三国志》时，已经有了《赵云传》，所以裴松之在补注中，称为《云别传》。《云别传》作者不详，原书已失传，部分内容仅留存在裴松之的补注中。《云别传》记载了赵云许多生平事迹，使赵云的形象更加饱满，而且对于历史研究，也有很重要的意义。学术界一般对《云别传》比较认可，也有学者提出过质疑。

《三国志》记载，赵云，字子龙，是常山真定（今河北正定）人，身高八尺，姿颜雄伟，而且明辨事理，智勇双全。

赵云原本是冀州人，冀州属于袁绍的地盘，赵云却没有投靠袁绍，反而投奔了幽州的公孙瓒。《云别传》记载说，公孙瓒感到奇怪，问赵云："听说冀州人都想依附袁绍，怎么唯独你迷途知返呢？"赵云回答得很得体，说："天下大乱，百姓有倒悬之危，不知道谁是明主。我们要追随的，是能够实施仁政的地方，并不是故意疏远袁将军而偏向您。"

刘备与公孙瓒是同学，此时也投靠了公孙瓒。刘备与赵云彼此欣赏，交情深厚。曹操攻打徐州时，陶谦向盟友公孙瓒求援，公孙瓒派刘备跟随田楷去救徐州，赵云随从，为刘备主管骑兵。以后，赵云成为刘备帐下得力战将。

刘备对赵云十分亲热，与关羽、张飞一样，也是"同床眠卧"。赵云对刘备忠心耿耿，办事牢靠。刘备在归附袁绍期间，秘密派遣赵云招募士兵数百名，袁绍却没有察觉。有一次，刘备与曹操作战失利，部队溃散。有人报告刘备，说看见赵云北去投降了曹操。刘备很自信地说："子龙是不会背弃我的。"

赵云做出的突出贡献，是两次救了幼主刘禅。一次是在著名的长坂坡之战中，刘备丢弃妻子儿女逃走，赵云却怀抱刘禅，保护着刘禅的母亲甘夫人，杀出重围，使他们免于灾难。《三国演义》说只救出了刘禅，实际上甘夫人也被赵云救了。另一次是孙刘交恶，孙权派船把孙夫人接回，孙夫人趁机把刘禅一并带走。赵云和张飞听说后，急速追赶，截住东吴船队，救回了刘禅。

赵云不仅骁勇善战，而且很有政治头脑。刘备取得益州后，有人建议，将成都城内房宅和城外良田分给诸将，以示奖励。赵云不同意，说：“霍去病曾经说过，匈奴未灭，何以家为？现在天下未定，还不到置办家产的时候。我们刚刚取得益州，当务之急，是得到民心，应该将房产田地归还给百姓。”刘备当即采纳了赵云的意见。

民间广泛流传，“赵子龙浑身都是胆”。据《云别传》记载，赵云的这个美誉，出自“汉水之战”。

219年，夏侯渊被杀后，曹操亲率大军来夺汉中，刘备据守险要，坚守不出。赵云、黄忠、张翼等驻扎北山，曹操运粮车队从不远处经过，黄忠见有机可乘，便与赵云约定好时间，前去劫粮。

到了约定的时间，仍不见黄忠回来，赵云十分担心，便让张翼守营，自己仅带几十名骑兵外出寻找，不料，正好遇上曹操大军。曹军见赵云兵少，嗷嗷乱叫，蜂拥而上。面对强敌，赵云并不畏惧，而是大显神威，奋力拼杀，将曹军冲散，突围而出。赵云突出重围后，见部下张著受伤，仍在曹军包围圈中，便返身杀回，驰马再次冲击曹军，把张著救了出去。曹军见赵云神勇，不敢靠近，却也不撤走，在后面紧追不放，一直追到赵云军营寨前。

守卫军营的张翼，见曹军大队人马杀到，自己营中兵少，便想闭门拒守。赵云进入军营后，却下令大开营门，偃旗息鼓。曹军见状，心生疑惑，不敢贸然进攻。僵持一段时间后，突然，赵云一声令下，擂响战鼓，号角齐鸣，营中士兵高声呐喊，奋力杀出。曹军惊骇，纷纷后退，阵脚大乱，自相践踏。赵云一马当先，率军掩杀，把曹军追至汉水边，大批曹军士兵坠入汉水，淹死者不计其数。后来，赵云又率军袭击了曹操的粮草，使曹操不得不放弃汉中，撤军返回。

汉水之战，虽然是一次局部战斗，却对汉中战争全局影响很大。后世有的学者认为，曹操这次争夺汉中，实际上是被赵云打败的。特别是，赵云开始处于不利状态，但他临危不乱，有勇有谋，抓住时机，一举扭转战局，表现出非凡的大将风范。

汉水之战，其实是十分凶险的。战后，刘备询问了战斗经过，察看了战场，大为吃惊，不由得感叹道：“子龙一身都是胆啊！”三军将士，无不佩服，纷纷夸赞赵云是“虎威将军”。

赵云是蜀国名将中少有的两朝元老，刘禅继位后，任命赵云为中护军、征南将军，后迁为镇东将军，封为永昌亭侯。此后，赵云跟随诸葛亮出征北伐，再立新功。

229年，赵云寿终正寝，被追谥为顺平侯。史籍没有记载赵云死时的年龄，应该是年龄很大了。

“五虎大将”虽然不是正式官职，但人们公认他们是虎将，在民间有广泛影响，在人们心中有崇高地位，受到人们敬仰和崇拜。这表明，当什么官职，并不重要，重要的是，看你做了些什么。

孙坚打出赫赫威名

东吴政权的奠基人，是孙坚。孙坚与曹操、刘备一样，也是一位胸怀天下的英雄。他勇猛刚毅，在乱世之中打出了赫赫威名，为建立东吴政权奠定了基础。可惜，孙坚壮志未酬，过早离世，而值得庆幸的是，他的儿子们都很争气，继承和光大了他的事业。

《三国志》记载，孙坚，字文台，是吴郡富春（今浙江富阳）人，出身低微，据说是大军事家孙武的后代，但不能确定。

孙坚仪表不凡，性情豁达，胆量过人，孔武有力。他十七岁那年，与父亲一起乘船去钱塘，在半路上，碰上一伙海盗，抢了商人财物，正在岸边分赃。见此情景，路人都吓得止步不前，过往的船只，也不敢向前行驶。孙坚却毫无惧色，跃跃欲试，想去攻击海盗。父亲赶紧制止他，说："这不是你该管的事！再说，他们人多，你对付不了。"

孙坚不听，拔刀上岸。他一边跑，一边高喊，用手左右指挥着，好像部署人马包抄似的。海盗见了，大吃一惊，扔下财物，四散而逃。孙坚不舍，在后面急追，追上一个，一刀杀了，砍下他的脑袋回来。众人看得呆了，纷纷夸赞孙坚英勇，孙坚从此名声大振。

郡府听说了孙坚的事迹，征召他为代理县尉。东汉末年，天下动荡，各地起义不断。有个叫许昌的人，聚众上万，起兵造反，自称阳明皇帝。孙坚招募了一千多名勇士，与州郡的军队合力讨伐，平息了叛乱。孙坚有功，被任命为盐渎县丞，后来又转任盱眙县丞和下邳县丞。

孙坚从十七岁开始，在十年时间里，当过县尉和三个县的县丞，所到之处，颇有名声。孙坚尽职尽责，亲近百姓，结交侠士，对待青少年像子弟亲友一样，很多年轻人愿意追随他。由于朝廷昏暗，孙坚的职务长期得不到升迁，但能够广泛接触基层百姓，这为他日后起事，创造了有利条件。

184年，黄巾起义，天下大乱。那一年，孙坚三十岁，正值年富力强。孙坚觉得，在乱世之中，正是英雄大显身手的好机会。于是，他召集下邳等地的青少年，又在淮水、泗水一带招募勇士，共有一千多人，一起投军，加入了中郎将朱儁的队伍，去讨伐黄巾军。

孙坚作战勇猛，常常置生死于度外。有一次，朝廷军队大败黄巾军，孙坚乘胜追赶，把部下都抛到后边，只有他单骑深入。由于寡不敌众，孙坚受伤坠马，他趁势一滚，卧于草中，昏迷过去。部下找不见他，十分着急。忽然，孙坚的战马跑回军营，踣地呼鸣，好像求救一般。士兵们赶紧跟着马去找，在草丛中把孙坚救了回来。孙坚在营中疗伤十几天，伤未痊愈，又跨马奔赴战场。

孙坚爱护士兵，待手下如兄弟，士兵都愿意拼死效力，所以，孙坚的部队，战斗力很强，常常独当一面。汝水、颍水一带的黄巾军，被打得走投无路，躲进宛城固守。宛城城坚墙厚，朝廷军队多次攻打，不能攻克。孙坚率部赶到，他身先士卒，不避矢石，第一个登上城墙，手下将士奋勇跟进，一举攻占了宛城，孙坚名气大盛。朱儁把孙坚的战功奏报给朝廷，朝廷任命孙坚为别部司马。

在镇压黄巾起义中，孙坚不仅立下战功，获得官职，打出了威名，而且还得到一批能征善战的将领，像东吴著名将领程普、黄盖、韩当、陈武等人，大都是这个时候跟随孙坚的。这些人不仅勇猛过人，而且始终对孙坚、孙策、孙权父子忠心耿耿。

186年，凉州发生叛乱，朝廷派董卓去平叛，未能奏效。朝廷又派司空张温，再次率军平叛。张温久闻孙坚大名，奏请调孙坚军队一同前往。

张温率部驻扎长安，用皇帝诏书的名义召见董卓，但董卓却拖延时间，并且态度傲慢，出言不逊。孙坚见董卓藐视皇威，桀骜不驯，觉得日后必为祸患，力劝张温诛杀董卓。张温优柔寡断，没有同意。

张温大军平息了叛乱，孙坚因功升为朝廷议郎。

187年，长沙人区星聚众起义，周朝、郭石等人也在零陵、桂阳两郡造反，与区星遥相呼应，声势浩大。朝廷任命孙坚为长沙太守，率军前往剿灭。孙坚带领他的那支劲旅，只用一个月时间，就灭了区星，平定了长沙。消息传来，朝野震服。

孙坚剿灭了区星，就想乘胜讨伐周朝和郭石。有人劝阻说："那不是长沙的地盘，不能越界征讨。"孙坚说："我孙坚没有什么文德，只知道杀敌立功。越界征讨，是为了保国安民，如果以此获罪，我无愧于天下。"于是，毅然率军出战，很快又平定了零陵、桂阳两郡。朝廷为奖励孙坚的战功，封他为乌程侯。

189年，董卓入京，祸乱朝廷。孙坚闻知，长叹道："当年张温如果听了我的话，朝廷哪会有这场浩劫啊！"不久，各路诸侯组成联军，公推袁绍为盟主，讨伐董卓。孙坚欣然响应，从长沙起兵，进军洛阳。

此时，孙坚军队已有数万之众，兵强马壮，但耗费军资也十分庞大。于是，孙坚向沿途州郡下发公文，要求提供粮食和军用物资。按理说，孙坚只是一个郡守，是没有这个权力的，所以，荆州刺史王睿和南阳太守张咨，都不予理睬。孙坚大怒，将他们斩首示众。

南阳太守与孙坚平级，荆州刺史则是孙坚的上司，孙坚这么做，是属于擅杀大臣和以下犯上，可是，在那个混乱的年代，谁的拳头硬，谁就是老大，谁也不能奈何孙坚。孙坚这一手，却十分见效，地方官吏再也不敢怠慢了，总是有求必应。

孙坚率军南下，一路顺利，很快到达鲁阳（今河南鲁山一带），见到了袁术。袁术是朝廷重臣，当过河南尹、虎贲中郎将、后将军，官职比孙坚大得多，其家族又是四世三公，声望很高，孙坚便依附了他。袁术表奏朝廷，封孙坚代理破虏将军，兼任豫州刺史。袁术与孙坚约定，孙坚领军出征，他负责粮草补给。

董卓听说孙坚兵马来到，立即命胡轸率步骑兵数万人来打。孙坚没有得到消息，当时正在城东门外设置帐幔，为一名官员饯行。忽然，胡轸的几十名轻骑兵出现了，众人大惊。孙坚临危不乱，下令不得轻举妄动，照常行酒谈笑，像没事一样。敌军的轻骑兵心中狐疑，没敢攻击，原地等待后续部队。过了一会儿，敌军骑兵越来越多，孙坚这才缓缓离席，与众官员不慌不忙地进入城中。敌军见孙坚若无其事，疑有埋伏，仍然没敢行动。

进入城中，孙坚擦了把冷汗，对众人说："敌军骤至，我没有马上起身进城，是怕仓促之间，乱了阵脚，自相践踏，那样，敌人乘乱攻击，我们就都当俘虏了。"胡轸大队人马赶到，见孙坚队列整齐，严阵以待，不敢贸然攻城，撤兵回去了。

《三国演义》中，描写诸葛亮摆了个空城计，那是虚构的，而孙坚的这个空城计，却是有史籍记载的，表现了孙坚善于用兵的胆略和才能，颇有"兵圣"孙武之风。

当然，世界上没有常胜将军，孙坚也有打败仗的时候。有一次，孙坚的军队，被董卓大将徐荣包围。徐荣是个优秀将领，曹操也曾败于他的手下，并不是像《三国演义》中说的那样，是个被夏侯惇斩于马下的三流将军。徐荣带领的西凉兵十分凶悍，孙坚军队溃败，孙坚只带十几名骑兵突围逃走。孙坚头戴红色头巾，此时摘下头巾，让部将祖茂戴上，祖茂把敌兵引开，孙坚才得以逃脱。

孙坚打了败仗，并不气馁，而是重整军队，总结教训，继续战斗。在孙坚与董卓军队鏖战之时，蛰伏在洛阳以东的十几路讨董联军，没有一路配合作战，都是各怀鬼胎，观望不前，只有兵马最少的曹操去打了一仗，也被徐荣打败。后来，孙坚大败董卓军队，斩杀了董卓的都督华雄，军威大振。

孙坚取得大捷，即将兵指洛阳。有人向袁术进谗言，说："孙坚如果打败董卓，占据洛阳，将难以制约，岂不是驱逐一狼，又来一虎？"袁术听从了，停止了对孙坚的粮草供应。孙坚大急，连夜驰马一百多里，到鲁阳去见袁术。孙坚大义凛然，陈述利害，袁术局促不安，只好又给孙坚调拨军粮。

董卓见孙坚英勇无敌，很是忌惮，派人向孙坚求和，许以高官厚禄，还想与孙坚联姻，却被孙坚痛骂一顿，严词拒绝。孙坚催动大军，攻击前进，离洛阳只有九十里地了。

董卓的老巢和势力范围，都在西部，于是火烧洛阳，驱赶百姓，迁都长安，并派重兵拒守入关要道。孙坚兵进洛阳，洛阳已是一座残破的空城。孙坚扑灭城中余火，填平被董卓挖开的帝王陵墓，然后，带领部队返回鲁阳。

《三国演义》说，孙坚在洛阳城中，意外发现传国玉玺，遂起称帝之心，于是私藏玉玺，背约而走，为此还与袁绍、刘表结下仇怨，这是与史实不符的。发现玉玺，是有记载，但见玉玺而起称帝之心，却不可能。因为在那个战乱年代，凭的是实力，没有实力，十个玉玺也不顶用，何况当时孙坚并没有当皇帝的想法。

裴松之在《三国志》补注中，引用《吴书》记载，说孙坚入洛阳，清扫汉宗庙，祠以太牢。军士见一井中有五色气，孙坚令人下井打捞，获得汉传国玉玺。这是皇宫动乱时，掌玺者投入井中的。《山阳公载记》说，袁术将僭号，听说孙坚得到汉传国玺，就扣押了孙坚夫人，夺去玉玺，袁术倒有当皇帝的野心。

联军之所以相互观望，谁都不肯向前，目的是为了保存实力，以便日后争夺地盘。董卓西迁，他们很快就像狗抢骨头似的，相互撕咬起来。袁绍、曹操、刘表结成联盟，袁术、陶谦、公孙瓒勾结在一起，你争我夺，打得不可开交，孙坚仍然依附袁术。

192 年，袁术为夺取荆州地盘，命孙坚攻打刘表。刘表派手下大将黄祖率军迎敌。孙坚在樊县和邓县之间，大败黄祖，乘胜追击，渡过汉水，包围了襄阳。孙坚节节胜利，锐不可当，心情愉悦，单枪匹马出行，巡视岘山，却不料被黄祖的士兵用箭射死，时年三十七岁。

孙坚死后，他哥哥的儿子孙贲，带领部队投靠了袁术。袁术上表朝廷，奏请孙贲为豫州刺史。

孙坚有四个儿子：长子孙策，当时十七岁；次子孙权，当时九岁；三子孙翊和四子孙匡，都还幼小。有的史书说，孙坚另外还有一个庶生儿子，叫孙朗。

陈寿在《三国志》中评价说，孙坚勇猛刚毅，以卑微低贱的地位起家，劝导张温杀掉董卓，填平被挖开的帝陵，有忠诚壮烈的节操，然而却轻佻急躁，以致丧身而事败。

笔者认为，孙坚的志向，是匡扶天下，建功立业，是乱世之英雄。他虽然没有为儿子们留下多大的地盘和雄厚的实力，却依靠自己的勇猛善战，打出了赫赫威名。名气，毕竟也是资本，是创立基业不可缺少的条件。

孙策开创江东基业

江东基业的开创者，是孙策。孙策和他父亲一样，也是勇猛盖世，他凭着自己的力量，仅用六七年时间，就打出江东一片天地。正当孙策大展宏图的时候，却不幸遇刺身亡，留下无限遗憾。

《三国志》记载，孙策，字伯符，容貌俊美，性情豁达，喜欢说笑，乐于助人，广泛结交士大夫，与周瑜是好朋友。孙坚举兵之时，孙策陪着母亲移居舒县，并未随父征战。

孙坚战死后，孙策异常悲愤，他决心继承父亲遗志，在乱世中开创自己的事业。孙策把父亲的灵柩运回，安葬在曲阿（今江苏丹阳一带），守孝结束后，去投奔舅舅吴景。吴景当时任丹阳太守，孙策利用这个关系，招募了士众数百人，开始了艰难的创业。

194年，孙策带领数百名士众，去投奔袁术。袁术见孙策少年英雄，十分喜欢，就在孙坚旧部中，拨了千余名士兵，由孙策统领。袁术的大将桥蕤、张勋等人，都很欣赏孙策。袁术也常常叹息说："我袁术如果能有这样的儿子，就死而无憾了。"

袁术虽然喜欢孙策，却不会用他，更不知道笼络。袁术不讲信用，反复无常，起初向孙策许诺说，等孙策立下战功，就让他当九江太守，过后却任用自己的亲信陈纪担任了此职，孙策很不高兴。后来，袁术让孙策率兵攻打庐江，又许诺说："打下庐江，你就当太守。"孙策很高兴，很快攻占了庐江。不料，袁术再一次食言，任用自己的老部下刘勋，去做了庐江太守。孙策十分失望，心生怨恨。袁术如此不守信用，难怪他成不了大事。

孙策见袁术言而无信，在他手下难有作为，便想独自去开创事业。当初，袁术打败了新任扬州刺史刘繇，占领了扬州。刘繇渡江南下，驱逐了吴景、孙贲，在曲阿设立了治所，并派兵驻扎当利口，与袁术对抗。袁术任用老部下惠衢为扬州刺史，以吴景为督军中郎将，和孙贲一起领兵，攻打刘繇军队，却没有什么进展。

孙策见这是个机会，便对袁术说："我愿意帮助舅舅，去征伐刘繇，等平定了江东，您的大业就可以成功了。"袁术同意了，任命孙策代理殄寇将军，出征江东，但只给了他一千多名士兵、几十匹战马。宾客自愿跟随孙策的，有数百人。孙坚过去的老部下，像程普、黄盖、韩当等人，都投奔到孙策帐下。孙策率领这支人数不多的部队，渡过长江，毅然开创江东基业去了。

江东，是指今江苏、浙江、安徽三省长江以南地区，因长江在芜湖、南京之间向东北斜流，所以，古代的时候，人们把这一段长江两岸，称为江东和江西。当时，江东有吴郡、会稽郡、丹阳郡、豫章郡、庐陵郡、庐江郡六个郡，一百多个县，面积大体和荆州差不多。

195 年，孙策出兵江东，一路上招兵买马，部队很快发展到五六千人。孙策治军严整，军纪严明，爱护百姓，受到民众拥护。孙策善于用人，体恤士兵，乐于听取别人意见，将士都愿意以死效力，因而，孙策部队战斗力很强。不久，孙策的好朋友周瑜前来相助，孙策更是如虎添翼。

孙策渡江后，主要的对手是刘繇。刘繇是原兖州刺史刘岱的弟弟，今山东牟平人，属皇族后裔。朝廷任命刘繇为扬州刺史，但扬州治所寿春已被袁术所占，刘繇便把治所设在曲阿。刘繇能力平平，又是文官，根本不是孙策和周瑜的对手，时间不长，就被打得一败再败。最后，刘繇逃到豫章，不久病死。

孙策安葬了刘繇遗体，善待他的家属，此举大得人心。刘繇的长子刘基，后来成为吴国大臣，并与孙权结成儿女亲家。

刘繇在与孙策征战期间，他有个老乡，叫太史慈，前来投奔。太史慈武艺高强，智勇双全，有人建议说，可以任命太史慈为大将军，以抵御孙策。刘繇很迂腐，说："我如果重用老乡，会让别人说闲话的。"刘繇只让太史慈充当侦察兵，去侦察孙策军队虚实。

有一次，太史慈带领一名骑兵，外出侦察敌情，恰巧遇上孙策。孙策带的人也不多，只有黄盖、韩当等十三人。孙策和太史慈都是年轻气盛，雄姿英发，当即单打独斗起来。

孙策刺中了太史慈的坐骑，并夺走他的手戟，太史慈则抢去了孙策的头盔，两人打得难解难分，直到两家步骑兵赶到，才各自回营。经此一战，孙策与太史慈彼此欣赏。《三国演义》根据这个记载，编写了“太史慈酣斗小霸王”，十分精彩。

后来，太史慈被俘，孙策亲自为他松绑，太史慈便归顺了孙策。刘繇病死后，他的部属一万多人没有归宿，孙策让太史慈去招抚他们。有人说：“太史慈一去，肯定不会回来了。”孙策很自信地说：“太史慈除了跟从我，还能再去追随谁呢?”果然，太史慈如期率众返回。《三国演义》将孙策的话，改为：“太史慈乃信义之士，必不负我。”这就不如正史中的记载，能够显示出孙策的自信和豪放。

孙策打败刘繇后，兵力大增，他让周瑜去镇守丹阳，自己率军攻打吴郡。吴郡太守许贡抵挡不住，逃走依附了山贼严白虎。严白虎是当地土匪头子，聚众一万多人，到处流窜。严白虎部队是乌合之众，不是孙策军队对手。孙策一举击败严白虎，杀了许贡，占据了吴郡。

196 年，孙策兵指会稽郡。当时的会稽太守王朗，是鼎鼎大名的人物。王朗博学多才，被称为东汉经学大家。可惜，在战乱年代，他的那套经学，根本用不上。王朗被孙策打得大败而逃，在逃跑途中，又被孙策军队抓获。孙策敬重王朗，不加伤害，并派张昭劝他归降。

王朗很有文人骨气，不愿与武夫为伍，坚决不肯。后来，王朗归附了曹魏，官至司徒。《三国演义》中，有诸葛亮骂死王朗的故事，那纯属虚构。

孙策兵进江东，攻城略地，一路凯歌，所向无敌，威名大振，号称小霸王。打败刘繇，攻占吴郡、会稽郡之后，其他郡守闻风而逃，江东之地，大都落入孙策之手。孙策任命舅舅吴景为丹阳太守，堂兄孙贲为豫章太守，堂弟孙辅为庐陵太守，亲信朱治为吴郡太守，自己兼任会稽太守，张昭、张纮等人为主要谋士。此时，孙策身边，聚集了一批谋士武将，有了一大块地盘。

197 年，袁术不顾众人反对，僭越称帝。孙策立即写信斥责，与他绝交。199 年，袁术死后，袁术的长史杨弘、大将张勋等人，商议率部投靠孙策，庐江太守刘勋不同意，带兵阻拦。孙策得知后，立即率领轻骑兵，昼夜兼程，奇袭庐江。孙策兵马一到，庐江军民全都归降，只有刘勋带领少数人，北上投奔曹操去了。孙策任命李术为庐江太守。至此，孙策全部占据了江东，开创了自己的基业。

孙策有了势力，自然要报杀父之仇。199 年十二月，孙策率军攻打黄祖，荆州牧刘表派兵增援。孙策报仇心切，身先士卒，杀死荆州军两万多人，缴获战船六千余艘。黄祖只身逃走，其妻妾子女七人被俘获。此后，江东与荆州结怨更深。

曹操见孙策势力大盛，自己正在与袁绍为敌，便想拉拢孙策，于是表奏朝廷，任命孙策为讨逆将军，封为吴侯。曹操还把他弟弟的女儿，许配给孙策的弟弟孙匡，又为儿子曹彰提亲，娶了孙贲的女儿，两家结为姻亲。

孙策对于曹操的笼络，似乎并不领情。在曹操与袁绍对峙官渡的关键时刻，孙策暗中策划，想袭击许都，打算把汉献帝接到他的地盘来，孙策大概也想“挟天子以令诸侯”。孙策秘密整饬军队，安排将领，准备出兵，不料，就在这时，孙策被人刺杀了。

刺杀孙策的，是原吴郡太守许贡的门客。许贡死后，许贡的儿子和门客躲藏起来，他们发誓要为许贡报仇。有一天，孙策独自骑马外出，突然与许贡的门客相遇，双方打了起来。孙策寡不敌众，身受重伤，到了夜间，就去世了，当时只有二十六岁。

陈寿在《三国志》中评价说，孙策英气豪迈，超群绝伦，延揽奇才异能之士，志在攻取华夏。然而，他与父亲一样，处事轻率，以致身丧事败。

笔者认为，孙策也是一位乱世当中的英雄，他依靠自己的英勇善战和广揽人才，开创了一片新天地。孙策的志向和贡献，要比他父亲大。毕竟，在乱世之中，地盘，才是最重要的资源。

孙权继位哭泣不止

东吴事业的继承和发展者，是孙权。孙权和父亲孙坚、哥哥孙策不同，他没有经历过浴血奋战，就承袭了江东大片土地，似乎是坐享其成。然而，孙权继位的时候，却不是满心欢喜，而是异常悲痛，哭泣不止。这固然有丧兄之痛的原因，但更多的，则是忧虑和压力所致。

《三国志》记载，孙权，字仲谋，182 年生，比曹操小二十八岁，比刘备小二十二岁。孙权幼年时，与母亲、哥哥一起，在舒县居住。孙权曾被郡守举为孝廉，被州牧举为茂才，可见十分优秀。孙策平定江东后，让孙权当阳羡县县长，那一年，他只有十五岁。

孙权性度弘朗，仁而多断，好侠养士，逐渐有了名气。他常随孙策左右，参与计谋，经常有自己独到的见解。孙策对他的才能感到惊讶，悉心培养。在宴请宾客时，孙策常常回头对孙权说："这些人，以后都会是你的手下。"孙权会意，对宾客极力笼络，与他们保持密切关系。

200 年，孙策遇刺身亡。临终前，孙策把张昭等人请到病床前，对他们说："中原正在混战，我们凭借江东民众和险固地形，足可以坐观天下成败，希望各位好好辅佐我的弟弟。"众人都叩头流涕，表示以死效力。

孙策把孙权叫到跟前，亲手给他佩上绶印，让他做江东之主。孙策对弟弟说："率江东之众，决机于两阵之间，与天下争衡，你不如我；然而，举贤任能，各尽其心，以保江东，我不如你。"此时的孙权，早已哭成了泪人。

裴松之在《三国志》补注中，引用《吴历》记载说，孙策在临终前，把他最信任的首席谋士张昭，作为托孤大臣，把弟弟孙权托付给他。孙策对张昭说："若仲谋不任事者，君便自取之。"当时，江东刚刚平定，并不稳固，对孙权能否胜任，地盘能否保住，孙策还是很担心的，所以才把江东托付给张昭。二十多年后，刘备临终时，蜀国遇到了同样的危机，所以，刘备托孤于诸葛亮，也留下了与孙策同样的嘱托。

孙权继位时，只有十八岁。兄长遇刺，事发突然，肩负江东重任，他更是没有思想准备。在一天之内，发生如此重大变故，孙权在心理上难以接受。何况，当时江东刚刚平定，人心不稳，问题成堆，处于非常时期，孙权压力很大。

孙权面临的，至少有四大问题。一是围聚在孙权身边、支撑江东局面的，都是孙坚、孙策时期的旧臣老将，他们能不能对孙权服气，谁也不知道。二是北有强敌曹操，西有世仇刘表，他们都对东吴政权构成严重威胁。三是江东六郡，是孙策凭着武力打下来的，由于时间短，还没来得及施以恩德，人心尚未归服，特别是一些世家大族，更是蠢蠢欲动，意图叛乱。四是孙氏家族内部，也是矛盾丛生。有些孙氏子弟，跟随孙坚、孙策南征北战，屡立战功，他们并不把年轻无功的孙权放在眼里。

孙权虽然年轻，但对这些问题，他心里一清二楚。孙权成了江东之主，却如同坐在火药桶上一般。孙权既为兄长之死感到悲痛，又被这沉重的责任和心理负担，压得喘不过气来，所以，他一连几天，悲悲戚戚，哭泣不止，以致悲伤得不能处理公务。

见此情景，托孤大臣张昭着急了，对孙权说："孝廉，这难道是哭泣的时候吗？现在豺狼当道，问题成堆，你却一味地悲哀，这就如同开门揖盗一样，这种行为可不能称作仁。"于是，张昭强行让孙权脱下丧服，换上官衣，扶他上马，陪他外出巡察军队，安抚人心。

在外地领兵的周瑜，忽闻孙策遇害，急忙赶来赴丧，丧事过后，没有回去，留在吴郡，也尽心辅佐孙权。周瑜和张昭一起，掌管军政大事。孙权有这两大擎天之柱支撑，心里宽慰了许多，腰杆子也硬了起来。

孙权的忧虑不是多余的，当时东吴极不稳定，甚至险象环生。孙策刚死，孙氏家族的孙暠，就想举兵夺权。孙暠是孙坚弟弟孙静的长子，跟随孙坚征战有功，被任命为定武中郎将，领兵驻守乌程。孙策遇刺消息传来，孙暠自恃年长有功，整顿兵马，打算攻击会稽，拥兵自立。会稽郡听说后，组织人马守城，以等待新任统治者的命令。

虞翻劝告孙暠说："孙策英年早逝，部属应由孙策之弟孙权统领，这是人心所向，大家都做好了准备，决心为新主公效力。您自己权衡利害吧。"虞翻是东吴名士，孙暠很敬重他，又听说孙权很快继位，并由张昭、周瑜倾力辅佐，所以，孙暠打消了念头，没敢行动。

孙暠没有行动，庐江太守李术却公开反叛了。孙策死后，李术自恃有江东大族支持，不肯听从孙权的命令，招降纳叛，打算自立。孙权决定先拿李术开刀，立严树威。

孙权考虑事情周全，他先向曹操写信示好，防止李术与曹操勾结，然后，命周瑜、程普等率军征讨。李术果然向曹操求救，曹操不予理睬。孙权大军很快消灭了李术，收降其部众三万余人。这一仗，孙权打出了威名，没有人敢小觑他了。

孙权待张昭以师傅之礼，以周瑜、程普统率军队，招揽贤能俊秀，部署派遣诸将，镇压山越，讨伐不听命令之人，同时安抚百姓，收买人心，局势慢慢稳定下来。

孙权继位后，着力做的头等大事，就是广揽人才。他除了信任重用旧臣老将之外，还注重选拔青年俊秀，聘求名士，倾力打造自己的班底。这个时期，鲁肃、吕蒙、诸葛瑾、陆逊、步骘、徐盛、顾雍等一大批人才，都被孙权招至麾下，这不仅巩固了孙权的统治地位，而且为日后发展奠定了人才基础。

曹操见孙权稳定了东吴，觉得这个年轻人不简单，他当时正忙于平定北方，无暇南顾，便向孙权表示友好。曹操表奏朝廷，任命孙权为讨虏将军，兼任会稽太守，屯驻吴县。

孙权其实志向深远，野心很大，并不是单纯守成之人。他站稳脚跟以后，就开始觊觎天下了。那么，孙权的宏伟蓝图，又是什么呢？

孙权打算“二分天下”

孙策认为，孙权可以保住江东，但难以争夺天下，其实，孙策并没有把孙权看透。诚然，孙权在勇武方面，比不上父兄，但论起文韬武略和胸中大志，孙权比他的父亲和哥哥，可强多了。孙权不仅要保住江东基业，他还要谋取天下，自己当皇帝。孙坚父子三人，一个比一个厉害。

《三国演义》把孙权写得优柔寡断，只想守住江东基业，这是与史籍记载不相符的。

《三国志》记载，孙权素有大志，胸有计谋，他的计谋，有时孙策都自叹不如。孙权继位后，心里很清楚，要想保住江东，进而谋取天下，关键在人才。因此，孙权做的头等大事，就是广揽贤才。这时，三国时期著名谋略家鲁肃，来到孙权身边。

在《三国演义》中，鲁肃被写成一个忠厚迟钝之人，甚至有些迂腐，傻乎乎的。其实，史籍中的鲁肃，完全不是这个样子，他和诸葛亮一样，也是一位目光远大、胸怀全局、满腹韬略的旷世良才。

陈寿在《鲁肃传》中记载，孙权见到鲁肃后，两人谈得很高兴。孙权看出来了，鲁肃是一位了不起的人物，便想与他商议大事。

有一次，孙权宴请宾客，鲁肃也被请去。酒宴结束后，宾客都散去，鲁肃也告辞走了。鲁肃还没出大门，孙权让人又把他请了回来。鲁肃回来后，房间里只有他和孙权两个人。孙权特意把两个座位合并在一起，两人紧靠着坐下，继续饮酒。鲁肃心里很清楚，这哪是在饮酒，分明是要商议机密大事。

果然，喝了几杯之后，孙权说话了。孙权说：“如今汉室倾危，豪杰并起，我继承父兄事业，不自量力，想效法齐桓公、晋文公，拥戴汉朝皇帝。请问先生，有什么计策可以教我?”这话说的，与刘备请教诸葛亮如出一辙。当时孙权十八岁，鲁肃二十八岁。孙权说的话，冠冕堂皇，态度却是十分诚恳的。

鲁肃一听，就明白了孙权的心思，孙权是打着拥戴汉朝皇帝的幌子，而想成就自己的事业。于是，鲁肃直截了当说：“从前，汉高祖想拥戴义帝而不能，原因是有项羽阻挠。现在的曹操，就如同昔日的项羽，有曹操在朝廷，您怎么可能成为齐桓公、晋文公那样的人物呢，更无法拥戴汉室了。”

鲁肃见孙权微微点头，继续侃侃而谈，说：“当今大势，依我看来，汉室已经不可能复兴，曹操也不能一下子消灭。为将军计，首先要稳固江东，壮大势力，然后再图发展。荆州的刘表，年老志衰，儿子们又不成器，可以先图之，然后溯江而上，占据益州，这样，长江以南，就归将军所有了。到那时，就可以建立帝号，进而统一全国。”

这是鲁肃为孙权争夺天下设计的总体规划，可以称为“鲁肃蓝图”。“鲁肃蓝图”提出七年以后，诸葛亮也为刘备提出了隆中对策。两者的共同点，是都看中了荆州、益州这两块肥肉，不同的是，诸葛亮要复兴汉室，“三分天下”，鲁肃则是自立为帝，“二分天下”。当时，刘备的势力弱小，鲁肃没有把刘备计算进去，是符合情理的。后来，经过赤壁之战，刘备势力强大了，鲁肃就修正了他的策略，赞成“三分天下”了。

孙权听了“鲁肃蓝图”，热血沸腾，心头突突直跳。但孙权是个沉稳之人，城府很深，当时东吴基础还不牢固，孙权不愿过早暴露自己的野心，便淡淡地说：“我现在努力控制江东，只是希望能够辅助朝廷，您说的这些，不是我所能达到的啊!”

孙权表面上不动声色，心里却暗暗佩服鲁肃的深谋大略。他马上给鲁肃母亲送去衣服和家具，还赐给她大量财物，让她过着和从前一样的富有生活。孙权把鲁肃作为他的主要谋士，大加重用，并把鲁肃比喻成东汉开国第一功臣邓禹。从此，鲁肃在东吴发挥了极为重要的作用。

孙权虽然嘴上不提“鲁肃蓝图”，但从他进击黄祖、抗拒曹操、夺取荆州一系列行动来看，无一不是按照“鲁肃蓝图”来进行的。二十九年以后，孙权终于登上帝位，此时鲁肃已经去世十三年了，孙权还对公卿说：“当年，鲁子敬就说过会有今天称帝之事，鲁子敬真是明于时势之人啊！”这表明，这么多年来，孙权从没有忘记鲁肃为他设计的宏伟大计。

孙权不仅有宏伟大志，也有高明的用人之术。孙权年少时，喜欢结交朋友，花销很大，便经常向管理钱财的吕范要钱。吕范很认真，严格按照制度办事，孙权对他很不满意。有个叫周谷的人，经常帮助孙权做假账，极力讨好孙权，孙权与他很亲密。孙权继位以后，吕范心中忐忑不安，周谷却得意扬扬。没有想到的是，吕范继续受到重用，周谷却被开除了，因为孙权知道，他需要什么样的臣子。

孙权在处理人际关系上，也很有一手。周泰，是孙策时期的将领，多次立功。朱然和徐盛与孙权关系密切，朱然还与孙权从小一块儿读书。后来，孙权任命周泰为平虏将军，朱然和徐盛作为他的副手。朱、徐二人恃宠自傲，不太尊重周泰。

孙权听说以后，特意到了他们军营，设宴欢饮。席间，孙权让周泰把衣服脱下来，露出满身的伤疤，共有十几处。孙权一一询问受伤情况，带头向周泰敬酒。宴会结束后，孙权还把自己用的麾盖，赐给了周泰，显示出极高的恩宠。朱然和徐盛见了，心生惭愧，不由得对周泰敬重起来。

孙权知道，要想成就帝业，必须强国富民，因此，他继位不久，就大规模推行屯田制度，迅速恢复和发展经济。孙权重视兴修水利，改进耕作技术，减轻税赋和百姓负担，自己还亲自下田耕作。与此同时，孙权注重扩充兵源，加强训练，提高军队战斗力。

经过几年努力，孙权稳固了江东基业，下一步，他就要按照“鲁肃蓝图”，开始对外用兵、扩大地盘了。孙权的第一个目标，是与江东相邻的荆州。

攻取江夏打开通道

孙权稳固江东之后，便开始对荆州用兵。荆州是江东西邻，交通便利，四通八达，历来是兵家必争之地。孙权要想占据长江以南地区，二分天下，就非夺取荆州不可。

荆州的江夏郡（今湖北武汉一带），与江东接壤，是进兵荆州的通道。偏巧江夏太守黄祖，是孙权的杀父仇人。孙权为父报仇，师出有名，再天经地义不过了。

《三国志》记载，孙权继位以后，为了替父报仇，曾数次攻打黄祖，杀死不少荆州士兵，掳走大批民众，但没有占领江夏的土地。后来，孙权觉得自己势力已经强大，决定攻占江夏郡，打开出兵荆州的通道。就在这时，部将甘宁为他献上一计。

甘宁，是巴郡临江县（今重庆忠县）人，性格开朗大度，善用计谋，同时粗犷勇猛，喜欢拼杀，是有名的战将。在天下大乱之时，甘宁到荆州投靠刘表，刘表不会用人，甘宁转而归附黄祖，黄祖也没有重用他，甘宁一怒之下，投降了孙权。孙权对他十分器重，待他就像老部下一样。

陈寿在《甘宁传》中记载，甘宁对孙权说："汉室衰弱，曹操强横，必将篡位。荆州之地，地势险峻，江川流通，十分重要，曹操必欲夺取。您应该早做打算，不能落在曹操后面。要夺取荆州，必先占领江夏，打开进兵通道。到那时，就可以大张旗鼓西进，攻占荆州，日后再图益州。"甘宁的计策，与"鲁肃蓝图"不谋而合，孙权自然十分赞同。

208 年春，孙权任命周瑜为统帅，吕蒙领水军，凌统做先锋，大军浩浩荡荡，打着为父报仇的旗号，去征讨黄祖。

此时，黄祖年龄已经大了，老朽不堪，身边的人都欺骗愚弄他，骗取钱财和利益。官吏玩忽职守，敲诈百姓，民众怨声载道。军队纪律涣散，军备松弛，船舰和武器装备坏了，也不加修缮，军队战斗力下降。这些，都为孙权征伐黄祖提供了良好条件。

黄祖听说孙权又来攻打，急忙整军迎敌。黄祖命部将张硕为先锋，自己留守江夏。张硕接到命令，不敢怠慢，在傍晚天黑时，亲自乘大船去侦察江岸，以便部署防御。张硕没有想到，孙权军队的先锋凌统，也乘着夜色，悄悄前来侦察。

凌统，是孙权手下猛将，性情率直，为人侠义而有胆量。他的父亲凌操，跟随孙策起兵，冲锋陷阵，冒死踏刃，屡立战功。在上次征伐黄祖时，凌操身先士卒，一个人乘快船冲在最前面，被流箭射中而死。为报父仇，凌统向孙权请战，讨得先锋之职。这时，凌统带领数十人，乘小船前去侦察敌情，以便部署进攻。

在夜幕掩护下，凌统的船小，没有被察觉；张硕的船大，却被凌统发现了。仇人相见，分外眼红。凌统不顾人少，决定攻击张硕。凌统冒充荆州兵，慢慢靠近张硕大船，突然，一声呐喊，凌统士兵一拥而上，奋勇登船杀敌。张硕没有防备，措手不及，被凌统斩杀。手下士兵，全都举手投降了。黄祖军队初战失利，又折了先锋，士气更加低落。

黄祖这边，有个很大的优势，就是有沔口天险。黄祖命陈就统领部队，用两艘蒙冲舰据守沔口。蒙冲舰以牛皮蒙背，具有良好的防御性能，是当时的先进战舰。黄祖又在河边崖顶上，部署了许多弓箭手和大力士。周瑜率舰队进攻，蒙冲舰四面有窗，箭如飞蝗；岸顶上弓箭手居高临下，万箭齐发；大力士推下巨石，士兵扔下火把，其势难挡。周瑜士兵死伤严重，战船受损，不能通过。这样，双方僵持了一段时间。

为了打破僵局，占领沔口，凌统、董袭亲率一百名敢死队，每人身穿两件盔甲，冒着乱箭和火把冲锋，切断了两艘蒙冲舰之间的联系。吕蒙率大队人马紧随其后，猛烈进攻，战斗异常激烈。在混战中，吕蒙斩杀了陈就。黄祖士兵见主将被杀，胆战心惊，士气锐减；东吴士兵则军心大振，斗志昂扬。经过一番苦战，周瑜大军终于攻占了沔口，打通了前进道路。

沔口一失，江夏郡就无险可守了。周瑜催动部队，乘胜进军，一路攻城拔寨，所向无敌。周瑜分兵攻打江夏郡各县，时间不长，江夏各县就被占领了。黄祖见大势已去，慌忙逃离江夏，却被东吴骑兵追上，砍下了他的脑袋。这样，江夏郡就落入孙权之手。

不知是什么原因，在黄祖与周瑜拼死苦战的时候，荆州牧刘表竟然没有派兵援助他。大概是刘表病重，家庭内斗正酣，没有精力管他了。黄祖死后，刘琦为了躲开家庭内斗，请求去担任江夏太守，但刘琦并未到任，只是领兵在外避祸。

占领了江夏郡，打开了出兵通道，孙权十分高兴，踌躇满志。下一步，孙权就要兵指荆州，进而攻取益州，实施他“二分天下”的宏图大志了。

不料，就在这时，风云突变，曹操大军南下了！这对于孙权来说，是当头一棒，孙权面临严峻考验，陷入了两难抉择。

风云突变抗击曹操

曹操大军南下，轻松降服荆州，继而兵指江东，形势急转直下，孙权始料未及。是战是降，孙权陷入两难。

如果投降，固然可以保住荣华富贵，但皇帝梦就做不成了；如果抗拒，一旦失败，后果则不堪设想。最终，由于皇帝梦的诱惑实在太大了，孙权决心联刘抗曹，结果赤壁一战，大获全胜。这充分体现了孙权非凡的谋略、胆量和气魄。

《三国志》记载，孙权攻取了江夏，正沉浸在喜悦之中，忽然听说曹操即将挥师南下，不由得大惊失色。按常理说，曹操南下，是为了收服荆州，与江东没有多大关系。可是，曹操如果占领了荆州，孙权就无法向西扩展，自身也会受到很大威胁。因此，孙权怎能不心惊肉跳呢？

很快，刘表病死的消息传来，鲁肃急忙去见孙权，献计说："刘表一死，荆州必乱。刘表的两个儿子，各领一派势力，刘备又是天下枭雄。我想以吊唁为名，前去活动。如果他们有心抗曹，我们就与他们结成联盟；如果他们内部发生分歧，我就劝说刘备，让他收服刘表的部属，与我们共同对付曹操。等击退了曹操，我们再图荆州、益州不迟。现在事情急迫，必须赶快行动，不能让曹操抢了先。"

听了鲁肃的计策，孙权欣然同意，任命鲁肃为使者，前去荆州吊唁刘表。孙权与刘表，本是世仇，又刚打了一仗，如今为了自身利益，也顾不上许多了，何况只是以吊唁为名，而另有所图呢。从《三国志》记载来看，在曹操尚未对江东宣战之前，孙权就打算抗击曹操了，因为曹操触犯了孙权计划夺取荆州、益州的利益，孙权不能坐视不管。

鲁肃领命，自知事情紧迫，心急如焚，日夜兼程，加速赶路，但刚走到南郡，就听说刘琮已经投降，曹操占领了襄阳，正在当阳与刘备激战，曹操还是抢先了一步。鲁肃不顾危险，直奔当阳，去找刘备。

鲁肃见了刘备，转达了孙权的意见，说明江东势力强大，孙权统治牢固，劝说刘备联合东吴，共同对抗曹操。当时诸葛亮也在场，鲁肃为了套近乎，对他说："我与你兄长诸葛瑾，是很要好的朋友。"刘备自然喜出望外，便跟随鲁肃，到了夏口。刘备派诸葛亮去东吴，共商抗曹大计。

曹操不费吹灰之力，降服了荆州，又得到刘表几万水军，有点得意忘形，便想率得胜之师，顺江而下，攻占江东，完成恢复国家统一之大业。当时，曹操不知道孙权有称帝野心，也不知道孙权有雄才大略，而且两家还是姻亲，关系一直不错。曹操认为，凭借他强大的军事实力和威名，孙权应该会望风而降的。曹操和他的部下甚至幻想着，孙权能把刘备的人头送来。

裴松之在《三国志》补注中，引用《江表传》记载，说曹操在打算攻击东吴之前，先给孙权写了一封信，信中说："老夫奉皇帝之命，讨伐有罪之人，战旗向南一指，刘琮就乖乖投降了。现在，老夫准备率领八十万大军，去吴地与您相见，和您一块儿打猎。"曹操这封信，既是恫吓，也是宣战。

当初，曹操大军南下的消息，在东吴引起轩然大波。等到曹操顺利降服荆州，许多人心怀忧虑，担心曹操会乘胜进军，攻取东吴。如今，曹操果然下了战书，一股恐惧气氛蔓延开来。当时，东吴虽然实力增强，但还不是曹操的对手。于是，以张昭为首的一大批人，都主张投降曹操，以保全江东。

孙权召集群下，商议对策，几乎所有的人都说："曹操打着皇帝的旗号，师出有名，占有道义上的优势；曹操兵力强大，又得到荆州水师，难以抗拒；原来我们凭借的，是长江天险，如今，曹操得到荆州，也占据了长江，这个优势不存在了。所以，要想让东吴免受战火涂炭，还是像刘琮那样，以归顺为好。"整个会场上，只有鲁肃一言不发。

孙权冷冷地听着群下议论，虽然不合心意，但觉得也不无道理，毕竟曹操势力强大，与他对抗，确实没有取胜的把握。过了一会儿，孙权起身上厕所，鲁肃也跟着出去。孙权知道鲁肃有话要说，便握着他的手问："您想说什么啊？"

鲁肃对孙权说："刚才大家的议论，都是要误将军大业的。我们这些人，都可以投降曹操，投降了，照样能够做官，享受荣华富贵，只有将军您不行。您如果投降了，能在什么位置上安身呢？"鲁肃的意思很清楚，孙权若是降了曹操，最多当个大臣或州牧刺史之类，做皇帝就别想了，"鲁肃蓝图"大业也将付之东流。

听了鲁肃的话，孙权叹息着说："那些人所提的意见，太让我失望了。只有你，能明白我心中的大计。这是上天将你赐给我啊！"

鲁肃建议孙权，把在外领兵的周瑜召回，听取他的意见。鲁肃知道，周瑜是个坚定的主战派，所以想把他请回来。周瑜来到后，向孙权分析了天下形势，指出了曹操的四大劣势，豪迈地说："给我三万精兵，我保证打败曹操。"孙权大喜。

在此期间，诸葛亮奉刘备之命，到东吴商议联合抗曹之事，自然见到了孙权。诸葛亮也像周瑜一样，给孙权分析了天下大势，提出了能够战胜曹操的几个理由。一是曹操挟持天子，征战四方，虽然占领了不少地盘，但人心未服，缺乏道义；二是曹操刚刚平定了北方，后方尚不稳定；三是曹操骄傲轻敌，并没有做好攻击东吴的充分准备；四是曹操的兵力没有那么多，充其量不过二十万人，而且属于疲惫之师；五是曹操带来的北方军队，不习水战、不服水土，极易生病；六是荆州水军被迫投降，人心不服，没有战斗力；七是刘备、刘琦尚有几万军队，在荆州又有影响力，完全可以与孙权联合抗曹。

诸葛亮的分析，十分客观，也很有道理，与周瑜说的大同小异，使孙权打消了顾虑，增强了信心。诸葛亮对孙刘结盟的贡献，虽然没有《三国演义》说得那么大，更没有"舌战群儒""智激周瑜"之事，但确实也发挥了十分重要的作用。

最终，孙权下定决心，联刘抗曹。结果赤壁一战，打得曹操大败而逃，奠定了"三分天下"的基础。

有人认为，孙权之所以抗击曹操，是受了鲁肃、周瑜、诸葛亮等人的蛊惑，实际上是冒险行为，只是侥幸才取得胜利。笔者则认为，孙权是位杰出的政治家，而且胸怀大志，很有主见，是不会轻易受人蛊惑的。

孙权之所以冒着巨大风险，不惜与曹操决战，根本原因，是他称帝野心所驱使的。

孙权甘冒风险，抗击曹操，不仅保住了江东基业，而且得到了半个荆州，扩充了实力，打出了威名。从这个角度说，孙权是一位乱世中的英雄。

然而，赤壁一战，国家分裂，一分为三，使曹操本来很有希望的统一大业化为乌有，使人民陷于长期的战乱和痛苦之中。从这个角度说，孙权无形中阻碍了国家统一。

乘胜南征占领交州

孙权击退曹操，趁机抢占了半个荆州，他想继续实施“鲁肃蓝图”，对外扩张，实现大业。但孙权没有料到的是，通过赤壁之战，刘备的势力骤然坐大，成为他夺取益州的障碍。西进不成，孙权便把目光转向南方，于是，派兵占领了交州，扩大了自己的地盘和实力。

《三国志》记载，赤壁大战的硝烟未散，孙权就迫不及待地抢占地盘。他派周瑜攻占了南郡，程普占领了江夏，甘宁袭取了夷陵。孙权还亲自率军，去攻打合肥，可惜没有攻克，周瑜也在攻打南郡时受了伤。刘备当然也不肯落后，趁乱占领了长沙、桂阳、武陵、零陵四郡，有了一大块地盘，实力迅速壮大。

刘备崛起，对东吴来说，自然不是好事，很可能形成“前门拒虎，后门进狼”之势。周瑜就很担心，给孙权写信说：“刘备是枭雄，又有关张等勇将，一定不会久居人下。最好将三人分开，先把刘备软禁在吴郡，多送些美女和财宝，使其玩物丧志；再把关羽、张飞安置在不同的地方，以便于控制。”孙权觉得这个办法不管用，没有采纳。

不久，周瑜到京城，面见孙权说：“曹操刚败，短期内无力南下，正是向西发展的好机会。我请求与奋威将军孙瑜一起，去攻取益州，吞并汉中。攻占之后，留下奋威将军镇守，我回兵再攻占襄阳。这样，江南可得，您的大业可成。”孙瑜是孙权的堂兄，深得孙权信任。周瑜的想法，符合“鲁肃蓝图”，而且，周瑜的计策还有一层深意，如果周瑜攻取了益州，刘备被夹在中间，就不足为虑了。所以，孙权很是赞同。于是，周瑜立即返回驻地江陵，准备进军益州。人算不如天算，周瑜还没有行动，就病死了，计划因此搁浅。

在《三国演义》中，有诸葛亮三气周瑜的精彩故事，那是虚构的。诸葛亮并没有气周瑜，周瑜之死，与诸葛亮半点干系也没有。

此计不成，孙权又生一计。他派使者对刘备说，孙刘两家联合出兵，共同攻取益州。刘备召集群下商议，不少人认为可行。主簿殷观反对，说："如果我们为东吴当先驱，进不能攻克益州，退被孙吴截住归路，岂不是全完了？"刘备觉得很有道理，便借口自己立足未稳，又准备不足，不能兴师动众，把孙权搪塞过去。

刘备不肯出兵，孙权也不敢贸然越过刘备，独自向益州进兵。当时，需要孙刘联合，共同抵御曹操，孙权还不能与刘备闹翻。孙权左右为难，他攻占益州、向西发展的计划，迟迟不能实施。于是，孙权便把目光转向了南边的交州。

交州，大体上包括今广东、广西和越南北部，现在这一带是繁华地区，古时候却是荒蛮之地。早在秦始皇时期，就实现了中央对交州一带的统治，那时候称为"越"。东汉把交州作为十三州之一，设南海、朱崖、苍梧、郁林、交趾（阯）等七郡。

交州由于路途遥远，交通不便，民族杂居，民风强悍，朝廷对其控制力并不强。汉末大乱之时，割据交州一带的军阀，是士燮。士燮的先祖是鲁国人，在王莽时期移居交州，逐渐成为当地豪族。士燮宽厚有器量，谦恭下士，被朝廷任命为交趾太守。在军阀混战的时候，士燮和他的几个兄弟，依靠当地民众，控制了交州大部分地区，称雄一方。交州与东吴、荆州接壤，士燮与孙权、刘表、曹操都有来往。

210 年，孙权任命车骑将军步骘为交州刺史，带领东吴大军，前去收服交州。步骘有勇有谋，被称为英杰俊才；赤壁之战之后，孙权威名远扬，无不敬畏；吴国军队军列严整，旌旗鲜明，战斗力很强。所以，步骘大军一到，各地纷纷归降。士燮是识大局之人，顺应事势，主动归服了东吴，后来被封为卫将军、龙编侯。这样，步骘军队没费多大力气，就占领了交州大部分地区。

苍梧太守吴巨（又作吴臣），原是刘表的部将，又与刘备是好朋友。刘备在当阳兵败之时，就曾经打算南逃苍梧，去投奔吴巨。因此，吴巨在步骘大军压境面前，不得不表示归服，实际上却心怀异志，意图反叛。步骘察觉了，但表面上不动声色，装出一副谦恭姿态，却在会见时，出其不意，将吴巨斩杀，苍梧郡被平定。

孙权顺利收服了交州，实力大增，地盘也扩大了一倍。特别是孙权控制了出海权，建立了庞大的水军，他便可以纵横捭阖，任意扩张了。230 年，孙权派将军卫温、诸葛直，率领一万余名水军，乘坐三十多艘大船，抵达夷洲，就是今天的台湾，开始了大陆与台湾的联系。孙权还派遣使者，乘船出海，到达今越南、柬埔寨、印度和南洋诸国，进行友好往来。

孙权除了向南发展以外，还利用他的海上优势，积极寻求与北方辽东建立联系。孙权开辟了从吴地到辽东的直通航线，战船可以从今南京出发，先沿江东下，入海后再向北行驶，绕过山东半岛，渡过渤海海峡，到达今旅顺附近。当时，辽东属于三国之外的独立王国，孙权是想联络辽东，南北夹击曹魏。孙权的志向、谋略和布局，真够大的！

孙权的大敌是曹操，他在对外扩张的同时，两眼始终紧盯住北方，时刻防备曹操前来攻击。

曹操是乱世英雄，赤壁惨败，使他颜面尽失，统一大业也成了泡影。如此奇耻大辱，曹操能不报仇雪恨吗？

草船借箭是孙权所为

在《三国演义》中，有草船借箭的故事。这故事十分精彩，流传很广，还被搬上舞台和银幕。据史籍记载，草船借箭确有原型，但那是孙权干的，与诸葛亮没有关系。罗贯中为了表现诸葛亮的大智大勇，来了个移花接木，把它安到诸葛亮头上。

《三国志》记载，赤壁大战以后，孙权一面积极对外扩张，一面时刻警惕曹操来犯。211 年，孙权听从谋臣张纮的建议，将治所由吴郡迁至秣陵，修筑石头城，改名建业，就是现在的南京。从此，南京开始成为“六朝古都”。

孙权把治所迁至秣陵，主要意图是抵御曹操南犯。孙权还听从吕蒙的建议，动用大批劳工，在濡须山和七宝山之间的水口，修建了濡须坞，建立了军港。后来，在抗击曹操的时候，濡须坞发挥了十分重要的作用。

曹操不甘心赤壁之败，意欲报复。在休整两年之后，曹操亲率大军南征，号称四十万，这一次，矛头直指孙权。曹操咬牙切齿，发誓要一雪赤壁之恨。孙权早有防备，立即率军迎敌。两军在濡须口相遇，随即展开激战。

孙权水军训练有素，精通水战，又有濡须坞坚固屏障，而曹操的北方士兵，都是旱鸭子，又处于不利地形，因而屡次战败，损兵折将。曹操见占不到便宜，无奈之下，让兵士守住营寨，坚守不出。吴军多次挑战，曹军并不出击，双方呈现胶着状态。

裴松之引用《吴历》记载，说孙权见曹操避战不出，便乘坐一条轻船，从濡须口出发，径直驶向曹军水寨。曹操见孙权亲自来了，而且所带人员不多，心生疑惑，怕是诱敌之计，于是，严令军寨加强戒备，不准轻举妄动。孙权在曹军水寨前，悠然地行驶了五六里地，才不慌不忙地返回。回去的时候，孙权还令船只转了个圈，对着曹营击鼓奏乐，吹吹打打了一番。曹操见孙权如此豪迈，不由得感叹道："生子当如孙仲谋，刘景升儿子若豚犬耳。"

裴松之又引用《魏略》记载，说孙权当时乘坐的，不是轻船，而是大船。当孙权大船驶近曹营时，曹操一面下令不得妄动，一面让士兵万箭齐发，结果箭都射到孙权船上，船就向一边倾斜。于是，孙权下令掉头，让船的另一面也受箭，船便平衡了。这就是草船借箭的原型。当然，孙权的目的，不是为了借箭，而是为了观察敌情和炫耀武力。孙权不惧危险，敢于做这等事，胆子够大的。

其实，孙权的胆量，一直都很大。孙权有个独特的爱好，就是喜欢打老虎。《三国志》说，孙权刚继位时，经常外出射猎猛虎。有一次，猛虎扑上来，抓烂了孙权的马鞍，孙权差一点受伤。张昭很生气，严厉制止了他。

孙权有段时间没有射虎，手直痒痒，于是便让工匠制作了一辆射虎车，车内有方孔，可以向外射箭，车厢上方没有车盖，人可以站立。孙权让一人驾车，他在车厢内射猎老虎。有时野兽扑上来，孙权就徒手搏击，以此为乐。

孙权快四十岁的时候，他喜欢打老虎的兴趣仍然不减。有一次，他骑马去吴郡，一路上，边走边打老虎。不料，碰上一只凶猛的大老虎，咆哮着扑上来，一口把他的马咬伤了。孙权滚落马下，手持双戟与猛虎搏斗，老虎受了伤，侍从张世上前用戈击打，终于将老虎擒获。

曹操与孙权相持一个多月，不能取胜。曹操遥望东吴军队，赞叹他们军容整肃，无懈可击。此时，春雨瓢泼而下，江水上涨，对曹军更为不利，于是，曹操萌生退意。这时，孙权给曹操写了一封信，潇洒地说："春水方生，公宜速去。足下不死，孤不得安。"曹操哈哈一笑，说："这小子说的倒是实话。"遂下令撤兵。

此后，曹操又两次率兵南征，曹丕继位后，也派大军讨伐，虽然取得过局部胜利，但最终都无功而返，曹魏的军队，始终没有踏上江南的土地。

孙权在武力抗拒曹魏的同时，也采取议和的一手。孙权派出使者，去向曹操示好，并再次与曹操结为姻亲。曹丕篡位称帝时，孙权表示祝贺，并主动称臣。当然，这都是孙权的权宜之计，或者叫障眼法。

孙权向南扩张，向北抗曹，忙得不亦乐乎，无暇顾及刘备。刘备趁此机会，谋取益州，攻占汉中，战果辉煌，势力更加强大。

孙权与曹魏的关系初步稳定之后，他念念不忘的，还是“鲁肃蓝图”和称帝大计。下一步，孙权要重点考虑如何对付刘备、夺取荆州了。

孙刘反目袭取荆州

孙权想要占据江南，实现称帝大业，必须取得荆州。然而，现在荆州一半在刘备手里，这使得孙权寝食难安，便处心积虑予以夺取。

“借荆州”，是人们熟知的故事。就是这一个“借”字，闹得孙刘两家反目成仇。那么，“借荆州”的来龙去脉是什么呢？

《三国志》记载，赤壁大战刚一结束，孙权和刘备就赶紧抢夺地盘。孙权兵力强大，抢占了南郡和江夏郡，那里既是富裕之乡，又是战略要地。刘备兵力弱小，只好占领了长沙、桂阳、零陵、武陵，这四郡，都在荆州的东部和南部，而且多是贫困山区。

孙刘联手打败曹操后，他们知道，曹操必不肯善罢甘休，只有联合起来，才能与之对抗。于是，孙刘两家，表面上十分亲密，进入了蜜月期。刘备上表朝廷，奏请孙权代理车骑将军，兼任徐州牧；孙权则承认刘备自领荆州牧，还把妹妹嫁给了他。

刘备当了荆州牧，却没有地方办公，只好暂时屯驻公安县。因为荆州治所襄阳，仍然被曹操占着。于是，刘备亲自去见孙权，要求把江陵让给他，作为治所。江陵，位于今荆州城区东南一带，控扼长江，北可攻中原，西可进益州，属于战略要地。当时，江陵被周瑜占着，周瑜是“吞刘派”，坚决不同意，还想把刘备扣押起来。

时间不长，周瑜死了，鲁肃接替了他。鲁肃是“联刘派”，他从联合抗曹的大局出发，劝孙权把江陵借给刘备，这就是著名的“借荆州”。所谓借荆州，实际上是借江陵。孙权后来后悔了，多次埋怨鲁肃。

刘备得到江陵，就打通了西去益州的通道。孙权没有想到，益州的刘璋，如此愚蠢，竟然引狼入室，使刘备顺利得到益州。孙权眼看刘备势力强大了，心里不爽，便让刘备归还江陵。刘备不肯，搪塞说，等打下凉州，再归还江陵。

孙权生气了，干脆翻了脸，直接向刘备管辖的长沙、桂阳、零陵派遣官员。孙权的胃口大了，不仅索要江陵，还想占领整个荆州。当时，总督荆州的是关羽，关羽可不是好惹的，二话不说，命人把孙权派去的官员赶了出去。

孙权大怒，立即命鲁肃率一万军队，进驻巴丘（今湖南岳阳），对抗关羽；命吕蒙率两万军队，进攻长沙、桂阳、零陵三郡；自己亲率一部分兵力，屯驻陆口。刘备见形势严峻，便留诸葛亮镇守成都，自己率五万大军，星夜赶回公安。刘备还命关羽领兵三万，进驻益阳。双方摆开仗势，准备决战，孙刘盟友之间的战争，一触即发。

就在这千钧一发之际，曹操帮了他们大忙。曹操率大军西征张鲁，准备夺取汉中。如果汉中被曹操占领，将直接威胁益州的安全。刘备十分着急，立刻意识到，现在绝不能与孙权开战，于是，刘备马上派人去与孙权谈判。

孙权心里也清楚，此时与刘备决裂，有可能会两败俱伤，让曹操得利。双方经过讨价还价，最后达成协议，以湘水为界，划定双方地盘。长沙、江夏、桂阳以东归孙权，南郡、零陵、武陵以西归刘备。孙权明显占了便宜，刘备惦记着益州安全，也只好做出让步。这样，“借荆州”的事情，应该算是解决了。

刘备返回益州后，与曹操争夺汉中，最终斩杀了夏侯渊，打败曹操，占领了汉中。见刘备势力如此强盛，孙权很不舒服，他心里明白，刘备志在天下，迟早会成为自己的劲敌。周瑜早就告诫过他，不要养虎为患，如今，刘备这只狼，已经变成大老虎了。于是，孙权开始改善与曹操的关系，以便用更多的精力，来对付刘备。

217 年，“联刘派”的鲁肃病逝，吕蒙接替了他。吕蒙与周瑜一样，也是个“吞刘派”。吕蒙认为：要想获得荆州，只能靠武力夺取，没有其他办法；刘备是天下枭雄，两家迟早要翻脸，不如先下手为强；鲁肃利用关羽抵御曹操的策略是不对的，因为关羽根本靠不住，还是东吴大患，应尽早图之。孙权同意吕蒙的观点。

可是，孙刘两家已经达成了瓜分荆州的协议，已经没有让刘备还荆州的借口了。不过，在那个弱肉强食的时代，要想吃掉对方，并不需要借口，需要的只是时机。

时机很快就来了。219 年，刘备攻占汉中后，自称汉中王。关羽趁这大好形势，发动了襄樊战役，打得曹军屁滚尿流。曹操恐惧，打算迁都。司马懿建议，派人劝说孙权，从背后攻击关羽，许诺把江南封给孙权。孙权见利益巨大，便下了决心，要袭击关羽，夺取荆州。

吕蒙采用“白衣过江”之计，一举攻占南郡，端了关羽的老巢。关羽背后突然挨了一刀，损失惨重，不得已败走麦城，结果被擒遇害。孙权早已做好了准备，分兵攻打刘备地盘，很快占据了整个荆州。

夺取荆州，是孙权多年的愿望，如今，这个愿望实现了，但却与刘备结下仇怨，孙刘联盟彻底破裂了。下一步，孙权会怎么做呢？

缓慢称帝建立吴国

孙权顺利夺取荆州，实现了多年的愿望，他在高兴之余，心里却有点惴惴不安。因为孙权现在面对的，是两个大敌，情况十分不妙。于是，孙权对曹魏和刘备，都小心应付，采取对自己最为有利的策略，以至于在他们称帝七八年之后，孙权才建立吴国，当上皇帝。

《三国志》记载，孙权杀了关羽，袭取了荆州，知道刘备必定不肯善罢甘休。他一方面精心部署，严阵以待，防止刘备前来报复；另一方面，努力改善与曹操的关系，防止两面受敌。曹操见孙权与刘备闹翻，十分高兴，他表奏朝廷，任命孙权为骠骑将军，兼荆州牧，封为南昌侯。谁也没有料到，这个时候，天下发生了一连串的大事。

220 年春，曹操病逝，到了冬天，曹丕就废汉称帝了。半年以后，221 年四月，刘备也在蜀地称帝。这时，孙权如果称帝，也是很自然的。可是，孙权不仅没有称帝，反而向曹丕称臣。曹丕封孙权为吴王，赐九锡。

孙权主动向曹丕称臣，用意很明显，就是如果刘备来进攻，希望能得到曹魏的帮助，起码保持中立，不要趁火打劫。曹丕对孙权的心思看得很清楚，他向孙权提了两个要求：一是征召孙权的长子孙登入朝做官，实际上是当人质；二是要孙权盟誓，效忠曹魏政权。这两件事，孙权都没有答应，只是敷衍。于是，曹丕心里更加明白，孙权绝不是真心归服。

221 年七月，刘备称帝三个月后，亲率大军东征，打着为关羽报仇的旗号，意图夺回荆州。孙权知道刘备来者不善，先派人求和，刘备怒而不许，孙权只好拼死抵御了。此时吕蒙已死，孙权任命陆逊为大都督，率兵西去迎敌。陆逊采取诱敌深入的计策，把蜀军诱入夷陵一带的树木茂盛之处，突然进行火攻，火烧刘备连营，蜀军惨败，刘备逃到白帝城。

东吴军队获得大胜，孙权并没有乘胜进军，攻打益州，反而将大军撤回，并派使者去白帝城，议和停战。此时的刘备，心力交瘁，损兵折将，实际上已经没有能力再战了。孙权此举，是担心背后的曹丕。曹丕果然集结军队，想要趁火打劫，见东吴早有防备，只得无功而返。

222 年秋，曹丕见孙权并非真心称臣，又对赤壁之败耿耿于怀，便调集重兵南征，讨伐孙权。魏国大军分三路进兵，声势浩大。曹仁率军攻打濡须坞；曹休、张辽领兵进攻洞口；曹真、张郃、徐晃等挥师南下，包围了南郡。

孙权调兵遣将，分头御敌，急得手忙脚乱。魏国三路大军，除了曹仁遇到濡须坞坚固屏障，没有得手之外，那两路连战连捷，击败孙盛，大破吕范，火烧诸葛瑾，打得孙权有点招架不住了。眼看曹军胜利在望，不料遭遇瘟疫流行，魏军战斗力锐减，曹丕只好下令撤军了。这一仗，把孙权打得清醒了许多，孙权意识到，曹魏始终是他的头号敌人。

223 年，刘备病逝于白帝城，把蜀国托付给诸葛亮。诸葛亮派使者到东吴求和，孙权欣然同意，又派使者回访，两家恢复了友好关系。此时的孙权，已经认识到，他那“二分天下”的大计，不可能实现了，只能接受“三分天下”的现实，与蜀汉联合，共同对付曹魏。此后四十多年时间，吴蜀联盟没有再发生破裂，魏、蜀、吴三国的疆域，也基本没有变化，形成了三足鼎立之势。

曹丕称帝之后，也有统一天下之雄心。凭魏国的实力，对蜀、吴各个击破，是有可能的，但蜀吴联合起来，他就无能为力了。224 年，曹丕还想再次征讨孙权，他率军到达广陵，见吴军严阵以待，无懈可击。曹丕南望长江，叹息着说：“彼有人才，不可图也。”遗憾地领兵回去了。

226 年，曹丕病逝。诸葛亮趁此机会，开始出兵，讨伐曹魏，此后多次北伐。曹魏不得不派兵抵御，注意力转移到西方。东吴这边减轻了压力，孙权过上了舒服日子，他开始考虑称帝了。

229 年四月，孙权在武昌登基为帝，国号为吴，孙吴王朝正式建立，不久迁都建业，那一年，孙权四十八岁。孙权追尊父亲孙坚为武烈皇帝，兄长孙策为长沙桓王，长子孙登为皇太子。孙权虽然没有得到“二分天下”，但总算如愿以偿当上了皇帝，心情仍然十分喜悦。此时，孙权怀念起了为他谋划大计的鲁肃，称赞鲁肃是“明于事势”之人。

孙权经过多年奋战，终于荣登帝位。孙权打天下，也要靠人才。那么，他的谋士武将，主要有哪些人，他们各自都有什么功绩呢?

托孤大臣张昭

蜀国的诸葛亮，作为托孤大臣，忠心耿耿，鞠躬尽瘁，功名显赫，千古流芳。吴国也有一位托孤大臣，名叫张昭，同样也是忠心不二，直言进谏，却鲜为人知，也没有做出大的功绩，在《三国演义》中的形象，还不是很好。

其实，张昭作为东吴两代重臣，对东吴政权的稳固和发展，做出了重大贡献。曹操都忌惮他三分，把他列为与刘备同样危险的人物。

《三国志》记载，张昭，字子布，徐州彭城（今江苏徐州）人。张昭从小喜好学习，博览群书，少年时期就有名气。张昭成年后，被举为孝廉，可以入仕做官，但他推辞没有接受。徐州刺史陶谦，仰慕张昭名气，察举他为茂才，张昭也拒绝不去。陶谦很生气，把他抓了起来，后经人营救，张昭才得以免祸。

东汉末年，中原动乱，很多人跑到扬州避难，张昭也南渡长江，到了江东。不久，孙策率军征讨江东。孙策听说过张昭的名声，请他辅佐，张昭见孙策是位能够平定乱世的英雄，欣然答应。《吴书》说，孙策得到张昭，十分高兴，“待以师友之礼”。

张昭为孙策出谋划策，处理军政要务。孙策认为张昭是贤才，任命他做长史，总理军政事务，自己则专心领兵外出打仗。张昭办事认真，又有才能，把军政事务处理得有条不紊，很快就名声大振，以至于有许多人，只知道东吴有张昭，而不知道有孙策。

当时，人们到东吴办事情，都是找张昭，北方士大夫写信，也都是夸赞张昭的功劳。时间一长，张昭心里不安起来，他知道功高震主，不是一件好事。

孙策听说了，却很高兴，他向张昭讲了一个齐桓公重用管仲的故事。春秋时期，齐桓公把管仲称为仲父，国家大事全都交给他处理。有人来请示问题，齐桓公总是说，你去请示管仲吧。有人问，什么事都找管仲，您这个国君干什么？齐桓公说，我的职责，是选贤任能，有管仲这样的贤才管理政务，我才能够成就霸业。孙策讲了这个故事，表明他对张昭充分信任，也体现了孙策的宽阔胸襟。张昭在孙策开创江东基业的过程中，做出了重大贡献。

所以，孙策在临终时，把东吴大事和年轻的孙权，都托付给了张昭。裴松之引用《吴历》记载说，孙策甚至对张昭说了这样的话："若仲谋不任事者，君便自取之。"这话说得十分清楚，如果孙权不能胜任，张昭就可以自己做东吴之主。这包含了孙策对张昭的极大信任，也体现了孙策以事业为重的英雄本色。

二十多年以后，刘备在临终时，把诸葛亮作为托孤大臣，也说了与孙策同样的话。笔者认为，在三国那个弱肉强食的年代，孙策、刘备作为旷世英雄，他们首先考虑的，是自己千辛万苦开创的事业，能不能巩固和延续下去的问题，而并不是子孙兄弟当皇帝的问题，因而，他们的托孤，都是真心实意的。也只有在战乱时代，才会出现这样的事情。

张昭临危受命，不负重托，忠心辅佐年轻的孙权。由于突遭变故，孙权六神无主，痛哭流涕，悲悲戚戚，以致卧床不起，不能理事。张昭急了，严词劝谏孙权，要他以大业为重，不能放纵自己的哀情。张昭让孙权脱下丧衣，换上官服，亲自扶他上马，陪他去巡视军队，以稳定人心。张昭在江东声望很高，他忠心辅佐孙权，使孙权的统治地位很快稳定下来。

孙权继位时，由于江东刚被平定，人心未服，局势很不稳定，处于内忧外患的状态。孙权让张昭继续做长史，后来又任命他为军师，一切军政大事，都由张昭和周瑜处理。

张昭对外，妥善处理与汉室以及各方势力的关系，力求营造一个良好的外部环境；对内，则统领督导百官，使他们恪尽职守，同时安抚百姓，发展经济，维护社会稳定。孙权每次出征，都留张昭镇守后方，总领政务。张昭为东吴政权的稳固和发展，起到了擎天之柱的作用。孙权母亲去世时，又嘱咐张昭好好辅佐孙权，等于再一次托孤。

诸葛亮作为托孤大臣，他辅佐的对象，是能力平庸的刘禅，因而能够大展才华，权威日重。而张昭辅佐的对象，却是雄才大略的孙权，孙权的志向、谋略和能力，都比张昭强得多，张昭托孤大臣的作用，自然就越来越小了。

张昭属于保守派，不喜欢对外用兵，他只想不负孙策重托，保住江东基业，别搞出什么乱子来。而孙权却志向远大，企图“二分天下”，登基称帝。张昭与孙权，在大的谋略方面，产生了严重分歧。孙权打算攻打黄祖、夺取荆州时，张昭极力劝阻，说：“江东自身并不稳固，如果西征，恐怕会导致国内大乱。”孙权没有听他的，果断出兵，一举灭了黄祖。

就在孙权灭了黄祖、准备夺取荆州的时候，曹操亲率大军南下，形势骤变。曹操顺利收服荆州，兵锋直指江东，东吴人心惶惶。张昭急得像热锅上的蚂蚁，他倒不是为个人利益考虑，而是担心江东基业毁于战火，生灵涂炭，孙氏家族性命难保。于是，张昭极力主张投降。

在他的影响下，投降的氛围，几乎笼罩了整个江东。孙权不甘心自己的皇帝梦破灭，对张昭很是失望。这一次，孙权又没有听他的，而是联合刘备，大败曹操，不仅保住了江东，而且抢占了半个荆州，扩大了势力。

裴松之在《三国志》补注中，引用《江表传》记载，说多年之后，孙权登基称帝，他除了缅怀鲁肃的功绩外，还对当年张昭主张投降之事耿耿于怀。孙权嘲笑张昭说：“当初如果听了您的话，孤哪有今天？恐怕正在沿街乞讨呢。”张昭大为惭愧，趴在地上，汗流浃背。

孙权是贤明之主，张昭虽然与他谋略不同，但他知道张昭很忠诚，没有私心，又有理政才能，便继续信任重用他，后来，任命张昭为绥远将军，封为由拳侯。张昭依然兢兢业业，尽心尽力地处理政务，发挥着重要作用。

212 年，曹操率大军征伐东吴，他给孙权写了一封信，要求孙权内除张昭，外除刘备，可见张昭在东吴政权中的地位，还是相当重要的。

张昭性格耿直，公正无私，待人严厉，虽然在大的谋略方面，孙权并不听他的，张昭却不忘托孤重任，经常对孙权直言相谏。

有一次，孙权喝得大醉，让人往群臣身上洒水，说："今日欢饮，只有醉倒在地，才能作罢。"张昭生气了，神色严峻地说："当年，商纣王以池装酒，通宵狂欢，他认为是作乐，岂不知是作恶啊！"孙权听了，沉默不语，面带愧色，停止了饮酒。对孙权喜欢打老虎的嗜好，张昭多次提出严厉批评。有时候，孙权还真有点怕他。

孙权称帝以后，要设置丞相，众人都以为非张昭莫属。孙权则认为，张昭性情刚烈，固执己见，并不适合当丞相。张昭却不在乎，照样直言进谏，敢于违背孙权的旨意。

有一次，张昭的意见不被采纳，气得闭门不出，谁请也不出来。孙权又好气又好笑，干脆让人在张昭门前垒了一堵墙。张昭更加气恼，在墙里边又垒了一道墙。孙权让人放火，烧张昭的府门，想逼张昭出来。张昭反而把大门紧闭，做出一副宁烧死也不出去的态势。孙权听说了，赶紧命人把火熄灭。孙权没辙了，只好亲自跑去慰问和道歉，张昭仍然不出来。孙权在张昭门前站了很久，张昭的几个儿子，觉得太不像话了，硬把张昭架了出来，才结束了这场闹剧。

张昭比孙权大二十八岁，年纪越老，脾气越倔，经常与孙权争吵。有一次，孙权终于忍受不住了，拔出刀来，气愤地说："我对您的尊敬，已经达到极点，可您多次当众让我下不了台，我真怕忍不住会杀了您。"

张昭并不畏惧，说："我说的话，您总是不听，您认为老臣愿意说吗？只不过老臣受桓王和太后临终重托，如果不尽忠直言，死后有何面目去见他们呢？"说完，放声大哭，老泪纵横。孙权把刀扔在地上，也大哭起来。君臣二人，哭了个痛快。

张昭活了八十一岁，寿终正寝，临终留下遗言，丧事一切从简。张昭连新衣服都没换，就穿着平时衣服入了棺材。棺材也是原色，没有漆染。

孙权身穿丧服，亲自前往吊唁，赠谥号为文侯。张昭的儿子们，都被授予高官厚禄。

陈寿对张昭评价很高，说他忠诚正直，不谋私利，辅佐孙权，建立功勋。后世的司马光、苏轼、胡三省等人，也对张昭有很高的评价。

笔者认为，张昭在谋大事方面，能力一般，但他不负重托，忠心尽责，精神可嘉。这表明，一个人的能力有大小，但只要有这种精神，同样会受到人们的钦佩和尊重。

心胸宽广的周瑜

诸葛亮三气周瑜的故事，家喻户晓，妇孺皆知。《三国演义》为了表现诸葛亮的智慧和宽宏大量，把周瑜写成了心胸狭窄、嫉贤妒能之人，这是与史实不相符的。在历史上，诸葛亮并没有气周瑜，周瑜也不会被气死，更没有说过“既生瑜，何生亮”那样的话，因为周瑜是一个心胸宽广的人。

陈寿评价周瑜，说他“性度恢廓”。性度恢廓，是指一个人的性情、度量和心胸，都很开阔宏大，能够容人容事，不计较个人的利害得失，是一种美好的品格。

《三国志》记载，周瑜，字公瑾，是庐江舒县（今安徽庐江西南）人。周瑜出身官宦世家，他的祖上，做过汉朝高官，他的父亲，当过洛阳县令。

周瑜身材高大，相貌俊美，性度恢廓，风流倜傥，胸有大志，喜欢广交朋友，人称周郎。周瑜年轻的时候，用心研究音乐，精通音律，周瑜即便喝醉了酒，如果演奏的乐曲有错误，他也能够听得出来，听出有误时，他总要回头看一眼，所以，当时流传说：“曲有误，周郎顾。”

裴松之引用《江表传》说，190 年，孙坚任长沙太守，兴义兵北上讨伐董卓，于是将家人搬迁到舒县（即周瑜家乡）。

周瑜与孙策二人同年出生，都是英俊少年，情投意合，遂结为好朋友。周瑜邀请孙策跟他同住，孙策欣然同意。周瑜把家里的大宅院让出来，请孙家居住，一切生活费用，都由周瑜供给。周瑜对待孙策母亲，就像对自己母亲一样，经常登堂拜望，两家亲如一家。

191年，孙坚战死。孙策悲愤不已，他把父亲的灵柩运回，安葬在曲阿，守孝结束后，招募数百名士兵，投靠袁术，征战沙场。周瑜见天下已乱，也在家乡结交侠士，广揽朋友，聚集了一帮小兄弟，随时准备起事。两人虽然不在一块儿，但仍然书信不断，联系密切。

后来，孙策觉得在袁术手下难有作为，便独自率军，去平定江东，开创基业。孙策给周瑜飞马传书，让他前来相助。周瑜立即带领一支人马，赶来与孙策会合。孙策大喜，说："我有了你，大事就成了。"

从此，两兄弟并肩战斗，很快攻克了横江、当利，又渡江进攻秣陵，打败了刘繇。此时，孙策的队伍已发展到几万人，兵强马壮。孙策对周瑜说："我用这些兵马，攻取吴郡和会稽郡，已经足够了，你去镇守丹阳吧。"

于是，周瑜到了丹阳。当时的丹阳太守，是周瑜的堂父周尚。不料，袁术不久免去周尚官职，派自己的堂弟袁胤去做丹阳太守。袁术很看重周瑜，想让他做自己的部将。周瑜却看不上袁术，料定他成不了大事，便要求去做居巢县长。居巢离江东很近，周瑜是想借路回到孙策身边去。袁术同意了，周瑜不久便到了江东。

孙策见周瑜到来，十分高兴，亲自前去迎接。孙策任命周瑜为建威中郎将，让他率军独当一面，去平定江东各地。周瑜有军事才能，英勇善战，善于治军，又广施恩德，信义昭著，因而几乎是战无不胜，很快平定了江东各地。周瑜在帮助孙策创立江东基业过程中，立下了汗马功劳。当时，孙策和周瑜，都只有二十四五岁，真是自古英雄出少年！

孙策军队攻占皖县之后，听说桥公有两个漂亮女儿，都是容貌超群，知书达礼，便上门提亲，孙策娶了大乔，周瑜娶了小乔。英雄配美女，更加意气风发。

不料，天有不测风云，孙策意外遇刺身亡。周瑜闻讯后，急忙带兵赶来，等他到达时，孙策已经咽气了。孙策母亲把孙权叫过来，嘱咐他要像对待兄长一样尊重周瑜。周瑜也尽到了兄长的责任，他拥戴孙权继位，自己留在吴郡，以中护军的身份，精心辅佐孙权。

当时，东吴政权刚刚建立，内忧外患，很不稳定。张昭主管内部政务，周瑜刚率军平定外地叛乱。山越麻、保二屯反叛，周瑜领兵杀了二屯首领，俘虏了一万多人，迅速平息了叛乱。黄祖的部将邓龙，趁机攻打柴桑，周瑜率军讨伐，大败敌军，生擒了邓龙。在周瑜、张昭同心协力辅佐下，东吴政权逐渐稳定下来。

孙权继位时，十分年轻，东吴政权在建立之初，礼仪也不健全，所以，群下见孙权时，言谈举止都很随便。唯有周瑜一人，见到孙权时，就像臣子见到皇帝一样，行跪拜叩首大礼，态度毕恭毕敬。周瑜是想用这种方式，提高孙权的威望。

周瑜是东吴重臣、创业元老，又手握兵权，他若有异心，谁也拿他没办法。周瑜却忠心耿耿，丝毫不考虑个人利益，一切为东吴大局着想，彰显了周瑜忠贞不二的品德和博大宽广的胸怀。

周瑜所做的这一切，就连孙权的堂兄弟们也做不到，有的孙氏兄弟，还想趁机夺权呢。所以，如果没有周瑜，孙权的位子是坐不稳的。

孙权对周瑜十分倚重。裴松之引用《江表传》说，202 年，曹操打败袁绍之后，实力大盛，便下书责令孙权，让他把人质送来。孙权拿不定主意，召集群下商议，结果众说纷纭，难以决断。孙权把周瑜从外地召回，他俩一同去找孙权母亲商量。

周瑜坚决不同意送人质，说："江东富裕，铸山为铜，煮海为盐，兵精粮足，可以自立为帝，为什么送去人质，受制于人呢？我们如果依附了曹操，所得到的利益，不过是一方侯印、十几个仆人、几辆车而已，哪能与我们自创帝业、称孤道寡相比呢？"孙权母亲赞成周瑜的意见。从这个记载来看，孙权他们在很早的时候，就不想依附曹操，而是要自己称帝。所以，六年之后，孙权抗拒曹操、火烧赤壁，就是顺理成章的事情了。

孙权母亲吴夫人，也不是个简单人物。当初孙坚仰慕她的才貌，上门提亲，吴家人嫌孙坚家贫，都不同意，只有吴夫人认为孙坚不是平庸之辈，毅然与他结婚。孙权继位以后，吴夫人在背后做了大量工作，可惜时间不长，吴夫人就去世了。

《三国演义》说，吴夫人有个妹妹，一同嫁给了孙坚，被称为吴国太。吴国太在刘备迎娶孙小妹时，起到了重要作用。那是虚构的，吴家连一个女儿都不愿意嫁给孙坚，怎么可能两个女儿都给他呢？

208年，孙权为了“二分天下”，决定攻击江夏，夺取荆州。孙权任命周瑜为前部大督，全权指挥作战。周瑜率领吕蒙、凌统等将领，一举攻占江夏，斩杀了黄祖。

这时，曹操听说孙权攻打江夏，担心荆州落入孙权之手，便亲自率军南下。周瑜坚定支持孙权，决心联合刘备，抗击曹操。孙权委任周瑜全权指挥对曹作战，周瑜实际上是孙刘联军和赤壁大战的总指挥。

周瑜率军与曹操隔江对峙。周瑜的部将黄盖献计说：“我看曹军的船舰首尾相连，可以用火攻的办法打败他。”周瑜认为是条好计策，于是进行了周密谋划。

黄盖向曹操写信，假装投降，曹操信以为真。周瑜准备了几十艘蒙冲斗舰，装满柴草，浇上油脂，蒙上帷幕，相连成列向曹营驶去。曹军官兵以为黄盖来降，都指指点点，伸长脖子观看，没做任何防备。

黄盖见状，心头暗喜，率船迅速抵近曹营，突然，一声令下，各船一起举火，风助火势，烟火冲天，曹军船只和岸边军营，全都陷入一片火海之中。曹军士兵措手不及，抱头鼠窜，顿时全军溃散。孙刘联军乘势掩杀，曹军死伤无数。曹操只得带领残兵败将，退回北方去了。

赤壁一战，成就了周瑜一世英名，后人赞誉他为：“世间豪杰英雄士，江左风流美丈夫。”

赤壁之战的功绩，主要是周瑜建立的，与刘备、诸葛亮关系不是很大。《三国演义》描写赤壁之战的精彩故事，像诸葛亮舌战群儒、智激周瑜、三气周瑜、诸葛亮吊孝、借东风、庞统献环连计、蒋干盗书、曹操中计杀蔡瑁、关羽义释曹操等，都是虚构的，历史上并没有这些事。

周瑜火烧赤壁，击退了曹操，随即马不停蹄，进攻南郡。当时南郡被曹仁占据着，周瑜与曹仁大战，不幸被箭射伤右肋，伤势很重。周瑜不顾伤痛，勉强起身，让人扶到马上，去巡视军营。周瑜忍受着剧痛，脸上却表现出精神抖擞的样子，以激励官兵士气。经过一番苦战，周瑜终于打败曹仁，占领了南郡。

周瑜在解除了曹操威胁之后，又想遏制刘备的势力，甚至想吞并刘备，不料染病身亡，英年早逝，年仅三十六岁。

周瑜在临终之时，念念不忘江东大业，他给孙权写信，推荐鲁肃接替他。鲁肃是“联刘派”，与他的政见并不相同，但周瑜知道，鲁肃忠于东吴，又是旷世良才，没有人比他更合适，所以推荐了鲁肃。这表现了周瑜的容人之量。

周瑜为人宽宏，还表现在他对待程普的态度上。程普是孙坚时期的老将，屡立战功，还救过孙策性命，又是江东诸将中年龄最大的。程普见周瑜职务超过自己，心中不服，经常当众凌辱周瑜。周瑜始终不与他计较，而是降低身份，对程普敬重有加，后来终于感动了程普。程普对人说：“与周瑜交往，若饮醇醪，不觉自醉。”后来形成一个成语，叫“饮醇自醉”，比喻与宽厚之人相交，就像饮美酒一样，不觉心醉，令人敬服。

后人给予周瑜很高的评价，唐代追封古代名将六十四人，宋代追封七十二人，周瑜都名列其中。历代的文人墨客，也写了大量诗文，赞颂周瑜。

谋略宏大的鲁肃

在《三国演义》中，鲁肃被写成一个忠厚老实、迟钝迂腐的人物，以反衬诸葛亮的智慧。其实，在历史上，鲁肃并不是这个样子。鲁肃胸怀大局，站得高，看得远，智谋超群，是一位杰出的政治家、谋略家和外交家。

《三国志》记载，鲁肃，字子敬，是临淮东城（今安徽定远）人。鲁肃出生于豪族家庭，幼年丧父，由祖母把他抚养成人。鲁肃长大后，体貌魁伟，性格豪爽，喜欢读书、骑马射箭和结交朋友。

鲁肃家里很富，土地房产很多。东汉末年，天下大乱。鲁肃认为，在乱世之中，财产难以保全，于是，在许多人趁价廉置买土地房产的时候，他却反其道而行之，大量出售家产，把换来的钱财，用以救济穷人、结交士人，因此，鲁肃在家乡一带深得人心。

周瑜担任居巢县长的时候，请求鲁肃提供粮食帮助。鲁肃家里有两座粮仓，每仓都装有三千斛之多，鲁肃慷慨地拿出一仓粮食，送给了周瑜。周瑜觉得鲁肃不是平庸之辈，用心与他结交，两人很快成为好朋友。

袁术听说了鲁肃的大名，想请他担任东城县长。鲁肃觉得，袁术法度废弛，赏罚不明，难成大事，于是婉言谢绝。后来，周瑜辅佐孙权，劝鲁肃来江东，鲁肃欣然同意。

孙权与鲁肃交谈后，觉得他见识不凡，与众不同，便与他单独商议大事。鲁肃分析了天下大势，认为汉朝气数已尽，汉室不可能复兴；天下大乱，豪杰四起，正是英雄大显身手、创业称帝的好时机；江东地险民富，可以作为基业，对外扩张，建立帝号。

鲁肃为孙权谋划了“二分天下”的宏伟蓝图。鲁肃说，曹操灭了袁绍，占据北方，势力强盛，不能与他争锋；荆州刘表、益州刘璋，暗弱无能，可以图之。鲁肃建议先向西吞并荆州，然后继续西征，夺取益州，占据长江以南地区，二分天下，建立帝号，再进一步统一全国。

“鲁肃蓝图”确实高瞻远瞩，谋略宏大，可以与诸葛亮的“隆中对”相媲美。诸葛亮被称为旷世奇才，鲁肃起码也算得上旷世良才。“鲁肃蓝图”正对了孙权的心思，孙权大为高兴，从此把鲁肃作为他的主要谋士，倍加信任，并称他为“邓禹”。后来。孙权的所作所为，都是按照“鲁肃蓝图”来进行的，只不过没有料到刘备迅速崛起，“二分天下”变成了“三分天下”。

鲁肃在抗拒曹操的过程中，发挥了中流砥柱的作用。曹军南下，兵指江东，摆在东吴面前的有三条路：一是投降，那是孙权极不甘心的；二是独自对抗，但从实力上很难与曹操抗衡；三是联合刘备，这才是唯一正确的选择。

鲁肃是坚定的“联刘派”，是孙刘联盟的主要策划者和具体实施者。为此，鲁肃不惜冒着危险，东奔西走，多方撮合，最终促成了孙刘联盟。同时，鲁肃力排众议，与周瑜一起，力劝孙权，终于使孙权下定了抗曹决心。

对鲁肃在抗曹中的作用，孙权心里十分清楚。所以，在赤壁大捷之后，孙权带领群下，以隆重的礼节欢迎鲁肃，自己还亲自为鲁肃扶鞍下马。孙权笑着对鲁肃说：“子敬，这样欢迎您，您感到荣耀了吧？”

鲁肃却一本正经地说：“这还不够。”众人听了，十分惊讶。鲁肃很认真地说：“我希望您能够统一天下，成就帝王大业，到那时，您用装有软轮的车子来接我，我才真正感到荣耀啊！”孙权一听，鼓掌大笑。

赤壁大战之后，刘备趁机崛起，周瑜等人主张遏制刘备势力，甚至想要吞并他。只有鲁肃，谋略深远，知道孙刘联盟的重要性，极力维护孙刘关系。鲁肃还劝孙权把江陵借给刘备，孙权本不想借，但出于对鲁肃的信任，勉强同意了。

当时，曹操听到这个消息，大吃一惊，他正在写字，惊得把手中的笔都掉在了地上。曹操知道，这样一来，孙刘联盟就更加密切了，对他十分不利。

鲁肃不仅谋略过人，还善于治军。鲁肃接替周瑜职务时，同时接管了周瑜亲自统领的四千士兵。鲁肃上任后，整顿军纪，奖惩分明，招揽猛士，部队很快扩充到一万多人，而且军列严整，具有很强的战斗力。

鲁肃主张联合刘备，但并不是一味迁就，有时也需要来点硬的。刘备谋取益州后，拒不归还江陵，鲁肃也很生气。孙权调集大军，想武力夺取荆州。鲁肃率一万精兵，在益阳与关羽对峙。

鲁肃邀请关羽单刀赴会，进行会谈。在会谈时，鲁肃义正词严地说："当初，你们远道而来，打了败仗，无容身之处，是东吴收留了你们，才得以存身，东吴又借给你们土地，你们才能够向西发展。如今，你们得了益州大片土地，却不归还荆州，是不是太不仁义了？"鲁肃说的是实情，关羽无言以对。

这时，关羽的一个部下，蛮横地说："土地这个东西，谁有德就应该是谁的，哪有一成不变的道理？"在三国那个混乱的年代，确实是这样，谁的拳头硬，谁就是老大，原本荆州是刘表的，益州是刘璋的，不是都被人夺去了吗？可是，这话有点不讲道理，是不能摆到桌面上说的。于是，关羽假装发怒，呵斥部下，借机起身走了。

就在孙权与刘备兵戎相见的时候，曹操攻打汉中，威胁到益州。刘备不得已，与孙权谈判讲和。鲁肃发挥外交家的才能，让东吴得到了最大利益。刘备失去了湘水以东的土地，才换取了暂时的和平。

217 年，鲁肃病逝，终年四十六岁。孙权亲自为鲁肃举办丧事，诸葛亮也前去吊唁。

诸葛亮与鲁肃的关系一直很好，因为他俩都是有远见的政治家，都坚持孙刘联盟的基本策略。在历史上，诸葛亮吊唁周瑜，是虚构的；而吊唁鲁肃，却是真实的。

鲁肃死后，"吞刘派"的吕蒙接替了他。吕蒙虽然也是一位了不起的人物，但在大的谋略方面，却赶不上鲁肃。于是，孙刘联盟开始走向破裂。

刮目相看的吕蒙

有个成语，叫作士别三日，当刮目相看，意思是说，别人已经有了进步，不能再用老眼光去看他。这个成语，来自三国时期的吕蒙。

吕蒙，原先只是一个喜欢玩命的鲁莽汉子，后来潜心读书，达到识见精博，逐渐成为一位有勇有谋的著名将领。吕蒙最重要的功绩，是打败了大名鼎鼎的关羽，为东吴夺取了荆州。

《三国志》记载，吕蒙，字子明，是汝南富陂（今安徽阜南一带）人。吕蒙十五六岁时，由于社会动荡，他带着母亲，投靠了姐夫邓当，邓当是孙策的部将。

吕蒙年龄不大，胆量却不小。有一次，他偷偷跟在邓当后面，上了战场。邓当见了，大惊失色，呵斥他赶紧回去。吕蒙不仅不听，反而直往前冲。邓当回去后，告诉了吕蒙母亲，吕蒙母亲很生气，要处罚他。吕蒙说："现在我们地位卑贱，我想改变这种状况，如果立下战功，不就可以得到富贵了吗？"

吕蒙胆量大，行事也鲁莽。邓当手下有个官吏，见吕蒙小小年纪，却要上阵杀敌，便嘲笑他说："你小子有什么本事？只不过是拿肉喂老虎罢了。"吕蒙很生气。有一天，官吏又用言语戏弄吕蒙，吕蒙大怒，拔出刀来，一刀把他砍死了。吕蒙惹了祸，便逃走了。后来，经人说情，孙策赦免了他。孙策觉得吕蒙勇气可嘉，把他留在身边。从此，吕蒙跟随孙策南征北战。

吕蒙作战勇敢，打仗不要命。过了几年，邓当死了，吕蒙统领了他的队伍。孙权继位后，打算整顿部队，对一些年轻将领的队伍进行合编。吕蒙怕被合编掉，便想了一个办法。他借钱为士兵做了统一的大红色衣服，并进行了演练。孙权巡视部队时，见他的队伍衣服整齐鲜亮，士兵们精神抖擞，十分满意，反而为吕蒙增加了兵力。

吕蒙率军参加了讨伐黄祖、赤壁之战、攻取南郡等许多重要战役，他身先士卒，不惧生死，屡立战功，被任命为偏将军，兼任浔阳县令。吕蒙成了东吴的重要将领，但他缺少学识和文才，被人戏称为“吴下阿蒙”。

孙权对吕蒙很器重，但觉得他武的方面可以，文的方面欠缺，便要求他学习文化和经典书籍。吕蒙很不乐意，推托军务繁忙，没有时间。孙权说：“作为一名将领，不能只是武夫，各方面的能力都要具备。你说事务繁忙，能有我的事务多吗？我常常挤时间读书，感觉收益很大。”

吕蒙受到触动，开始读书学习，起初觉得乏味，他就硬着头皮去读，后来慢慢产生了兴趣，觉得书中知识太宝贵了，便把读书当成了生活的一部分。吕蒙几乎把业余时间都用来读书，日积月累，他读的书，超过了宿儒耆旧。通过读书，吕蒙丰富了知识，开阔了视野，陶冶了情操，大家都觉得，在吕蒙身上，发生了很大变化。

210年，鲁肃接替周瑜，去陆口驻防，路过吕蒙军营。鲁肃是有名的儒将，有点看不起武夫出身的吕蒙，不想去见他。有人说：“吕将军变化很大，不能再用老眼光看他了。”鲁肃感到好奇，便去拜访吕蒙，看他有什么变化。

两人相见，摆下酒宴，寒暄一阵后，自然谈起军务。吕蒙问鲁肃：“君受重任，与关羽为邻，有何计策，以防不测呢？”鲁肃随意地回答道：“视情况而定吧。”吕蒙很认真地说：“关羽是虎将，善于用兵，怎能不事先谋划好应对之策呢？”接着，吕蒙分析了当前形势和各自的优劣，一口气提出了五条计策，条条都很精辟。

鲁肃听了，大吃一惊，连忙离开座位，向吕蒙施礼，并拍着吕蒙的后背，赞叹不已地说：“子明啊，想不到您的才能谋略，竟然达到这样高的水平。以您现在的才略，再也不是那个‘吴下阿蒙’了。”吕蒙哈哈一笑，开玩笑说：“士别三日，当刮目相看，您老兄知道得太晚了啊！”鲁肃专门到内室，拜见了吕蒙母亲。从此，鲁肃与吕蒙成了好朋友，过从甚密。

217年，鲁肃病逝，吕蒙接替了他。在对待关羽的态度上，吕蒙与鲁肃的看法有所不同，他认为关羽是心腹大患，应该尽早除掉。孙权曾经想北伐徐州，征求吕蒙的意见。吕蒙不同意，说："徐州交通便利，即便攻占了，也很难守住，不如攻打关羽，夺取荆州。"孙权始终眼馋荆州这块肥肉，便同意了。

吕蒙没有鲁肃那样的深远目光，只看重荆州这样的眼前利益，所以，他一上任，就开始谋划夺取荆州。吕蒙首先对关羽进行欺骗，假装继续执行鲁肃的政策，保持两家友好，以麻痹关羽。另外，吕蒙觉得，关羽毕竟不是好对付的，他还要等待一个好时机。

219年，好机会来了。关羽发动了襄樊战役，亲自率兵攻击曹军，取得了水淹七军、斩杀庞德、生擒于禁的辉煌战果，威震华夏。曹操派人联系东吴，许下丰厚条件，让孙权在背后袭击关羽。关羽把大部分兵力调往襄樊前线，但在南郡和沿江一带，仍然留了很多兵力防守。关羽是在提防吕蒙，怕他在背后袭击。

吕蒙知道，关羽留兵，是为了防备他，于是假装病重，由年轻没有名气的陆逊代理他的职务。关羽果然中计，失去警惕，把留守的兵力都调往前线，造成后方空虚。

吕蒙见时机到了，便采用"白衣过江"之计，他亲自率军作为先锋，把士兵埋伏在大船中，扮成商船模样，悄悄干掉关羽设在江边的巡逻哨所，然后昼夜兼程，溯江急驶，一举攻占了南郡。

吕蒙入城后，采取了十分正确的怀柔策略。他严令部队，不许扰民，不许拿百姓的任何东西。有个军官，与吕蒙是同乡，关系很好，因拿了百姓一个斗笠，用来覆盖公家的铠甲，吕蒙含泪把他斩了。对关羽将士的家属，更是进行优待，加以安抚慰问。关羽的士兵知道以后，斗志全无，纷纷逃散。关羽见大势已去，只好败走麦城，被擒遇害。这样，荆州全部落到孙权手中。

收复荆州，吕蒙居功至伟。孙权对他大加奖赏，任命他为南郡太守，封孱陵侯，赐钱一亿，黄金五百斤。吕蒙推辞不受，孙权坚决不许。

不过，吕蒙很快就病倒了。他本来身体就不好，这次因为呕心沥血，病情更重了。孙权把吕蒙接到自己的住处，安置在内殿中，悬赏一千斤黄金，寻求名医，千方百计为他治病，还请来道士为他祈祷，甚至下达赦免令，赦免罪犯。孙权为了能救吕蒙，做了一切可以做的事情。

孙权每天都要去探视吕蒙病情，但孙权一去，吕蒙就要挣扎着行礼，这不利于他的病情。孙权想了一个办法，命人在墙壁上凿了一个小洞，每天通过小洞看望吕蒙。孙权见吕蒙病情有点好转，就心情高兴，有说有笑；见他病情加重，就愁眉苦脸，唉声叹气，吃不下饭，睡不好觉。孙权对待吕蒙，那是真好啊！

孙权尽管做了最大努力，但还是没有留住吕蒙的性命。220 年，吕蒙在孙权的住所里去世，终年四十二岁。吕蒙临终前留下遗言，把赏给他的金银珠宝和财物，全部上交国库，丧事一切从简。

后人对吕蒙给予高度评价，唐代追封古代名将六十四人，宋代追封七十二人，吕蒙都名列其中。

《三国演义》有明显的“拥刘抑曹”倾向，因为吕蒙是谋杀关羽的元凶，所以对他的描写不是很好。吕蒙的许多优秀品质没有得到表现，还虚构了一个“七孔流血而死”的下场，这对吕蒙是不公平的。

吕蒙由一个鲁莽武夫，通过不懈的读书学习，成长为智勇双全的一代名将，是值得我们学习和效仿的。

社稷之臣陆逊

在东吴政权中，周瑜、鲁肃、吕蒙接力发挥了支柱作用，可惜他们的寿命都不长。吕蒙死后，陆逊接替了他。陆逊忠诚正直，能文能武，出将入相，活到六十多岁，统领吴国军政二十余年，为东吴的稳固和发展，做出了卓越的贡献，被誉为“社稷之臣”。

《三国志》记载，陆逊，字伯言，是吴郡吴县（今江苏苏州）人。陆家世代都是江东大族，名望很高。陆逊小时候死了父亲，他的堂祖父陆康，当时担任庐江太守，见陆逊聪慧过人，十分喜欢，便接他一块儿生活。后来，陆康与袁术打仗，把家眷和陆逊都送回吴县，让陆逊替他管理家务。

孙权继位后，招纳俊秀，广揽人才。陆逊二十一岁时，开始在孙权府中任职，任东西曹令史，负责文秘工作。

孙权见他虽然年轻，却很有才干，便让他外出担任海昌屯田都尉，并兼管海昌县的政务。陆逊把屯田和政务两方面的事情，都干得十分漂亮。另外，陆逊还招募士兵，剿灭山贼，他的队伍达到两千多人。

孙权比陆逊大一岁，两人很谈得来。孙权把孙策的女儿嫁给了陆逊，成了他的叔叔。陆逊建议说：“现在英雄相持，各霸一方，要想成就大业，必须扩充军队，走强兵之路。东吴山贼很多，多数是为生活所迫的百姓，我们可以剿灭山贼，挑选精壮之人扩大部队，这样一举两得。”孙权认为很好，任命他为帐下右部督，让他负责此事。

这时，丹阳的贼寇首领费栈，接受曹操授予的官职，煽动山越作乱，陆逊领兵讨伐。费栈的部众很多，而陆逊的兵马很少，陆逊便采用“疑兵之计”，遍地插满军旗，到处设下战鼓号角，显得兵强马壮，山贼见了，人人心里发怵。到了夜里，陆逊下令擂鼓进攻，山贼不知虚实，纷纷溃散逃命，多数做了俘虏。陆逊挑选强壮之人扩充部队，加强训练，很快得到精兵数万人。

陆逊扩大军队的做法，有的官员并不赞同。会稽太守淳于式，给孙权上书，告发陆逊滥取百姓为兵，妨碍地方发展。陆逊却不在意，称赞淳于式是个好官，并向孙权举荐他。孙权感到不解，陆逊说："淳于式想休养百姓，发展生产，所以才告发我，他是为公而不是为私。"孙权听了，认为陆逊心胸宽阔，有大将风度，对他更加器重。

219年，吕蒙定下袭击关羽之计，自己则称病回到建业。陆逊去见他，并且献上了消灭关羽的计策。这计策与吕蒙所想的几乎一样，吕蒙暗自佩服，但怕泄露军机，假装不听，搪塞过去。吕蒙随即去见孙权，推荐陆逊代理自己的职务，并说："陆逊思虑深远，才能出众，日后定能担当大任。"

陆逊代理吕蒙职务，到了陆口，马上给关羽写了一封信，大谈孙刘友好，大夸关羽神勇无敌，表示自己要虚心向关羽学习，态度诚恳，语气谦卑，犹如一碗味美的迷魂汤，把关羽灌得晕乎乎的。关羽失去警惕，把大部分兵力调往襄樊战场，致使后方空虚，吕蒙阴谋得逞。

221年，刘备为报关羽之仇，夺回荆州，亲率大军伐吴，东吴面临危机。孙权任命陆逊为大都督，假节，率五万人西去迎敌，韩当、徐盛、朱然、潘璋等一批老将随军出征。当时陆逊三十八岁，资历浅，又没有名气，老将心中很不服气。

陆逊召集众将，手握宝剑，神情严峻地说："刘备天下知名，连曹操都怕他，如今侵入我境，实乃大敌。我国面临生死存亡，各位身受国惠，理应同心协力，共同对敌。我虽是一介书生，却受命于主上，主上命各位听我指挥，是认为我能担当此任。各位必须服从我的命令，否则军令如山，违令者斩！"诸将听了，人人畏服。

陆逊曾经担心，怕刘备水陆并进，两路进兵东吴。刘备却认为，自己的水军敌不过东吴，蜀军的长处是山地战，于是主要使用步兵，处处扎营，从陆地稳步向前推进。

陆逊采用诱敌深入策略，把蜀军引诱到夷陵地区，驻扎在树木茂密之处。陆逊看准时机，突然实行火攻，把刘备打得一败涂地。夷陵战役，使名不见经传的陆逊一战成名。

陆逊是一位杰出的政治家，他大败刘备之后，没有乘胜进军，去攻打益州，而是将大军撤回。这固然是为了防备曹魏袭击，但更重要的，是从全局考虑的。陆逊知道，如果蜀汉灭亡，东吴便独木难支，难以与曹魏抗衡了。所以，陆逊积极主张与蜀汉修复关系。

孙权对陆逊高度信任，甚至把自己的大印，都放到陆逊那里，让他全权处理军政事务。在陆逊主政期间，吴蜀两国一直友好相处。

陆逊把主要精力，仍然放在对付曹魏上，因为曹魏是头号大敌，对东吴威胁最大。

228 年，陆逊设下一计，发动了“石亭战役”，意图消灭曹魏主力。陆逊让鄱阳太守周鲂，给曹魏主将曹休写信，假装投降，请求派兵接应。曹休大喜，不辨真假，亲率十万大军深入敌境，不料正中埋伏，被斩杀一万多人，损失军资无数。曹休侥幸逃脱，气得发病而死。

229 年，孙权称帝，建立吴国。陆逊被任命为上大将军，地位高于三公，主持吴国军政大事。孙权还让陆逊辅佐太子，督管其他皇子。陆逊为人正直严厉，尽心尽责，皇子们都不敢放纵自己。

244 年，陆逊被任命为丞相。陆逊是军事奇才，治国安民也有一套。他以养本保民为要，实行轻徭薄赋、与民休息的政策，推行仁政，减轻刑罚，发展经济，力求富国强兵。陆逊是一位文武兼备的政治家和军事家。

孙权胸有大志，善用人才，是英雄中的豪杰。然而，在他晚年的时候，却有些糊涂，变得多疑猜忌，听信谗言，性格暴躁，任意废弃和杀害子孙。孙权的子孙们也不争气，争权夺利，互相攻击。陆逊为吴国的前途感到担忧，整日忧心忡忡。

245 年，陆逊在忧患中去世，享年六十三岁。陆逊去世的时候，家里没有多余的财产。孙权追谥陆逊为昭侯。

后人对陆逊给予高度评价，唐代追封古代名将六十四人，宋代追封七十二人，陆逊都名列其中。

陆逊死后，吴国就开始衰落了。

诸葛亮五伐中原

《三国演义》中，有“六出祁山”的故事，说诸葛亮六次从祁山出兵，讨伐曹魏。其实，从史籍记载来看，诸葛亮是五次北伐中原，而且只有两次是从祁山出兵的。

《三国志》记载，223年，刘备在夷陵惨败、蜀国危难之际，把儿子和兴汉大业都托付给了诸葛亮。诸葛亮不负重托，经过几年努力，稳定了蜀汉政权，平定了南方，做好各项准备，便开始考虑出兵北伐了。

在诸葛亮苦心经营蜀国的这几年，曹丕把主要精力用于对付孙权，曾经数次南征，使得西部防备相对松懈。226年，曹丕病死，二十四岁的曹叡继位，魏国局势不够稳定。诸葛亮觉得，北伐时机已经成熟，可以出兵了。

227年，诸葛亮给蜀国皇帝刘禅上《出师表》，请求率兵征讨曹魏，以实现刘备的遗愿。

诸葛亮在《出师表》中说：“先帝创业未及一半，不幸中途去世，临终前，把大事托付给臣。臣本布衣，躬耕于南阳，先帝三顾臣于草庐之中，由是感激，遂许先帝以驱驰，至今已有二十一年。臣自受命以来，夙夜忧叹，恐负重托。如今，南方已定，兵甲已足，应当统率三军，北定中原，扫除奸凶，兴复汉室，让陛下重回旧日都城。这是先帝的愿望，也是臣以死报答先帝的责任。”诸葛亮在《出师表》中，还对其他事情做了一些安排。

《出师表》是千古名篇，它表达了刘备、诸葛亮兴复汉室的共同政治信仰，体现了诸葛亮的忠诚品格和坚强意志，情真意切，感人肺腑，历代为人们所赞颂，还被选入学校教材。

228年春，诸葛亮第一次北伐中原。诸葛亮派赵云、邓芝率一支兵马，攻占箕谷，摆出要由斜谷北攻郿城的架势。曹军主将曹真中计，率军去抵御赵云。诸葛亮却亲自指挥各路兵马，趁机猛攻祁山。祁山，在今甘肃省礼县一带，地扼蜀陇咽喉，是兵家必争之地。

由于魏国防备不足，诸葛亮又出兵迅速，导致南安、天水、安定三郡被攻克，守将姜维等人投降，曹魏“朝野恐惧”。诸葛亮兵出祁山，首战告捷。

在这关键时刻，诸葛亮用人失误，派了只会纸上谈兵的马谡，去据守战略要地街亭，结果街亭失守，蜀军丧失了有利形势。魏明帝曹叡，又率大军增援，亲自坐镇长安，形势急转直下。诸葛亮只得前功尽弃，带着三郡民众和大批财物，退回汉中。

诸葛亮想起刘备临终前告诫过他，说“马谡言过其实，不堪大用”，悔恨不已，斩了马谡，自己也自贬三级。《三国演义》有“挥泪斩马谡”的故事，大体与史籍相符。不过，诸葛亮摆空城计，却是虚构的。第一次北伐，应该是取得了胜利，得到了大批民众和财物，但也引起了曹魏警惕，此后的北伐就比较困难了。

228年冬，诸葛亮第二次北伐中原。当时，东吴陆逊在石亭大败曹军，诸葛亮觉得有机可乘，便给刘禅写了《后出师表》，表达了与汉贼誓不两立的决心，请求再次出征。不过，《后出师表》是否为诸葛亮所写，存在争议。

诸葛亮第二次北伐中原，没有出祁山，而是出散关，围攻陈仓。陈仓，在今陕西省宝鸡市境内，地势险要，易守难攻。

陈仓守将郝昭，准备充足，拼死抵御。蜀军围城二十余日，未能攻克，听说魏国援军将到，只好再次退回汉中。蜀军在退师途中，成功截杀了魏将王双。第二次北伐，实际上是局部战斗，双方损失不大。

229年春，诸葛亮第三次北伐中原。这次也是一个小战役，取得了胜利。诸葛亮率军驻扎建威，牵制曹军将领郭淮，而派陈式领兵，攻占了武都、阴平两郡，得胜后便退回汉中了。

230 年，曹魏见蜀军屡次进犯，大为恼火，派曹真、司马懿、张郃三路攻打蜀国。诸葛亮调兵遣将，严防死守。蜀地险峻，道路崎岖，又连降三十多天大雨，魏军不能前进，无功而返。

231 年春，诸葛亮第四次北伐中原。当时关中灾荒，民不聊生，社会动荡，正是伐魏的好时机。诸葛亮再出祁山，命魏延、高翔、吴班，分三路向前推进。此前，魏军的主将一直是曹真，这时曹真病重，改由司马懿统领部队，诸葛亮开始与司马懿交手。

诸葛亮运用灵活机动的战术，忽东忽西，搞得魏军疲惫不堪，然后看准机会，突然出击，大败魏军。魏军死伤惨重，被杀的低级官吏就有三千多人，名将张郃也被射杀。这是司马懿一生中，唯一一次与诸葛亮正面交锋。从此，司马懿知道了诸葛亮的厉害，再也不敢轻易出战了。

就在诸葛亮节节胜利的时候，镇守后方的李严，因督运军粮不力，致使军粮供应不上。李严建议诸葛亮撤兵，使得第四次北伐功亏一篑。诸葛亮回去后，把李严贬为庶人。李严后来一直希望诸葛亮能够再起用他，诸葛亮死后，李严觉得希望破灭，没有人再会用他了，也发病而死。

234 年春，诸葛亮第五次北伐中原。这次经过三年休整，蜀军士气旺盛。诸葛亮觉得，自己年龄已大，身体不好，决心拼死一战。诸葛亮派使者到东吴，希望孙权从荆州出兵，两路攻曹，这是诸葛亮在“隆中对”中的计策。孙权答应了，诸葛亮很欣慰。

诸葛亮率领大军，从斜谷出兵，用木牛流马运送军粮，抵达郿县，一举攻占了渭水南岸的五丈原，安营扎寨。司马懿领兵前来御敌，渡过渭河，背水构筑营垒，两军对峙。

司马懿老谋深算，上次又吃了诸葛亮的大亏，便采取坚守不出的策略。蜀军远道而来，蜀道运粮困难，因而急于决战。可是，不管蜀军如何叫骂挑战，甚至拿女人衣服羞辱，司马懿都稳坐不动，坚决不肯出营寨一步。司马懿是想打持久战，消耗蜀军粮食，让蜀军不战自退。这一手很是老辣，诸葛亮无计可施，心情郁闷。

与此同时，孙权为了与诸葛亮相呼应，亲率十万大军北上，攻击魏国。曹叡也亲自领兵对敌，双方大战，结果孙权战败，退回了南方。诸葛亮知道后，心情更加糟糕。

诸葛亮与司马懿对峙一百多天，没有任何进展，终因日夜操劳，积劳成疾，一病不起。234 年八月，诸葛亮在军中与世长辞，终年五十四岁。

诸葛亮壮志未酬，死不瞑目，他临终留下遗言，遗体不要运回成都，就地安葬在汉中大山之中。笔者认为，他的这一做法，与春秋时期的伍子胥相似，诸葛亮是想亲眼看到蜀国大军继续北伐，完成他的未竟事业。

后来，蜀国大将姜维，继承诸葛亮遗志，多次举兵北伐，可惜仍未成功。

诸葛亮以天下大业为重，一心为公，从不置办家产，更不谋取个人利益，他死后，家中没有多余的财产。

诸葛亮不顾蜀国弱小，多次攻击强大的魏国，对此，历来有不同的看法，至今仍众说纷纭、争论不休。

笔者认为，支撑诸葛亮北伐的最大动力，是“不负重托、复兴汉室”的政治信仰。不管目的何时达到，始终为信仰战斗不息，这是真正政治家的共同特点和高贵品质。共产党人信仰共产主义，实现共产主义是很遥远的事情，而无数共产党人，不也是生命不息、奋斗不止吗?

诸葛亮北伐虽未成功，但他用自己的毕生心血，实践了“鞠躬尽瘁，死而后已”的铮铮誓言，彰显了他为信仰而战的崇高气节和坚强意志，这是值得我们永远崇敬、怀念和学习的。

诸葛亮并未授计杀魏延

诸葛亮刚一去世，蜀军就发生一件惊天大事，著名大将魏延被杀了！《三国演义》说，诸葛亮在临终前，料定他死后魏延会反，于是授予杨仪、马岱锦囊妙计，出其不意斩杀了魏延。然而，据史籍记载，魏延之死，主要是他与杨仪内讧所致，与诸葛亮没有直接关系，诸葛亮更没有下令杀魏延。

《三国志》记载，魏延，字文长，是义阳（今河南桐柏一带）人。魏延作战勇猛，也有谋略，但性格高傲，自命不凡，连对诸葛亮都有点不服气。

魏延是在刘备入川时归附的，在谋取益州、夺取汉中等战役中，立有大功，深受刘备器重。刘备占领汉中后，由谁镇守，众人都认为非张飞莫属，张飞自己也觉得应该是他。不料，刘备却提拔魏延为督汉中镇远将军，兼任汉中太守，全军都感到意外。

有一次，刘备大会群臣，问魏延："我把镇守汉中的重任交给你，你打算怎么办呢?"魏延豪气十足地回答："如果曹操亲率全国之兵来，我就为您挡住他；如果曹操派一偏将领十万兵来，我就替您消灭他。"刘备连声称好，众人也夸魏延有胆魄。

诸葛亮对魏延也很器重，他刚一主政，就封魏延为都亭侯。在第一次北伐之前，提升魏延为丞相司马、凉州刺史，刺史比太守高一个等级。在几次北伐中，诸葛亮都把魏延作为军中第一大将使用，使魏延屡立战功。在第三次北伐之后，诸葛亮再次提拔魏延为前军师、征西大将军，晋封为南郑侯，并给予持假节的特权。《三国演义》说，诸葛亮第一次见到魏延，就说他脑后有反骨，此后不肯信任他，那是虚构的，纯属子虚乌有。

魏延觉得自己能力很强，每次北伐，他都要求领兵一万，从另一条路出击，与诸葛亮在潼关会师，就像过去韩信那样。可是，诸葛亮每次都不答应。因此，魏延常说诸葛亮胆子小，感叹自己的才能不能全部发挥出来。魏延曾提出过由子午谷奇袭长安的计策，诸葛亮谨慎，也没有听从，魏延心里很不痛快。

魏延居功自傲，又自恃才高，不善于团结同僚，不能与人友好相处，特别是与长史杨仪的关系，闹得更僵。

杨仪，字威公，是襄阳人。杨仪属于文人，很有才华。他先投靠了关羽，关羽推荐给了刘备，刘备很喜欢他，任命他为尚书。后来，诸葛亮也很欣赏杨仪，让他做丞相府长史，加绥军将军号。杨仪办事干练，效率很高，所有的事务，都办得又快又好。不过，杨仪也是恃才傲物，心胸不够豁达。

当时，诸葛亮文靠杨仪、武靠魏延，两人如果能够齐心协力，岂不美哉。可是，两个人就像一对冤家，互不服气，互不顺眼，最后竟闹得水火不容。杨仪是文官，手无缚鸡之力，常常被魏延欺负得痛哭流涕。诸葛亮多次劝解，毫无效果。

234年，诸葛亮病危，秘密与杨仪、费祎、姜维商议退兵之事。诸葛亮的部署是：由当时的先锋魏延断后，姜维次之，杨仪领大队人马徐徐退入汉中，全军秘不发丧。诸葛亮估计，魏延可能会不服从命令，交代说："如果魏延不听命令，不要与他争执，大军可自行出发。"诸葛亮把姜维安排在大军后边、魏延前面，意图就是由姜维在必要时断后，以保大军无虞。

诸葛亮去世后，杨仪派费祎去魏延军营传达命令。魏延果然不服从，说："丞相死了，还有我在，怎么能因为一个人的去世而废国家大事呢？他们护送丞相灵柩回去，我留下来，领兵攻打曹贼。再说，杨仪是个什么东西，我怎么能听他的指挥，给他断后呢？"

魏延想让费祎留下来，帮他谋划统军作战之事。费祎骗魏延说："我应当回去，把您的意见转达给杨仪，劝他按您的意见办。杨仪是个文官，没有统领过军队，我一定会说服他的。"魏延同意了，费祎赶紧快马加鞭跑了回去，立即安排自行撤军事宜。

费祎刚走，魏延就醒悟了，急忙派人去追，哪里还追得上？魏延派人去查看情况，发现杨仪正在指挥各营，准备有序撤退呢。此时，魏延心中大怒，利令智昏，铸成大错。他率军径直向南，赶在杨仪大军前边，把所经过的栈道全部烧毁，断了他们的归路，意图接管杨仪军队。魏延还上表朝廷，说杨仪造反。

杨仪等人见栈道被毁，命令士兵砍伐山上树木，开出一条道路，大军昼夜兼行，急速南归，同时，也上表朝廷，说魏延造反。朝中大臣，都担保杨仪不会造反，却无人担保魏延。于是，朝廷派蒋琬率宿卫军，前去支援杨仪。

杨仪率军来到南谷口，被先行到达的魏延拦住去路。杨仪命王平前去抵御魏延。王平厉声斥责道："丞相刚死，尸骨未寒，你们怎敢如此！"魏延的士兵知道魏延理亏，一哄而散，多数跑到王平这边来了。

魏延失去人心，成了孤家寡人，只好和他的儿子逃亡到汉中。杨仪命马岱追击，将其斩杀。魏延的脑袋被送到杨仪处，杨仪上前，踩着他的头颅，恨恨地说："庸奴！看你还能作恶不！"魏延的三族都被诛杀。魏延被杀，应该说是咎由自取，但灭他三族，属实有些过分了。

杨仪按照诸葛亮的遗嘱，把部队安全带回，又诛杀了魏延，自认为功劳极大，理应接替诸葛亮执掌朝政。不料，杨仪回京后，被任命为中军师，不统领军队，只是个闲置的职务而已，杨仪心里很不平衡。

后来，杨仪见资历比他低的蒋琬，都升上去了，当了尚书令、益州刺史，心中更加愤愤不平，经常口出怨言。人们都躲着他，不敢与他交往。

有一次，费祎去看他，杨仪又大发牢骚，说："当初丞相去世的时候，我如果带领全军投降曹魏，我还会像今天这样失意吗？我真是追悔莫及啊！"这话说得太出格了，费祎听得心惊肉跳，不敢隐瞒，报告了朝廷。朝廷将杨仪罢官为民，流放到汉嘉郡。杨仪仍不思悔改，又上书诽谤朝廷，言辞激烈。朝廷下令逮捕他，杨仪就自杀了。

裴松之在《三国志》补注中，同时引用了《魏略》的记载，却与《三国志》记载大相径庭。《魏略》中说，诸葛亮在病危时，把后事托付给了魏延，而不是杨仪。杨仪与魏延有仇，怕魏延趁机加害，于是造谣说，魏延要北上投敌，并率众攻击他。魏延害怕一打起来，就很难说清楚了，所以只逃不战，致使被追杀。按《魏略》的记载，魏延完全是无辜的。不过，裴松之亮明了自己的观点，他不赞同这个说法，而认为《三国志》的记载是可信的。

不论是《三国志》，还是《魏略》，都表明诸葛亮并没有授计杀魏延。魏延为蜀汉立下过汗马功劳，又是坚定的抗曹派，当时是蜀国第一勇将，杀了魏延，受损最大的是国家。所以，按照诸葛亮的胸襟和度量，即便魏延对他不够恭敬，他也不会杀害魏延的。

魏延之死的主要原因，是他与杨仪内讧所致，结果却是两败俱伤，一个被夷灭三族，一个身败名裂。

无数事例表明：凡是不以大局为重，心胸狭隘，挟私报复，互相攻讦的，都不会有好下场。在人与人的交往中，还是应该以和为贵。

司马懿攫取魏国大权

司马懿，是三国时期的重要人物，是有名的政治家、谋略家、军事家。在曹操时期，他崭露头角；曹丕时期，开始得到重用；曹叡之后，他成了魏国的权臣，并通过政变，攫取了最高权力，此后曹魏政权就由曹氏落到司马氏手里了。后来，他的孙子司马炎，废魏建立晋朝。司马懿是晋王朝的奠基者。

司马懿如此重要的人物，陈寿撰写《三国志》时，却没有为他单独列传，他的那些事，被零散地记在其他人的传记当中。原因大概是，陈寿是当代人，是晋朝的臣子，他只能为当权者隐讳。

《晋书》记载，司马懿，字仲达，河内郡温县（今河南温县）人，出身于官宦世家、豪门大族。他的高祖、曾祖，都做过汉朝高官，祖父当过颍川太守，父亲为京兆尹。可以说，司马家族满门显贵，世代荣耀。

司马懿自幼聪慧过人，博学多才，成年后满腹谋略，胸怀大志而又深藏不露。尚书崔琰曾对司马懿的哥哥司马朗说："您弟弟处事果断，英姿不凡，日后必成大事，不是您能比得上的。"

208年，曹操征召司马懿为文学掾，主要负责管理学校、教授弟子，以及教化、礼仪等事宜。当时，司马懿三十岁，曹操五十四岁，司马懿开始进入曹氏集团。

曹操发现司马懿有才干，提拔他先后担任了黄门侍郎、议郎、丞相东曹属、丞相主簿等官职，还让他辅助太子曹丕。所以，司马懿与曹丕关系非同一般，经常为他出谋划策，为曹丕最终登上太子之位立了大功。

司马懿有时也随曹操出征，参与军机。215年，曹操占领了汉中。司马懿建议，乘胜攻取巴蜀。这单从军事角度讲，是个好主意，但曹操从全局考虑，担心后方出问题，没有采纳。219年，关羽发动襄樊战役，锐不可当。司马懿建议，派人联络孙权，让孙权从背后袭击关羽。曹操听从了，结果关羽兵败被杀，襄樊得以保全。

曹操很欣赏司马懿的计谋，认为他“有雄豪志”，但同时又觉得他有“鹰视狼顾之相”，心中忌讳，因而不是很重用他。

“狼顾之相”，就是狼回头看的样子。狼生性残忍多疑，它在行走时，经常前后左右地四处观望。曹操告诫曹丕说，司马懿不是甘为臣下之人，要小心提防，曹丕却不以为然。曹操和刘备一样，看人是很准的。

220年，曹操病逝，曹丕继位。曹丕认为，司马懿是他的同党，于他有功，两人关系密切，因而早把父亲的告诫抛到脑后去了。曹丕在称帝的当年，就提拔司马懿为尚书，不久转任为督军、御史，并封为安国乡侯，第二年又升任侍中、尚书右仆射，掌管朝廷中枢。

224年和225年，曹丕两次带兵伐吴，都委托司马懿镇守后方，总领朝廷政务，对内镇抚百姓，对外为大军提供军资。

曹丕又给司马懿加了抚军、给事中、录尚书事等官职，给予他持假节的特权，还赞誉司马懿是“萧何”。在曹丕的信任重用下，司马懿一步步接近了最高权力的边缘。

226年，曹丕病逝，临终前把曹真、曹休、司马懿、陈群四人作为辅政大臣，共同辅佐他二十四岁的儿子曹叡。司马懿的地位和声望，得到进一步提高。

曹叡遵照父亲的嘱咐，对司马懿也是信任有加。曹叡继位不久，孙权率军来打，司马懿奉命领兵御敌，打退了孙权。曹叡任命他为骠骑将军，司马懿开始掌握军权。

从231年诸葛亮第四次北伐开始，由于曹真病重，就由司马懿作为魏军主将，领兵与诸葛亮对抗。司马懿采用坚守不出的策略，使得诸葛亮一筹莫展。234年，诸葛亮病逝五丈原，蜀汉对魏国的威胁解除。第二年，司马懿升任太尉，成为军队的最高长官。

238年，在西部战事暂时平息之后，司马懿又率军北征，去平定辽东。辽东是魏蜀吴三国之外的一个独立王国，在军阀混战的时候，辽东太守公孙度拥兵自重，称霸一方。辽东对魏国若即若离，时降时叛。后来，辽东的继任者公孙渊，自立为燕王，勾结东吴，侵扰魏国北方。曹叡不能容忍，派司马懿领兵讨伐。

魏国距离辽东路途遥远，司马懿率军走了几个月，才到达辽水。公孙渊已有防备，构筑工事二十余里，坚壁高垒，准备阻击魏军。司马懿却不从正面进攻，而是绕开敌军主力，偷渡辽水，直插敌军老巢襄平（今辽宁辽阳一带）。公孙渊慌了手脚，急令主力回救。司马懿抓住战机，三战三捷，重创敌军主力，随即将襄平团团包围。

司马懿并不急于攻城，耐心围城几个月，等到城内粮尽，人心溃散，才一举攻破城池，杀了公孙渊，平定了辽东。这个令曹魏头痛几十年的问题，终于得到彻底解决。司马懿由此名声大噪，权势日盛。

239年，魏明帝曹叡病逝，时年三十六岁，他八岁的儿子曹芳继位。曹叡临死前颁发遗诏，让司马懿和曹爽作为辅政大臣，共同辅佐年幼的皇帝。

曹爽是曹真的长子，正宗的皇室宗亲，当时任大将军，能力却是一般。曹爽起初还能与司马懿合作共事，后来产生矛盾，为了独揽大权，千方百计排挤司马懿。司马懿采取韬光养晦、后发制人的策略，称病不出门，暗地里却保持着与各方面的联系，特别注意加强对军队的控制，曹爽却慢慢丧失了对司马懿的警惕。

249年，司马懿在耐心等待了几年之后，觉得各方面条件已经成熟，突然发动高平陵政变，杀了曹爽，把大权夺到自己手里。

司马懿掌握大权之后，学着曹操的样子，当上丞相，加九锡，朝会不拜，一切军政大事，皆由他自己决定，年轻的皇帝，只是个摆设。至此，司马懿完全把持了朝政，爬上了权力高峰。

不过，司马懿与曹操有着根本性的不同。曹操完全是靠个人的努力，打下地盘，揽取权力，与汉朝皇帝没有多大关系；而司马懿，固然也有个人努力的因素，但主要是靠曹姓皇帝的提拔、信任和重用，才攫取了最高权力。所以，司马懿才是名副其实的奸雄。曹氏真是养虎为患！

251年，司马懿死了，活了七十三岁。司马懿虽然死了，但司马懿家族照样掌控着魏国大权，因为司马懿还有两个如狼似虎的儿子呢。

三国之外还有一国

在魏蜀吴三国之外，还有一个独立王国，就是辽东。东汉时期设有辽东郡，属幽州，下辖十八县，治所在襄平，辖境大体相当于今辽宁省。

辽东地处北方，路途遥远，交通不便，中原混战之时，无人管他，辽东太守公孙度便拥兵割据，称霸一方，过着皇帝般的日子。

辽东割据政权存在的时间，比蜀国、魏国还要长。蜀国存在四十三年，魏国存在四十五年，辽东却存在了五十年，仅次于存在五十一年的吴国。

《三国志》记载，辽东的割据军阀，名叫公孙度。公孙度是当地襄平人，当过郡吏、尚书郎，逐渐升为冀州刺史，后被免官。

189 年，董卓入京，掌控了朝廷。董卓手下大将徐荣，与公孙度是同乡，关系不错。公孙度兴致勃勃地找到徐荣，求他帮忙，给弄个一官半职。徐荣果然有面子，他一推荐，董卓就任命公孙度为辽东太守，回他家乡做官，公孙度高高兴兴地衣锦还乡了。

可是，公孙度在家乡的名声并不好，许多人不服他。公孙度便采用强硬手段，严刑峻法，杀人立威。

襄平县令公孙昭，素与公孙度不和，曾经征召公孙度的儿子做伍长，以此羞辱他。公孙度一上任，就把公孙昭抓起来，安了个罪名，拖到闹市，用鞭子活活抽死，震动了全郡。

有个豪强叫田韶，对公孙度当太守不满，被公孙度找借口杀了。时间不长，被公孙度诛灭的豪族有一百多家，郡中震栗，人人自危。与此同时，公孙度招降纳叛，重用私人，扩充军队，恩威并施，巩固了自己的统治。

190年，关东联军讨伐董卓，中原动荡。公孙度很高兴，对部下说："汉朝即将覆灭，天下大乱，我可以在这里称王了。"不过，公孙度暂时没敢贸然称王，而是自封为辽东侯、平州牧，并追封父亲为建义侯。

辽东天高皇帝远，中原又在混战，公孙度便割据自立，成了独立王国。公孙度把辽东郡分为辽西、中辽两郡，分设了太守，自己颁布法律和政令，设置官吏，治理军队，管理百姓，随心所欲，好不快活。

公孙度虽然没有公开称帝，但以皇帝自居，尽显皇帝气派。他自称奉天子之命，在襄平城南设立祭坛和祭场，祭祀天地，外出时坐着天子专用的礼仪车，头戴九旒王冠，配备皇帝专用的仪仗队，好不威风。

曹操为了拉拢公孙度，奏请朝廷，任命公孙度为武威将军，封为永宁乡侯。公孙度不屑一顾，轻蔑地说："我在辽东做王，要永宁侯干什么？"于是，把朝廷给的印绶扔到库房里，并不使用。曹操当时忙于平定北方，无暇管他。

204年，公孙度病逝，儿子公孙康继位。公孙康的野心和能力，不亚于其父，他招兵买马，拥有十万兵力，辽东势力更强了。

有一次，曹操领兵远征，邺城空虚。公孙康想率三万步兵、一万骑兵，趁机直捣邺城。部下纷纷反对，说曹操势力强大，又打着朝廷的旗号，连袁绍都不是对手，他没有问罪辽东，是因为顾不过来，如果我们去招惹他，肯定会引火烧身，后果不堪设想。公孙康被泼了冷水，头脑才冷静了许多。

207年，曹操为彻底消灭袁氏势力，远征乌桓。袁尚、袁熙兵败，跑到了辽东，随身还带着数千骑兵。袁氏兄弟密谋，想杀掉公孙康，占领辽东，以图东山再起，不料谋事不密，反被公孙康斩杀。公孙康把袁氏兄弟的人头，送给了曹操。曹操大喜，封公孙康为襄平侯，授任他为左将军，公孙康开始与曹操有了联系。

在朝鲜北部和我国东北地区，有个少数民族政权，叫高句丽。高句丽与辽东为邻，经常侵扰边境，掳掠财物和边民。209年，公孙康率军攻打高句丽，获得大胜。辽东大军攻陷高句丽的都城，占领了大片土地，在今朝鲜境内设置了带方郡，辽东威名传至海外。

史籍没有记载公孙康的生卒时间，不知他享年多少。公孙康死后，因为儿子年龄小，便由弟弟公孙恭继任。曹丕授任公孙恭为车骑将军、假节，封为平郭侯，还追赠公孙康为大司马。

公孙恭比起他的父兄来，可差远了，没有什么作为，而且身体有病，生殖器萎缩，形同阉人。

228 年，公孙康的儿子公孙渊长大成人，逼迫叔叔公孙恭退位，自己掌握了大权。此时曹丕已死，魏明帝曹叡授任公孙渊为扬烈将军、辽东太守。

公孙渊野心勃勃，却没有谋略，反复无常。他掌权后，与曹魏关系处理得不好，于是背着魏国，勾结吴国。孙权称帝以后，公孙渊主动向吴称臣。孙权派使者携带金银珠宝，去辽东册封公孙渊为燕王。公孙渊却害怕魏国讨伐，杀了吴国使者，把首级送给魏国。后来，公孙渊又与魏国闹翻，双方还打了一仗。

237 年，公孙渊自立为燕王，设置百官，授予鲜卑首领印绶，引诱鲜卑去侵扰魏国边境。公孙渊再次向吴国称臣，希望能得到外援。

238 年，魏明帝终于不能忍受，派司马懿率军征讨辽东。公孙渊向孙权求救，吴国与辽东离得那么远，明显是远水救不了近火，不知道公孙渊是什么想法。

公孙渊哪里是司马懿的对手，没用几个回合，就全军溃败，退守襄平。司马懿大军围城几个月，城内粮尽，出现了人吃人的惨景。司马懿见时机成熟，一举攻陷了襄平。在襄平城破之时，公孙渊和儿子仓皇向东南逃窜，被司马懿骑兵追上，父子俩一同被杀，辽东也完了。

辽东作为独立王国，历经四世，存在了五十年时间，而且占据了大半个朝鲜。所以，人们在了解三国时期历史的时候，不应该忽略辽东。

邓艾奇袭灭蜀汉

魏蜀吴三国，形成了三足鼎立，谁也吃不掉谁，僵持了几十年。这个时期，虽然局部战斗不断，却很少发生大规模的战争，各国都把重要精力，放在自身发展上，试图积聚力量，增强实力，等待时机。

蜀国在诸葛亮死后，由蒋琬辅政十二年，蒋琬死后，费祎又辅政七年。蒋琬和费祎，在才能方面比不上诸葛亮，却也是忠心耿耿，尽职尽责，精心治理国家。蒋费二人都是文人，不善于对外用兵，他们曾经打退过魏国的进攻，却很少主动出击。

费祎死了之后，姜维总督军事，他继承诸葛亮遗志，多次举兵北伐，耗费了不少国力。国家没有贤臣治理，刘禅又宠信宦官黄皓，耽于享乐，蜀国逐渐衰落。

魏国由于地域广阔，土地肥沃，自然条件好，又采取了一系列发展经济的有效措施，因而国力更加强盛。此时掌握魏国大权的，是司马懿的儿子司马昭。司马昭觉得，伐蜀条件已经成熟，又想通过打仗立功，来提高自己的威望，于是，便策划了对蜀战争。

263 年，魏国调集近二十万大军，分西、中、东三路进攻蜀国。西路由邓艾率三万人，从今甘肃临洮进军；中路由诸葛绪率三万人，进攻武都。当时，姜维率蜀军主力，驻守在沓中（今甘肃舟曲西北），这两路魏军，是为了寻求与姜维作战并切断他的后路。钟会则率十几万魏军主力，乘虚攻取汉中，然后直捣成都。三路大军，皆由司马昭统一指挥调度。

邓艾与姜维大军鏖战，缠住了姜维，钟会趁机从斜谷、骆谷两路出击，迅速进入汉中，分兵包围了汉城和乐城，自己则率军直奔西南，一举攻占了阳安关（今陕西勉县西南一带）。阳安关是正面进入蜀国的重要关隘，阳安关失守，蜀国就剩下剑阁最后一道关口了。

姜维见钟会进入汉中，形势危急，顾不上与邓艾纠缠，奋力杀出，率军直奔剑阁。剑阁是有名的险关，一夫当关，万夫莫开。姜维抢先一步，凭借剑阁天险，阻挡钟会大军。

钟会大军连攻多日，毫无进展，无计可施，军粮也快供应不上了，钟会产生了退兵念头。当时的情况是，只要姜维守住剑阁，魏国大军就不能前进，成都可保无虞。不料，邓艾出乎意料地从没有路的崇山峻岭进军，奇袭了成都。

姜维去守剑阁以后，邓艾兵马就驻扎在阴平（今甘肃文县一带）。邓艾见钟会的正面进攻受阻，便心生奇计，他想率部穿越人迹罕至的高山密林，出其不意，直捣成都，得到批准后，邓艾开始实施。

邓艾挑选了万余名精壮士兵，自己亲自率领，踏上了长达七百多里的无人之地。大山之中根本没有路，邓艾军队一路凿山开道，修建桥梁栈道，艰难地向前行进。遇到悬崖峭壁，士兵就攀着树木，身体紧贴着悬崖，一点一点地向前挪动，不时有人掉入万丈深渊。更危险的是，实在无路可走了，邓艾和士兵，就用毛毡裹着身体，从山顶上往下滚，至于会不会被摔死，那就听天由命了。军粮供给更是无从谈起，将士吃完了携带的干粮，只能靠野菜野果或打野兽充饥，部队几乎陷入了绝境。

邓艾军队历经千辛万苦，翻越了几百里的无人山区，出人意料地到达了蜀国重镇江油。江油守军大吃一惊，防备不及，不战而降。邓艾不敢停留片刻，率军继续南下，直扑成都。

蜀国皇帝刘禅，忽闻魏军从天而降，顿时慌了手脚，急令诸葛亮的儿子诸葛瞻，率军到涪县、绵竹一带迎敌。邓艾的将士，人人心里都明白，他们孤军深入蜀国腹地，已经没有退路，只能是拼死向前了。蜀军虽然比邓艾军队多一倍，但因没有斗志，全线崩溃，诸葛瞻战死。邓艾军队乘胜前进，攻陷了雒县，逼近了成都。

诸葛瞻兵败之后，成都已无兵可守。当时蜀军由姜维、张翼、廖化等人率领，分别在外地御敌，回防已经来不及了。魏军兵临城下，城中顿时炸了锅，百姓成群结队逃入山野，根本制止不住。刘禅急忙召集群臣商议，有人建议投奔东吴，有人主张逃往南中山区，议论纷纷，谁也拿不出好主意。著名大儒谯周，分析了天下局势，力劝刘禅投降，刘禅听从了。

刘禅带领太子、诸王和群臣六十多人，绑着自己，抬上棺材，到邓艾军营投降。邓艾解开刘禅的绳索，烧掉棺材，好言安慰。邓艾还约束部队，不得扰民，受到蜀人称赞。刘禅给姜维等将领下令，让他们全部投降。至此，刘备创立的蜀汉政权覆灭了。

刘禅的投降令传到蜀军，将士痛哭流涕，有些人拔出刀来，对着石头乱砍一通，借以泄愤。姜维投降了钟会，劝钟会背叛曹魏，在益州自立，结果事情没有成功，姜维和钟会一同被杀。

邓艾用奇计灭了蜀国，居功至伟，不料竟以谋反罪被杀。这又是一个“鸟尽弓藏、兔死狗烹”的典型事例。

刘禅投降后，被魏国封为安乐公，从此安乐地在洛阳生活，271年去世，活了六十四岁。

刘禅有一个著名的“乐不思蜀”的故事，那是《汉晋春秋》说的，《三国志》并没有记载。不过，从《三国志》记载来看，刘禅即便不是没心没肺的傻瓜，起码也是一个昏庸无能之人。刘备一世英雄，没想到生了这么一个狗熊儿子。

刘备值得欣慰的是，他的子孙中，也有刚烈之人。刘禅的五子刘谌，听说刘禅要投降，痛哭流涕地苦劝父亲，刘禅不听。刘谌绝望了，在刘禅出城投降的当天，他跑到祭祀爷爷刘备的庙中，大哭一场，先杀掉妻子儿女，然后自杀殉国。

蜀国由衰弱到灭亡的根本原因，在于它的内部。魏国在灭掉蜀国两年之后，也很快覆灭了，原因也是内部出了问题。

司马氏篡位废魏国

蜀汉灭亡的内部原因，是统治者昏庸无能，致使国力衰弱，最终被外敌所灭。魏国灭亡的原因，是曹氏统治者用人失察，养虎为患，自己培养出一个强敌，导致大权旁落，政权被篡，国号被废。

《三国志》记载，司马懿死后，四十四岁的长子司马师，以大将军的身份辅政。当时魏帝曹芳年轻，司马师独揽大权，他的弟弟司马昭，也在朝廷担任重要职务。后来，这兄弟俩，一个废了皇帝，一个杀了皇帝，一个比一个凶狠。

司马师，字子元。他在年轻的时候，就随父亲出征打仗，作战勇敢，很有谋略，担任过散骑常侍，后升迁为中护军。司马懿对这个长子很器重，经常言传身教，对他寄予很大希望。

司马师沉着冷静，能办大事。司马懿准备发动高平陵政变时，把计划告诉了两个儿子。司马昭担心得一晚上没睡着觉，司马师却照样鼾声如雷。

在司马懿韬光养晦的几年里，司马师悄悄养了三千死士，散在民间，谁都不知道。到了政变之日，一朝而集，置阵严整，在政变中发挥了重要作用。司马懿感叹道："我的这个儿子，竟然这么厉害。"

司马师心狠手辣，不讲情义。他的结发妻子，叫夏侯徽，两人生活多年，生了五个女儿。夏侯徽的父亲叫夏侯尚，是夏侯渊的侄子，母亲是曹真的妹妹。由于她与皇室关系密切，司马师担心会坏了自己的大事，就趁着疫病流行，狠心把她毒死了。

254 年，已经二十三岁的魏帝曹芳，不能忍受司马师的独断专行，与中书令李丰、太常夏侯玄、光禄大夫张缉等人商议，准备废掉司马师，由夏侯玄担任大将军。可是，此时的朝廷，已经被司马家族控制，到处都有他的党羽、眼线和爪牙，至高无上的皇权，早已形同虚设了。

司马师听到了风声，下令把李丰抓来，亲自审问。李丰开始不肯承认，后见无法抵赖，干脆严词指责道："你们父子身受皇恩，却心怀奸邪，将要倾覆社稷。可惜我力不能及，不能将你们擒杀诛灭。"

司马师大怒，亲手用刀把上的铁环捶死了李丰，又把李丰的儿子李韬抓来杀掉。李韬是魏明帝曹叡的女婿，也是现任皇帝曹芳的姐夫，是正宗的皇亲国戚啊，可司马师杀起来，眼睛都不眨一下。

司马师接着下令，逮捕张缉、夏侯玄等人。张缉是皇后的父亲、曹芳的老丈人，被杀于狱中。夏侯玄是司马师结发妻子夏侯徽的亲哥哥，也不能幸免。夏侯玄在被处斩前，毫无惧色，大骂不止，慷慨赴死。另外，司马师还杀掉了李贤、苏铄、乐敦等人，全部都诛灭三族，京师为之震动。

贵为天子的曹芳，眼看着自己的亲人被杀，毫无办法，他自己也自身难保了。好在司马师还不敢落个弑君的罪名，只是把他废黜，改为齐王。曹芳活了四十三岁，在忧郁中病逝。

司马师立了十三岁的曹髦当皇帝。曹髦是曹丕的孙子，曹霖的儿子。曹霖早就死了，曹髦母亲家没有势力，司马师更加肆无忌惮、为所欲为了。

司马师任意废立皇帝，引起许多人反对。255 年，镇东将军毌丘俭和扬州刺史文钦，联合举兵，声讨司马师。司马师亲自领兵镇压，毌丘俭被杀，文钦逃亡东吴。毌丘俭和文钦在魏国的族人，全被司马师赶尽杀绝。

司马师得胜回朝，却因劳累惊吓，旧病复发。他本来眼睛上有瘤疾，时常发炎流脓，文钦军队夜袭营寨，司马师一惊，眼珠震出了眼眶，回到许昌就卧病不起，请了许多名医，都无济于事。司马师痛得死去活来，满地打滚，最后竟然活活痛死了，时年四十八岁。

司马师死后，弟弟司马昭掌握大权。司马昭在表面上，不像司马师那样凶狠，但内心之歹毒、虑事之精明，却超过了他的兄长。

257年，淮南发生叛乱。司马昭不放心把军队交给别人统领，只得自己亲自领兵平叛，同时，他又担心，自己离开京师后，别人会利用皇帝或太后作乱，于是，他便携带着年幼的皇帝和郭太后一起出征，把他们时刻置于自己的监视之下。皇帝御驾亲征，在历史上是有的，但带着太后出征，却是闻所未闻。

263年，司马昭派三路大军伐蜀。邓艾和钟会，都是魏国名将，司马昭担心他们灭蜀之后，会反叛自立，于是亲自督军，并且暗地里做好了安排。灭蜀之后，钟会果然想自立，还未行动，就被诛杀。邓艾并未反叛，也与儿子一同被杀，不仅如此，邓艾在洛阳的其他儿子，全被杀光，司马昭是要斩草除根的。可怜灭掉蜀国的两大功臣，竟落得如此下场！

司马昭野心勃勃，他掌权之后，就开始谋划篡夺曹氏江山。他先是晋号为大都督，增加封邑，加赐黄钺，带剑穿履上殿，以显示位高权重，与众不同。然后，逼迫曹髦下诏，封他为晋公，加九锡，设置晋国。

然而，曹髦下诏之后，司马昭却推辞不受，曹髦被迫下了九次诏书，司马昭全都拒绝，做足了表面文章，表演了一幕精彩的闹剧。司马昭虽然暂时没当晋公，舆论却造足了，人人都知道了司马昭的心思。有个成语，流传至今，叫作“司马昭之心，路人皆知”，这正是司马昭想要的效果。

260年，当初年幼的皇帝曹髦，已经长成二十岁的大小伙子了。他见司马昭独揽大权，什么事都不让自己做主，心中怨恨恼怒，决心废掉司马昭，夺回大权。

曹髦年轻气盛，血气方刚，但却少不更事，头脑简单，行事鲁莽。他把身边侍从王沈、王业叫来，愤慨地说：“司马昭之心，路人皆知。我不能坐等被废之辱，今天，我要亲自带领你们和侍卫，去攻打司马昭的府邸。我是大魏天子，看谁敢拦我。”王沈、王业一听，脸都吓白了，一溜烟跑去给司马昭送信。

曹髦身穿皇帝盛装，坐着皇帝专车，带领身边少数侍卫，神气十足地去攻打司马昭府邸。司马昭已得到消息，命心腹贾充带兵拦截。见皇帝驾到，贾充手下的将士，都不敢动弹。贾充急了，呵斥诸将说："司马公白养你们了！今日正是立功的好机会。"

听贾充这么一说，众人心里都明白了，这皇帝是可以杀的。太子舍人成济，求功心切，不计后果，挺戟向前，一戟把曹髦刺了个透心凉，戟锋从前胸进去，在后背出来，曹髦当场命归西天。

成济杀了皇帝，自认为立了大功，不料司马昭为了掩人耳目，要拿他当替罪羊。成济见司马昭派兵来捉他，这才如梦方醒，自己干了一件天大的傻事，知道必死无疑，索性爬上房顶，大骂司马昭阴险毒辣，被士兵乱箭射成了"刺猬"。成济不仅自己丢了性命，还连累三族都被诛杀。

曹髦死了，司马昭立了十四岁的曹奂当皇帝。曹奂是曹操的孙子，燕王曹宇的儿子。他是魏国第五位皇帝，也是末代皇帝，更是傀儡皇帝。这时，司马昭毫不客气地当了相国、晋王，并加九锡，离皇帝之位，只有一步之遥了。

265 年，司马昭死了，活到五十四岁。司马昭的长子司马炎，继位当了相国、晋王，掌握了朝廷大权。

司马炎，236 年出生，当时三十岁，正是而立之年。司马炎没有立过什么功劳，却雄心勃勃，精明能干。他掌权只有数月，就逼迫曹奂退位，废除魏国国号，建立了晋朝，自己当上皇帝。至此，曹操经过千辛万苦创立的曹魏政权，烟消云散了。

魏国灭亡的原因，完全出自内部，是司马父子篡夺了政权。说曹操篡汉，那是虚的，因为当时东汉朝廷已经名存实亡了，没有什么可篡的，曹操是凭着个人的努力，才打下一片曹氏江山，而司马氏却是名副其实的篡位者。如果说曹操是奸雄的话，那么，司马氏算什么雄呢？能否称之为盗雄呢？

大概司马氏也觉得，自己这样得到政权，是很不光彩的，所以很少向子孙们说起。据《晋书·宣帝本纪》记载，司马懿的玄孙晋明帝，对祖上创业之事很感兴趣，但并不清楚。有一次，他问大臣王导，他的祖上是怎样得到天下的。王导便将司马懿、司马师、司马昭的事情，如实讲了一遍。结果，晋明帝羞得面红耳赤，把脸贴在床上，不敢抬头，叹息着说："如公所言，晋朝国祚又岂能长久？"

蜀国、魏国相继灭亡了，过去的三足鼎立，只剩下吴国一足了，势必不能长久。吴国灭亡的主要原因，同样也出在它的内部。

晋朝灭吴统一天下

吴国的问题，主要是内部斗争激烈，而且持续不断。孙权晚年有些糊涂，引发了太子之争，杀了不少人。孙权死后，孙氏宗族之间、兄弟之间、大臣之间，为了权力和利益，你争我夺，相互残杀，导致人心涣散，国力衰弱，最终被晋朝灭掉。

《三国志》记载，孙权有七个儿子，他最中意的，是长子孙登。孙登熟读经书，仁义宽厚，礼贤下士，因而早早就被立为太子。曹魏几次要求孙登去做人质，孙权宁可冒着与曹魏关系破裂的风险，也坚决不许，因为孙登是他理想的接班人。不料天不保佑，孙登三十三岁时，英年早逝。孙权痛哭流涕，悲痛万分。

太子死了，孙权的其他儿子便盯上了太子宝座，由于次子死得早，三子孙和和四子孙霸，都觉得自己最有希望。他们都已经长大成人，各自拉了一派势力，进行争夺。孙权对两个儿子都很宠爱，一时难以决断。大臣自然也就分成两派，闹得不可开交，形成了吴国历史上有名的“两宫之争”。

最终，孙权选择了孙和做太子，同时把孙霸封为鲁王，待遇和太子差不多。孙霸不甘心，与孙权长女全公主勾结，又联络一些朝中大臣，千方百计诬陷诽谤太子。太子也有一大帮人，自然要予以反击，两派闹得势如水火，朝纲混乱。孙权大怒，发了狠，废黜太子孙和，赐死鲁王孙霸，参与此事的大臣，也被杀了十几个。最后，孙权立了最小的儿子孙亮为太子。

252 年，孙权病逝，终年七十一岁。十岁的太子孙亮，继位称帝。孙权在临终前，急诏大将军诸葛恪入朝，委托后事。孙权死后，诸葛恪和滕胤，一道受诏辅佐太子。

诸葛恪，是诸葛瑾的长子、诸葛亮的侄子。他从小才思敏捷，聪慧过人，有神童之称。诸葛恪辅政后，能够尽心尽力，但他刚愎自用，掉以轻心，辅政一年后，就被素有野心的卫将军孙峻谋害，朝廷大权落到孙峻手里。

孙峻，是孙暠的孙子。孙暠是孙坚的侄子，就是孙策死后，想要夺权的那个人。孙峻也和他爷爷一样，野心勃勃，心狠手辣。他掌权后大肆残杀孙氏宗亲，先后杀害了孙和夫妻、孙权女儿孙鲁育、孙登之子孙英、宗室孙仪等人，受牵连被杀的有数十人。孙峻掌权三年后病死，将大权交给他的堂弟孙綝。

孙綝也是孙暠的孙子，与孙峻是一丘之貉。孙綝嗜杀好戮，比孙峻有过之而无不及，连辅政大臣滕胤，都被他杀了。孙亮长到十六岁的时候，对孙綝产生了不满，孙綝干脆举兵包围皇宫，把孙亮赶下了台，另立孙权六子孙休当皇帝。孙亮其实很聪明，可惜年龄小，只能任人摆布。

孙休当时已经二十三岁了，相当成熟。他对孙峻、孙綝残害宗室和大臣十分痛恨，但表面上不动声色，还与孙綝套近乎，等到准备好了，便一举将孙綝诛杀。孙休认为，孙峻、孙綝是孙氏宗族中的败类，从宗族上革除了他们的名字。孙休执政期间还不错，使破败的吴国有了一些恢复，可惜他当了六年多皇帝就死了，年仅三十岁。

264 年，孙休突然得病而死，他的儿子才十岁。当时，蜀国被灭，交趾发生叛乱，东吴政权面临危机，大臣都想立一个年长的皇帝，经过商议，他们把二十三岁的孙皓扶上了皇位。

孙皓，是废太子孙和的儿子。他登基之初，下令开仓济贫，抚恤百姓，节省宫中开支，名声还不错。但过了不久，就暴露出他残忍、骄奢、迷信的本性来了。

孙皓残酷暴虐，崇尚严刑峻法，经常施行挖人眼、剥人皮这样的酷刑。他和孙峻、孙綝一样，喜欢残害孙氏宗亲，先后杀害了孙权五子孙奋以及他的五个儿子、自己的两个异母兄弟等人，流放了孙霸的两个儿子。东吴的孙氏宗室屡遭残害，说明宗室内部争斗十分残酷。

孙皓骄奢淫逸，大兴土木，修建了宏大的昭明宫，布置亭榭石木，穷极奢巧，费用以亿万计算，使国库更加空虚。

孙皓还特别迷信，常凭着运历、望气、谶语等方式，来决定国家大事，像迁都、用兵、皇后废立等重大事项，都要进行占卜，相当可笑。

占卜说，孙皓能统一天下，当个大皇帝。孙皓信以为真，十分高兴。他自不量力，穷兵黩武，多次北伐晋朝，但总是输多胜少，又耗尽了国力。

孙皓当皇帝长达十六年之久，在他的统治下，吴国政治黑暗，刑罚严苛，经济衰退，社会动荡，叛乱不断，民不聊生，已经走到崩溃的边缘，经常有官员、将领以及民众，投奔到晋朝去。

晋朝皇帝司马炎，很有头脑和作为。他废魏建晋以后，没有马上对外用兵，谋取统一天下，而是首先稳固自己的内部。因为晋朝是篡位而建的，蜀国也是刚刚吞并不久，人心并未归服，他需要用足够的时间，安抚百姓，选拔官吏，完善法令，收买人心，以巩固自己的统治。

司马炎称帝以后，革新政治，振兴经济，推行法治，实施了占田制、户调制等一系列重大政策，使得人口增长，晋朝出现了繁荣景象。这样，经过十四年的巩固和发展，晋朝已经十分强大，可以讨伐东吴、统一全国了。

在此之前，司马炎早就为伐吴做了一系列准备。269 年，司马炎派名将羊祜到荆州前线，筹划灭吴大计。272 年，司马炎根据羊祜的建议，任命王濬为益州刺史，命他对蜀国原有的水军，进行整顿训练，同时建造大量战船。晋朝建造的战船很大，长一百二十步，可装载两千余人，这是准备顺江而下，从水路攻击东吴。同时，也在陆路方面，加强了荆州、扬州、徐州一带的军事力量。

279 年十一月，司马炎调集二十万大军，采取“水陆并进、多路齐发”的策略，决心一举攻占东吴。晋朝大军分六路进兵，其中两路从徐州、扬州方向，攻击吴国都城建业；王濬率七万水军，从成都出发，沿长江直捣建业；其他几路，分别攻击荆州、交州、夏口等地。

晋军多路出击，把吴军分割围歼，使其首尾不能相顾。

东吴方面，在孙皓的残暴统治下，国家早已民怨沸腾、人心丧尽了，眼下又见晋朝大军声势浩大，造成人心惶惶、军无斗志，许多军队，不战自溃，望风而降。有个将军叫陶濬，奉孙皓之命，率两万兵马迎战晋军，定好明天一早出兵。不料，第二天早晨，陶濬傻了眼，他那两万将士，在一夜之间，竟然跑得一干二净。

在晋军的强大攻势下，吴国只坚持了不到四个月，就支撑不下去了。孙皓只好学着刘禅的样子，反绑双手，抬着棺材，带着手下官员二十一人，到晋军军营投降，孙皓连六十个人也没有凑起来。

280 年，吴国灭亡了，这也标志着三国时代结束，中国进入了大一统的晋朝时代。

孙皓投降以后，也和刘禅一样，在洛阳居住，四年后病逝，终年四十二岁。

长达百年的三国战乱时代终于结束了，历史的车轮又进入了晋朝。记载晋朝史实的正史，是《晋书》。笔者将根据《晋书》的记载，继续撰写《新视角读晋书》，敬请广大读者给予指导帮助。